Gustav Hergsell

Duell-Codex

D1744894

Hergsell, Gustav

Duell-Codex

ISBN: 978-3-86403-122-9
Erscheinungsjahr: 2011
Erscheinungsort: Bremen, Deutschland

© Outlook Verlagsgesellschaft mbH, Fahrenheitstr. 1, 28359 Bremen. Alle Rechte beim Verlag und bei den jeweiligen Lizenzgebern.

Bei diesem Titel handelt es sich um den Nachdruck eines historischen, lange vergriffenen Buches aus dem Jahre 1897. Da elektronische Druckvorlagen für diese Titel nicht existieren, musste auf alte Vorlagen zurückgegriffen werden. Hieraus zwangsläufig resultierende Qualitätsverluste bitten wir zu entschuldigen.

Gustav Hergsell

Duell-Codex

DUELL-CODEX.

VON

GUSTAV HERGSELL.

ZWEITE, ERGÄNZTE AUFLAGE.

MIT VII TAFELN.

WIEN. PEST. LEIPZIG.

A. HARTLEBEN'S VERLAG.

DUELL-CODEX.

VON

GUSTAV HERGSELL

K. K. HAUPTMANN i. E., DIRECTOR DER KÖNIGL. LANDES-FECHTSCHULE
ZU PRAG, RITTER DES KAISERL. OESTERREICH. FRANZ JOSEFS-ORDENS,
DES KÖNIGL. SÄCHSISCHEN ALBRECHT-ORDENS I. CL., DES KÖNIGL.
WÜRTTEMBERGISCHEN FRIEDRICH-ORDENS I. CL., DES SACHSEN ERNESTINI-
SCHEN HAUSORDENS I. CL., BESITZER DES HERZOGL. SACHSEN-COBURG-
GOTHA'SCHEN VERDIENST-ORDENS ERNST I. FÜR KUNST U. WISSENSCHAFT.

ZWEITE, ERGÄNZTE AUFLAGE.

MIT 7 TAFELN.

WIEN. PEST. LEIPZIG.
A. HARTLEBEN'S VERLAG.
1897.

K. u. k. Hofbuchdruckerei Carl Fromme in Wien.

Vorwort zur ersten Auflage.

Das von meinen Schülern und vielen Freunden der Fechtkunst oft an mich gestellte Ersuchen, eine übersichtliche Zusammenstellung der Duellregeln zu verfassen und den Vorgang bei einem Ernstfalle kurz und bündig zu schildern, hat mich bewogen, die Ergebnisse meiner Beobachtungen und meines Studiums über diesen Gegenstand in dem vorliegenden Werke niederzulegen.

Ich habe mich bei dieser Arbeit durch die Aufzeichnungen des Grafen Chatauvillard, seiner Mitarbeiter und Nachfolger, deren ich gegebenenfalls Erwähnung thue, leiten lassen; ich habe getrachtet, die dort veröffentlichten Vorschriften, von denen einige die Sache bloss streifen, für die gegenwärtigen Verhältnisse manchmal nicht mehr recht verständlich oder unvollendet sind, zu entwickeln, zu präcisiren und nach Möglichkeit zu vervollständigen.

Wenngleich in den Einzelnheiten veraltet, bieten die von Chatauvillard aufgestellten Regeln, Vorschriften und Ansichten dennoch ein unschätzbares Material, und werden von allen Männern von Ehre respectirt, so lange nicht eine berufene Vereinigung von Ehrenmännern andere Vorschriften oder Gesetze verfasst.

Zu allen Zeiten bis in die letzten Jahre haben sich nicht wenig Schriftsteller der undankbaren Aufgabe bemächtigt, gegen die Nothwendigkeit und die Gebräuche des Duelles aufzutreten, indem sie das Duell von dem dreifachen Gesichtspunkte: der Vernunft, der Moral und der gesellschaftlichen Sitten, zu beleuchten versuchten.

Von der Wahrheit des Satzes: „Es giebt nur ein Mittel, das Duell abzuschaffen — man schaffe das Ehrgefühl ab" durchdrungen,

habe ich bei der mir gestellten Aufgabe grundsätzlich alle Betrach-
tungen über das Duell beiseite gelassen und mich darauf beschränkt,
im I. Theile die Vorschriften oder Gesetze des Duelles zusammen-
zufassen und im II. Theile den Vorgang im Terrain beim Kampfe
selbst, in logischer Reihenfolge zu schildern.

Nur ungern unterzog ich mich auf vielfachen Wunsch der
Aufgabe, in einem III. Theile eine Schilderung der irregulären,
sogenannten Ausnahmsduelle zu geben.

Der Ursprung und die geschichtliche Entwickelung des Duelles
wurde nicht berührt, weil beides nicht zur Sache gehört; Fragen
über das Verhalten während des Kampfes selbst, gegenüber Fechtern
oder Naturalisten, über Offensive oder Defensive, wurden nur so
weit erörtert, als deren Behandlung bei Schilderung des Kampfes
unausweichlich war.

Was die Bezeichnung der von den Duellanten gewählten Vertreter als Zeugen oder Secundanten anbelangt, so darf ich wohl
als bekannt voraussetzen, dass es ehedem einen Unterschied
zwischen Zeugen und Secundanten gab. Diese waren in der Zeit
des Ritterthums Kampfgenossen und hatten als solche wieder ihre
Zeugen.

Heute giebt es streng genommen nur Zeugen; diesen Namen
führen auch die Vertreter der Gegner in Frankreich. In Deutschland werden beide Bezeichnungen abwechselnd gebraucht; bei uns in
Oesterreich heissen die Vertrauensträger der Gegner fast allgemein
Secundanten. Dieser Gepflogenheit habe auch ich mich angeschlossen.

Wenn auch bei den einzelnen Arten des Zweikampfes die vorbereitenden Schritte im Terrain stets gleich sind und bei Darstellung
derselben auf die allgemeinen Vorschriften verwiesen werden konnte,
so fand ich mich dennoch veranlasst, um jede Duellart für sich allein
in ihrer Entwickelung zu schildern, dieser allgemeinen Vorschriften
stets in Kurzem zu erwähnen, wodurch einzelne Wiederholungen
unvermeidlich waren.

Weit entfernt, dass dieser Codex eine Aufmunterung zu un-
nöthigen, muthwilligen Duellen werde, soll er vielmehr allen Jenen,

die durch die Umstände gezwungen sind, sich zu einer bewaffneten
Begegnung zu stellen, als Richtschnur darüber dienen, wozu sie
berechtigt und verpflichtet sind, andererseits aber Alle, die durch
Vertrauen berufen werden, bei dem Kampfe zu interveniren, aber
wenig Erfahrung für solche Vorgänge haben, lehren, dass es mitunter in ihrer Macht steht, ungünstige Wechselfälle des Kampfes
bei vollkommener Wahrung der Ehre Dessen, den sie vertreten, zu
verringern, wenn nicht hintanzuhalten.

Ist es mir gelungen, das mir gesteckte Ziel zu erreichen, so
ist mein Zweck erfüllt.

In dieser Erwartung übergebe ich hiermit das vorliegende
Werk der Oeffentlichkeit.

Der Verfasser.

Vorwort zur zweiten Auflage.

Auf Grund der Erfahrungen, welche ich seit Ausgabe der ersten Auflage gemacht habe, sowie in Folge der mannigfachen an mich gestellten Anfragen in Beilegung und Austragung von Ehrenangelegenheiten, die ich alle nach Thunlichkeit zu berücksichtigen trachtete, wurden in dieser zweiten Auflage, speciell im ersten Theile jene Artikel einer gründlichen Bearbeitung durch Ergänzungen unterzogen, die ich zur rascheren Orientirung für besonders nothwendig erachtete.

Besitzer der ersten Auflage werden in dieser neuen Ausgabe wesentliche Ergänzungen finden, die ihnen als weiterer Behelf zur Schlichtung von Ehrenangelegenheiten von Nutzen sein dürften.

An dieser Stelle wollen wir auch des neueren französischen Fachschriftstellers A. Croabbon erwähnen, dessen interessantes Werk: „La science de point d'honneur" wir gegebenenfalls bei unseren Ergänzungen anführen.

Bei dieser Gelegenheit sei nochmals darauf hingewiesen, dass die Bildtafeln lediglich für die Secundanten bestimmt sind.

Prag.

Der Verfasser.

EHRE DEN WAFFEN!

INHALT.

III. Theil.

Anhang.

VERZEICHNIS DER TAFELN.

DUELL-CODEX.

———

EINLEITUNG.

Der Zweikampf steht ausserhalb des Gesetzes, keine seiner Regeln kann den Charakter der Legalität in der gewöhnlichen Auffassung dieses Wortes beanspruchen. Dennoch zögern wir nicht, jenen Regeln den Namen „Duellcodex" beizulegen.

Wenn es wahr ist, was thatsächlich unter allen civilisirten Völkern mit Recht zugegeben wird, dass die Ehre ebenso unantastbar ist wie die Gesetze, so sind die Vorschriften über die zum Schutze der gekränkten Ehre zu beobachtenden Vorgänge von keinem geringeren Ansehen als jene.

Der Grund, dass die staatlichen Gesetze den Zweikampf ausserhalb ihres Rahmens verweisen, liegt in der Unzulässigkeit der Selbsthilfe. An deren Stelle ist in einem geordneten Gemeinwesen die staatliche Hilfe gesetzt, damit der Schwache nicht Unrecht erdulden müsse von dem Starken.

Allein ganz abgesehen davon, dass die Selbsthilfe nicht überall verwerflich ist, wie uns die Zulässigkeit der Nothwehr und des Besitzschutzes bezeugen, ist nicht zu übersehen, dass die Gesetze Männern mit hochentwickeltem Ehrgefühl nach deren Ueberzeugung bisweilen nicht ausreichenden Schutz gegen ihnen selbst oder ihnen nahestehenden Personen widerfahrenen Unbilden gewähren.

Von diesem Standpunkte erscheint daher das Duell weder anormal, noch unbegreiflich, noch unmoralisch.

„Jeder," sagt uns Graf Chatauvillard, „ist der herben Nothwendigkeit unterworfen. sein Leben zu wagen. um wegen einer Beleidigung oder Beschimpfung Rechenschaft zu verlangen."

Die Sache ist daher nach der Meinung desselben Autors im menschlichen Leben wichtig genug, um im Vorhinein nach Unparteilichkeit und Ehrgefühl geordnet zu werden, zumal die sich täglich erneuernden Beispiele das Bedürfnis darnach erweisen.

So werden diese Regeln zum Schutze für Alle als Schranken wider Ueberfall und Rachsucht und können selbst als ein Ausfluss der Cultur und ritterlicher Gesittung angesehen werden, welche die Feststellung derselben als begründet erscheinen lässt.

Diese Vorschriften haben sich aus dem Herkommen, dem Gebrauche und aus der Ueberzeugung gleichgesinnter Kreise von der Nothwendigkeit dieses Gebrauches herausgebildet, beruhen also auf denselben rechtserzeugenden Grundlagen wie das Gewohnheitsrecht.

Einzig und allein in diesem eingeschränkten Sinne betrachtet man jene Duellarten, die den herkömmlichen Vorschriften entsprechen, als „legale". Wird hiervon auch nur in einzelnen Punkten abgewichen, so steht das Duell auch ausserhalb des Herkommens und heisst „Ausnahmsduell" (exceptionelles Duell).

Graf Chatauvillard, Mitglied des Pariser Jockey-Club, hat in Folge einer an ihn gerichteten Aufforderung im Vereine der weiteren Mitglieder General Graf Excelmans, Grafen du Hallay-Coëtquen, General Baron Gourgaud, Brivois und des Vicomte de Contades sich der Aufgabe unterzogen, die Gebräuche und Vorschriften des Duelles zu fixiren, die unter dem Titel „Essai sur le duel" im Jahre 1836 zu Paris erschienen.

Dieses Werk wurde nicht nur in Paris von der öffentlichen Meinung lebhaft begrüsst, sondern jene Vorschriften haben sich auch bald ausserhalb Frankreich Geltung verschafft, da sie durch die Signatur hervorragender Mitglieder der Pariser Gesellschaft sanctionirt wurden.

Ueberzeugt, dass es von allgemeinem Interesse sein dürfte, die Namen dieser Mitarbeiter kennen zu lernen, wollen wir dieselben anführen.

Die Unterschrift wurde mit folgenden Worten eingeleitet:

„Innig überzeugt, dass die Intentionen des Verfassers, weit entfernt die Duelle zu protegiren, im Gegentheil dahin streben, ihre Zahl zu vermindern, sie zu regeln und ihren verderblichen Charakter zu verringern, geben die Unterzeichneten den in diesem Werke aufgestellten und auseinandergesetzten Vorschriften ihre volle Genehmigung."

Marschall Graf de Lobau, Pair von Frankreich.

Marschall Graf Molitor, Pair von Frankreich.

Viceadmiral Marquis de Sercey. Pair von Frankreich.

Generallieutenant Herzog de Guiche.

Generallieutenant Graf Dutaillis, Pair von Frankreich.

Generallieutenant Herzog de Doudeauville.

Generallieutenant Graf de la Grange, Pair von Frankreich.

Generallieutenant Vicomte de Cavaignac.

General de Fourolles.

Generallieutenant Graf de la Houssay.

General Graf Friant.

Generallieutenant Baron Billard.

Generallieutenant Graf Claparède, Pair von Frankreich.

General Graf Clary.

General Miot.

General A. de Saint-Yon.

Generallieutenant Pierre Boyer.

General L. Bernard.

Generallieutenant Graf Merlin.

Generallieutenant Graf Villaret de Joyeuse.

Generallieutenant de Solignac.

General Vicomte de Maucomble.

Generallieutenant Baron Gourgaud.

Generallieutenant Excelmans. Pair von Frankreich.

Oberst de Rossi.

Oberst L. Brack.

Oberst de Garaube.

Oberstlieutenant Graf de Maussion.

Oberstlieutenant R. de Grandmont.

Oberstlieutenant J. Combe.

Oberstlieutenant de Casanova.

Oberstlieutenant de Lherminier.

Oberstlieutenant Baron E. de Marguerittes.

Oberst der Nationalgarde Graf de Lariboissière, Pair von
  Frankreich.

Oberst der Nationalgarde Le Mercier.

Herzog d'Istrie, Pair von Frankreich.

Herzog de Saulx Tavannes, Pair von Frankreich.

Prinz Alex. de Wagram, Pair von Frankreich.

Escadronschef Graf von Sercey.

Capitaine Graf von Grabowski.

Louis Paira.

Prinz Poniatowski.

Graf de Plaisance.

Vicomte Daure.

Marquis de Bellemont.

Vicomte Curial.

Graf de Montholon.

Vicomte Walch.

De Messimieux.

Commandant Graf Ch. de Nieuwerkerke.

Du Suau de la Croix.

Capitaine Marquis de Livry.

G. de Martignac.

Gaetan Murat.

Graf von Pontcarré.

Marquis de Quémadeuc.

Ed. Faye.

Baron d'Aubigny.

Capitaine Graf Walewsky.

Ed. Adam.

Capitaine E. d'Hervas.

G. de la Rifaudière.
Graf de Clermont-Mont-Saint-Jean.
Capitaine Graf de Clerembault.
Graf de Langie.
Merle.
Vicomte Dutaillis.
Commandant Graf de Walewski.
A. Dufougerais.
Phil. Martines.
M. Delaunay.
Graf J. de la Grange.
Baron de Préjan.
Brivois.
Vicomte de Contades.
Graf du Halley-Coëtquen.

Zum Schlusse findet sich die Bemerkung:

„Der Herr Kriegsminister, die Herren Präfecten etc. etc. haben als Männer das gebilligt, was sie als Beamte nicht unterzeichnen konnten."

I. Theil.

Von den Duellregeln im Allgemeinen.

———

Vom Duell und der Beleidigung.

Jedes Wort, jede Schrift, Absicht oder Geste, welche die Eigenliebe, Zartgefühl oder Ehre eines Zweiten verletzt, ist für diesen eine Beleidigung.

Die Nuancen der Beleidigungen gehen ins Unendliche; es lässt sich der Werth derselben schwer feststellen, es wird schwierig, die verschiedenen Beleidigungen zu definiren.

Die Beleidigung ist Gefühlssache, denn jeder fühlt auf verschiedene Art und Weise; dies hängt meist mit der socialen Stellung zusammen.

Wenn aber eine Eintheilung, eine Beurtheilung der Beleidigung stattfinden soll, dann hat diese in der Weise vorgenommen zu werden, dass die entehrende Beschimpfung, und vor allem der Schlag, abgesondert wird.

Um sich für eine Beleidigung Genugthuung zu verschaffen, um den Angriff gegen seine Person zurückzuweisen, greift man zu den Waffen — erfolgt das Duell.

Man schlägt sich, um für eine Beleidigung persönlich Genugthuung zu geben oder diese zu erhalten.

Erfolgt die Beleidigung ohne Grund, so ist dies allerdings ein beklagenswerther Umstand, und das Unrecht ist auf Seite des Provocirenden, aber er allein hat sich hierüber Rechenschaft zu geben; um dieses Unrecht zu sühnen, setzt er im Waffengange, im Duell, sein Leben ein.

Der Beweggrund, durch welchen das Duell — der Zweikampf — herbeigeführt wurde, ist gleichgiltig.

Das Duell ist demnach ein zwischen zwei Personen stattfindender verabredeter Kampf, welche in diesem, also durch Hilfenahme der Waffen, das Mittel suchen, ausserhalb des Gesetzes eine

Differenz zu begleichen, oder sich durch diese Gerechtigkeit zu
verschaffen.

Es ist ein auf Basis gesetzmässiger Regeln und vorher getroffener Vereinbarungen, in Gegenwart von Zeugen, mit gleichartigen, tödtlichen Waffen stattfindender Zweikampf.

Wenn daher die beiden Gegner das Uebereinkommen getroffen
haben, gleichgiltig ob ausdrücklich oder stillschweigend, den Gesetzen der Ehre nur scheinbar Genüge zu leisten — entweder auf
Zeitdauer sich der blanken Waffen zu bedienen, ohne ernstlich
angreifen zu wollen, oder beiderseits bei einem Pistolenduell in
die Luft zu schiessen u. s. w. — so ist dieses kein Zweikampf, kein
Duell.

Die gesetzmässigen Regeln verlangen gleichartige Waffen,
damit nicht im Vorhinein der Sieg zu Gunsten des einen oder des
anderen der beiden Combattanten entschieden wird.

Aus diesem erhellt, dass den beiden Gegnern auch die Möglichkeit geboten werden muss, durch ihr gegenseitiges Einsetzen
von Kraft und Geschicklichkeit aus dem Kampfe als Sieger hervor-
gehen zu können.

Es kann daher in bestimmten Fällen die Ablehnung einer bestimmten Duellart stattfinden.

So steht bei gewissen Graden der Beleidigung den Secundanten
das Recht zu, die Annahme eines Säbel- oder Degenduelles zu
verweigern, falls der rechte Arm ihres Clienten derart strupirt
ist, dass der freie Gebrauch der Waffe gehindert erscheint; ebenso
können die Secundanten eines Einäugigen ein Pistollenduell verweigern.

Weiters verlangt das Gesetz tödtliche Waffen.

Ein Kampf mit „tödtlichen" Waffen liegt nicht vor, wenn die
Waffen im Vorhinein eine ernste Verwundung ausschliessen, oder
die Combattanten derartige Schutzmassregeln in Anwendung
bringen, die eine schwere, lebensgefährliche Verwundung nicht
zulassen.

Es ist daher ein Faustkampf ebenso wenig ein Zweikampf
— ein Duell — wie das Boxen der Engländer.

Aber auch die Waffen müssen den hergebrachten Sitten, den
Duellgesetzen entsprechen. Messer, Dolche, Handschare, Lanzen

sind ebenso wenig Duellwaffen, wie Stöcke oder dergleichen ähnliche, für einen Ueberfall oder für die Nothwehr bestimmte Waffen.

Erfolgt der Kampf mit beiderseitiger Uebereinstimmung auf der Stelle, oder auch später, mit oder ohne vorher gepflogenen Vereinbarungen, aber ohne Zeugen oder Secundanten, so wird dieser Zweikampf weder von der öffentlichen Meinung, noch vor dem Gesetze als ein legales Duell angesehen.

Dieses Zusammentreffen führt den Namen Rencontre.

Der Kampf muss ein auf Basis vorher getroffener Vereinbarungen verabredeter sein, wobei es gleichgiltig erscheint, ob den Vereinbarungen längere oder kürzere Verhandlungen zu Grunde liegen.

Nur auf Grund einer stattgefundenen oder vermeintlichen Beleidigung soll eine Herausforderung, ein Duell erfolgen.

Die Beleidigungen können im Allgemeinen in zwei Gruppen gefasst werden:

1. Directe Beleidigungen.
2. Indirecte Beleidigungen.

Directe Beleidigungen.

Die verschiedenen Arten der direct erfolgten Beleidigungen lassen sich folgenderweise gliedern:

1. Grad: Die einfache Beleidigung. herbeigeführt durch einen Wortwechsel oder durch eine unüberlegte oder mit Absicht erfolgte Ueberschreitung der im gesellschaftlichen Leben gebotenen Umgangsformen.

2. Grad: Beleidigung durch Beschimpfung oder ungerechte Beschuldigung schimpflicher Eigenschaften.

3. Grad: Beleidigung durch Schlag, welcher Beleidigung auch Beschimpfung oder ungerechte Beschuldigungen gleichgestellt werden, durch welche die moralische Existenz des Beschimpften gefährdet erscheint.

Bei jedem dieser drei Grade kommen den Beleidigten verschiedene Rechte zu, während dem Beleidiger verschiedene Pflichten obliegen.

Es sei gleich an dieser Stelle bemerkt, dass die irrige Ansicht: „Der Geforderte hat die Wahl der Waffen", eine weit verbreitete ist.

Die öfter vorkommende Bezeichnung der beiden Gegner als „Geforderte und Fordernde" scheint dieser Ansicht Vorschub geleistet zu haben.

Die Wahl der Waffen kommt stets den Beleidigten zu.

Es ist dies ein Vorrecht, welches dem durch eine Beleidigung Angegriffenen nicht nur grosse Vortheile bietet, sondern auch geeignet ist, in manchen Fällen eine unmotivirte Beleidigung oder ein aggressives Benehmen hintanzuhalten.

Für den Verlauf der Verhandlungen des bevorstehenden Duelles ist es vollständig gleichgiltig, wer der „Fordernde" oder der „Geforderte" ist; es ist dies bloss eine formale Sache und steht mit der ursprünglichen Beleidigung in keiner entscheidenden Beziehung.

Ohne der aus dieser falschen Annahme der Waffenwahl zu Gunsten des Geforderten sich ergebenden Consequenzen Erwähnung thun zu wollen, handelt es sich bei einer Forderung nur stets um die Thatsache, wer der „Beleidigte" ist und nach welcher Art, beziehungsweise nach welchem Grade die Beleidigung erfolgte.

Es sind dies zwei überaus wichtige Fragen, die von Seite der Secundanten vor allen anderen zuerst genau erwogen und klar gelegt werden müssen, da, wie bereits Erwähnung gethan, sowohl den Beleidigten als den Beleidigern nach der Art, beziehungsweise dem Grade der erfolgten Beleidigung, verschiedene Rechte zustehen und Pflichten obliegen, von welchen die weiteren Bestimmungen des Duelles abhängig gemacht werden.

Beleidigung ersten Grades.

Einfache Beleidigung.

Art. 1. — Wer durch eine im Wortwechsel herbeigeführte Unhöflichkeit in seiner Ehre angegriffen erscheint, ist der Beleidigte.

Art. 2. — Wer durch eine Aeusserung, durch eine Geste, durch eine unüberlegte oder auch absichtlich erfolgte Ueberschreitung der gebotenen Gesellschaftsformen, wodurch die Eigenliebe oder das Ehrgefühl angegriffen erscheint, sich verletzt fühlt, ist der Beleidigte.

Diese Arten von Beleidigungen lassen ein weites Feld für Commentare offen.

Man kann sich auf so viele Arten für beleidigt halten, dass eine Aufzählung derselben auch nur annäherungsweise nicht versucht werden kann.

Es sind dies Fragen, die nach der Thatsache der freien Beurtheilung oder Werthschätzung den Secundanten überlassen bleiben müssen, welche dieselben bei genügender Erfahrung sehr schnell zur Entscheidung bringen dürften.

Art. 3. — Folgt auf eine einfache Wortbeleidigung, auf eine Unhöflichkeit, eine beleidigende Gegenäusserung, die nicht eine Beleidigung zweiten oder dritten Grades involvirt, so bleibt der zuerst Angegriffene der Beleidigte.

Art. 4. — Eine jede ohne genügenden Grund oder Motivirung erfolgte Herausforderung wird als Beleidigung angesehen.

In diesem Falle ist der Geforderte der Beleidigte.

Dies ist die bisher ziemlich allgemein recipirte Anschauung Chatauvillard's.

Es macht sich in jüngster Zeit dagegen eine abweichende Auffassung geltend, welche bei Croabbon Anklang findet und der ich mich auch zuneige. Grundlose Herausforderungen händelsuchender Raufbolde, zumal wenn sie absichtlich an einen in der Waffenführung notorisch schwächeren Gegner ergehen, verdienen eine andere Behandlung, wovon weiter unten die Rede sein soll. (Siehe Grundlose Herausforderungen.)

Beleidigung zweiten Grades.

Beleidigung durch Beschimpfung.

Art. 1. — Fällt in einem durch Wortwechsel herbeigeführten Streite ein Schimpfwort, so ist der Geschimpfte der Beleidigte.

Art. 2. — Wird auf eine einfache Beleidigung durch ein Schimpfwort geantwortet, so begiebt sich der zuerst Beleidigte

aller Rechte und der Geschimpfte ist der Beleidigte, d. h. er tritt
in die Rechte des Beleidigten ein.

Wenn wir auch im Allgemeinen derselben Anschauung sind,
so werden die Secundanten bei Beurtheilung der Sachlage in
manchen Fällen sich vielleicht veranlasst sehen, anderer Meinung
zu sein.

Wir verweisen diesbezüglich auf den Schluss des nächst-
folgenden Artikels: „Beleidigung durch Schlag."

Art. 3. — Wenn auf eine durch Schimpfwort erfolgte Beleidigung durch ein anderes Schimpfwort geantwortet wird, so bleibt
doch stets der zuerst Geschimpfte der Beleidigte.

Art. 4. — Wer schimpflicher Eigenschaften beschuldigt wird,
nimmt das Recht des Beleidigten ein.

Beleidigung dritten Grades.

Beleidigung durch Schlag.

Es giebt schwere Beleidigungen, welche augenblickliche Gegen-
wehr nach sich ziehen.

Durch einen plötzlich erhaltenen Schlag, ohne im entferntesten
Ursache hierzu gegeben zu haben, kann es sich leicht ereignen,
dass man, hierüber empört, die Besinnung verliert und in demselben Momente den Schlag erwidert.

Wurde man durch einen plötzlichen Angriff zu dieser unüber-
legten Handlung hingerissen, so muss man trachten, dieser Situation so schnell als möglich ein Ende zu bereiten, um keinen Kampf
oder kein Handgemenge, wozu nur Gewaltthätigkeit verleiten kann,
zu prGerviren.

Bei einem Officier in Uniform, der unerwartet angegriffen wird,
ändert sich allerdings insoferne die Sachlage, als er im gegebenen
Falle von seiner Waffe Gebrauch zu machen hat.

Um sich zu bekämpfen, um sich Genugthuung zu verschaffen,
muss man nicht ringen, muss man nicht zu Stöcken greifen.

Nach alt französischem Duellcodex erfolgte nach einem Ringen
stets ein Duell auf Leben und Tod, welches sonst nicht statthaft war.

Art. 1. — Jede in einem Wortwechsel oder Streite erfolgte absichtliche Berührung ist Schlag.

„Wer anrührt, schlägt!" — in der That keine Abstufungen. Dieser Grundsatz muss unter allen Umständen festgehalten werden. Der Geschlagene ist der Beleidigte.

Art. 2. — Wird die Hand oder der Stock zum Schlag erhoben, aber der Schlag durch Fassen des Handgelenkes zurückgehalten oder parirt, so ist durch diese Action allerdings die Absicht des Angreifers vereitelt worden, aber mit vollem Rechte wird in diesem Falle die Absicht als That angenommen.

Ebenso gilt das Schleudern des Handschuhes ins Gesicht als Schlag.

Art. 3. — Folgt auf ein Schimpfwort ein Schlag, so übergehen die Rechte des Beleidigten auf den Getroffenen. (Siehe Schluss des Artikels.)

Art. 4. — Wird ein Schlag durch einen Schlag erwidert, so bleibt der zuerst Getroffene der Beleidigte, auch in jenem Falle, wenn er diesen Schlag für eine Beschimpfung erhalten hätte.

Der durch den Schlag Empörte oder Ueberraschte kann nicht dafür verantwortlich gemacht werden, dass er im ersten Momente die Besinnung verlor und vielleicht gänzlich unbewusst den Schlag erwidert hat.

„An diesem Grundsatze muss auch dann festgehalten werden, wenn der erwiderte Schlag stärker gewesen wäre, oder selbst eine Verwundung nach sich gezogen hätte."

„Die Verletzung bildet weder eine neue Beleidigung noch eine Vermehrung derselben."

So äussert sich Graf Chatauvillard und nach ihm seine Nachfolger, doch wird diese Anschauung nicht allgemein getheilt.

Wir erlauben uns gleichfalls der Meinung zu sein, dass dieser Punkt nicht wörtlich zu nehmen ist.

Wenn auch, wie bereits oben erwähnt wurde, ein jeder sich so weit beherrschen soll, einen Schlag nie durch einen Schlag zu erwidern, so kann es sich doch leicht ereignen, dass auf einen Schlag mit der Hand im Momente der Ueberraschung instinctiv mit einem Stocke geantwortet, also der Schlag erwidert wird, wodurch eine Verwundung oder Verletzung der Hand des Angreifenden herbeigeführt wurde.

Nach dem Duellcodex gebührt nun dem zuerst Geschlagenen in seiner Eigenschaft als Beleidigter die Wahl der Waffen.

Gesetzt den Fall, er wählt den Säbel oder den Degen, so muss das Duell bis zur vollständigen Heilung seines Gegners verschoben werden.

Liegt es nicht an der Hand, dass der nicht Verletzte die Zeit über bis zur Genesung seines Gegners trachten dürfte, sich in der Führung der gewählten Waffe zu vervollkommnen, während sein Gegner daran gehindert erscheint? Dieser wird sich offenbar in einer ungünstigeren Lage am Tage des Rendezvous befinden, als am Tage der stattgefundenen Beleidigung!

Wir sind der Meinung, dass es weit gerechter wäre, wenn der zuerst Geschlagene, dem sonst unbestritten das Recht der Wahl der Waffen zustehen würde, auf Grund der seinem Gegner zugefügten „Verwundung" des Vortheiles seiner ersten Situation verlustig erklärt wird.

In diesem Falle sollen die Chancen des Kampfes, beziehungsweise das Recht der Wahl der Waffen, unserer Meinung nach, dem Lose unterworfen werden.

Art. 5. — Es ist wohl selbstverständlich, dass jede Androhung des Schlages, besonders die Worte: „Beobachten Sie sich als geohrfeigt etc." als eine Beleidigung dritten Grades anzusehen ist.

Beleidigung durch ungerechte Beschuldigung.

Art. 1. — Wird durch eine Beschimpfung oder ungerechte Beschuldigung (falschen Spieles, Betruges, Diebstahls u. s. w.) die eigene moralische Existenz bedroht, so wird diese Beschimpfung der Beleidigung durch Schlag gleichgestellt.

Art. 2. — Wird ein Secundant von einem Gegensecundanten aus Anlass des Duelles, welchem sie beigewohnt haben, einer mit den Ehrengesetzen nicht zu vereinbarenden Handlung beschuldigt, so nimmt er, falls diese Beschuldigung ungerechtfertigt erhoben wurde, die Rechte des Beleidigten nach dem dritten Grade an.

Art. 3. — Erfolgt die Forderung eines Secundanten durch einen Secundanten der Gegenpartei in Folge stattgefundener Meinungsverschiedenheiten anlässlich dieses Duelles, so nimmt der geforderte Secundant die Rechte eines nach dem dritten Grade

Beleidigten an, falls er im Rechte gewesen. (Siehe Secundanten und ihre Pflichten, Art. 31.)

Wir haben bei Besprechung der „Beleidigung durch Beschimpfung" nach Art. 2, sowie nach Art. 3 (Beleidigung durch Schlag) ersehen, dass stets die Rechte des Beleidigten auf den ersten Angreifer übergehen, falls auf eine einfache Beleidigung mit einem Schimpfworte, oder nach einer Beschimpfung mit einem Schlage geantwortet wird.

Wir können nicht unbedingt diesem Gesetze beipflichten, wenn auch dieselben zur allgemeinen Richtschnur dienen; es können Fälle eintreten, wo die Secundanten einer anderen Meinung sein dürften.

Nehmen wir beispielsweise an, dass jemand in unserer Gegenwart eine uns nahestehende Dame durch Zudringlichkeiten beleidigt. Von uns zurechtgewiesen, sind wir, im Falle Genugthuung verlangt wird, im Rechte des Beleidigten.

Werden jedoch von Seite des Zurechtgewiesenen, trotz der vielleicht an ihn ergangenen Aufforderung, den Platz zu verlassen, die Zudringlichkeiten fortgesetzt, oder werden dieselben später wiederholt, so können wir möglicherweise durch die Umstände gezwungen werden, um der peinlichen Situation ein Ende zu bereiten, dem Beleidiger durch ein Schimpfwort oder selbst durch Androhung des Schlages zu antworten.

Haben wir uns in diesem Falle der Rechte des Beleidigten begeben? Nach dem Duellcodex unbedingt!

Kann sich aber nicht hierbei die berechtigte Vermuthung aufdrängen, dass vielleicht mit Absicht die Situation von Seite des Provocirenden ausgenützt wurde, um in die Rechte des Beleidigten eintreten zu können und hierdurch die Chancen des Kampfes für sich zu gewinnen?

Wurde man durch das provocirende Benehmen nicht in eine Art Nothwehr versetzt?

Welcher Meinung werden die Secundanten sein?

Wir wollten hierdurch andeuten, dass nicht immer stricte nach dem Wortlaute des Duellcodex gehandelt werden kann, dass einzelne Fälle der Beurtheilung der Secundanten, den Schiedsrichtern oder dem Ehrenrathe überlassen bleiben müssen, gerade so, wie den Richtern von allen Gerichtshöfen der Welt eine gewisse Freiheit in der Beurtheilung der Thatsachen nach den verschiedenen Ursachen und Motiven überlassen bleibt.

Grundlose Herausforderungen.

Bereits in der Anmerkung zu dem Capitel über Beleidigungen ersten Grades, Art. 4, wurde die Untersuchung der Frage angedeutet, wie man sich einer grundlosen Herausforderung gegenüber zu benehmen habe.

Mag man sie im äussersten Falle im Einklange mit Chatauvillard's Anschauung für eine Beleidigung ersten Grades dann halten, wenn sie im überquellenden Uebermuthe ohne Tücke und Bosheit erfolgt, so verändert sich die Beurtheilung eines solchen Vorgehens offenbar dann, wenn die grundlose Herausforderung von einem händelsuchenden Raufbold oder Prahlhans absichtlich an einen in der Waffenführung bekannt schwächeren Gegner erfolgt, etwa um sich als überlegener Kämpe mit den wohlfeilen Lorbeeren eines weiteren Sieges brüsten zu können.

Die in einer solchen Herausforderung gelegene Tücke oder Brutalität lässt an und für sich begründete Zweifel an der tadellosen Ehrenhaftigkeit und Satisfactionsfähigkeit des Herausfordernden zu.

Es wird daher die Frage, ob die Herausforderung anzunehmen oder ohne irgend einer Einbusse an dem Ansehen in der Ehre des Geforderten abzulehnen sei, ein Ehrenrath zu entscheiden haben.

Keinesfalls aber wird man dem grundlos Geforderten, der stets der Beleidigte ist, im Falle des Duelles jene Rechte absprechen können, welche einem Beleidigten zweiten oder dritten Grades, je nach der Grösse des bösen Willens oder der Tücke des Herausforderers zustehen.

Diesen Anschauungen neigt sich auch Croabbon zu. Es lässt sich diesbezüglich vernehmen:

„Erscheint es gerechtfertigt, jenem, der eine ungenügend begründete Forderung erhält, die gleichen Rechte zu gewähren, die den Beleidigten des zweiten und dritten Grades zukommt?"

„Das Ziel, das man sich vorstreckt, wenn man für den grundlos Geforderten den oberwähnten Rechtszusatz fordert, ist sehr lobenswerth."

„Man geht hierbei ohne Zweifel von der Absicht aus, den Gentleman gegen die Tücke des Raufboldes zu schützen, der aus naheliegender Besorgnis, dass der Raufbold sich noch grösserer Vortheile bedienen könnte (Wahl der Waffen, Art des Duelles, Distanz), selten von dem ungerechtfertigt angegriffenen Gentleman gebührend zurechtgewiesen wird."

„Aber das wahre Heilmittel," sagt Croabbon weiters, in dem er sich unserer Anschauung anschliesst, „muss anderwärts gesucht werden."

„Der Augenblick ist gekommen, wo die Schriftsteller, die eine wichtige Stellung in der chevaleresken Literatur einnehmen und die einen wirklichen Einfluss auf ihre Mitbürger ausüben, die Pflicht haben, der absurden Meinung entgegen zu wirken, welche darin besteht, dass eine nicht begründete Forderung unbedingt angenommen werden muss."

„Die Pflicht ist es, laut zu verkünden und es stets zu wiederholen, dass das Duell niemals als eine Gelegenheit betrachtet werden soll, seinen Muth zu zeigen, vielmehr soll dasselbe als eine Art von Genugthuung angesehen werden, welche die ritterliche Gesetzgebung jenem gewährt, der eine wohl erwogene Beleidigung erhalten hat."

„Nur eine Beleidigung, und zwar eine genügend schwere Beleidigung, kann ein Duell motiviren."

„In der That darf das Duell niemals als ein Mittel betrachtet werden, damit zwei Gegner ihre Bravour beweisen können; ohne begründete Beleidigung hat das Duell keine Existenzberechtigung, selbst nicht in den Augen jener, die das Duell als legitim und unerlässlich betrachten."

„Der Gentleman, der eine unbegründete Forderung erhält, muss in Stand gesetzt werden, dieselbe zurückweisen zu können, ohne dem Tadel der öffentlichen Meinung ausgesetzt zu sein, die meist Partei für den Raufbold nimmt, und mit Unrecht den angegriffenen Ehrenmann verurtheilt."

„Deshalb soll die ritterliche Gesetzgebung, den Zeugen deren Beihilfe bei einer so schimpflichen Handlung ausdrücklich verbieten."

„Die Appellation an ein Ehrengericht muss immer offen bleiben; es ist nöthig, dass diese Jury mit ihrer ganzen Autorität den Widerstand des Gentleman, des Provocirten, sowie seiner Vertreter unterstütze."

„Schneiden wir das Uebel an seiner Wurzel ab" — sagt Croabbon — „und schützen wir den Gentleman gegen die Unternehmungen der Narren und Raufbolde, ja gegen dessen eigene Schwäche, welche ihn aus Furcht, sich mit dem Makel der Feigheit zu belasten, dazu bewegt, einen Kampf anzunehmen, den er als absurd bezeichnen muss."

„Die öffentliche Meinung betrachtet in falscher Auffassung des Ehrenpunktes gewöhnlich mit scheelen Augen jenen Mann, welcher eine nicht motivirte Herausforderung ablehnt, ohne zu bedenken, dass dem ungerechtfertigt angegriffenen Gentleman keine anderen Vortheile, als jene des Beleidigten, zukommen."

Möge demnach diesem durch das Rechtsmittel des Ehrenrathes jene Vortheile gewährt werden, die ihm bei Beleidigungen schwerwiegender Natur zugesprochen werden.

In diesem Falle hätte der Ehrenrath souverän zu entscheiden, ob überhaupt eine Beleidigung stattgefunden hat oder welchen Grades sie gewesen ist. —

Eine so modificirte und entsprechend angewandte Gesetzgebung hätte in diesem Falle den besonderen Vortheil, die Zeugen und den Gegner von der kleinlichen Alternative zu befreien, entweder einen Zweikampf, den sie als absurd erkennen, zurückweisen zu müssen und als feigherzig zu gelten, oder gezwungen zu sein, einem Duelle, das sie mit vollem Grunde missbilligen, ihre Zustimmung zu ertheilen.

Diese Gesetzgebung würde ferner den ausserordentlichen Nutzen erzielen, in einer beträchtlichen Zahl von Fällen Duelle zu verhindern, die aus falscher Auffassung des Ehrbegriffes stattfinden.

Indirecte Beleidigung.

Art. 1. — Wer sich durch Aeusserungen, die in seiner Abwesenheit gegenüber anderen Personen gethan wurden, in seiner Ehre angegriffen fühlt, ist der Beleidigte.

Die Beleidigung kann in diesem Falle eine einfache sein oder durch Beschimpfung erfolgen; beziehen sich jedoch die Aeusserungen auf ehrenrührige Handlungen, durch welche die moralische Existenz des Beschuldigten bedroht erscheint, so werden diese Beleidigungen jenen des „dritten Grades" durch Schlag gleichgestellt.

Art. 2. — Sind die Beleidigungen gegen einzelne Mitglieder der Familie oder auch gegen die ganze Familie gerichtet, oder erfolgt die Beschuldigung gegen besonders uns nahe stehende Personen, die ihre Vertheidigung nicht persönlich vertreten können, so tritt der die Forderung Stellende in die Rechte des Beleidigten ein.

Art. 3. — Erfolgt durch Aeusserungen die Beleidigung einer Corporation oder einer Gesellschaft, so übernimmt der die Forderung Stellende, beziehungsweise nur eine Person, die Rechte des Beleidigten. (Siehe Beleidigung einer Corporation.)

Art. 4. — Wird durch die Beschuldigung die moralische Existenz einer nahestehenden Person bedroht, welche die Vertheidigung nicht persönlich übernehmen kann (Frau, Tochter, Schwester etc.), so kommen dem Beleidigten, beziehungsweise dem Genugthuung Verlangenden, die Rechte der durch Schlag Beleidigten zu.

Rechte des Beleidigten und deren Zuerkennung.

a) Beleidigung einer Person.

Art. 1. — Dem Beleidigten oder dem diese Rechte Vertretenden stehen je nach der Art der erfolgten Beleidigung folgende Rechte zu:

1. Bei Beleidigung ersten Grades (einfache Beleidigung):
 Die Wahl der Waffen, die der Beleidiger anzunehmen hat.

2. Bei Beleidigung zweiten Grades (Beleidigung durch Beschimpfung):
 Die Wahl der Waffen und die Art des Duelles.

3. Bei Beleidigung dritten Grades (Beleidigung durch Schlag):
 Die Wahl der Waffen, die Art des Duelles und die Distanz.

Letztere Bestimmung hat selbstverständlich nur bei der Wahl
der Pistole Anwendung.

Art. 2. — Dem durch Schlag oder nach dem dritten Grade Beleidigten steht das Recht zu, sich seiner eigenen Waffen bedienen
zu dürfen, doch ist er, wie wir später bei Besprechung der einzelnen Duellarten ersehen werden, verpflichtet, eine Waffe desselben Paares seinem Gegner zur freien Wahl anzubieten; diesem
bleibt es unbenommen, das Anerbieten anzunehmen oder abzulehnen.

Im letzteren Falle steht dem Beleidigten gleichfalls das Recht
zu, sich seiner eigenen Waffen bedienen zu dürfen.

Art. 3. — Als Grundsatz des Duellcodex hat zu gelten, dass
für eine und dieselbe Beleidigung nur einmal Genugthuung verlangt werden darf.

Art. 4. — Der Beleidigte hat das Recht, die Duellart nur unter
den gesetzmässigen zu wählen.

Beabsichtigt derselbe sich auf eine nicht gebräuchliche Art und
Weise zu schlagen, so müssten ausser der beiderseitigen Zustimmung
der Gegner, sowie jener der Secundanten die näheren Bestimmungen
von den Secundanten schriftlich aufgesetzt werden.

Dem Beleidiger steht jederzeit das Recht zu, die Annahme
einer nicht gesetzmässigen Waffe oder nicht gebräuchlichen Art,
eines sogenannten „Ausnahmsduelles", falls ein solches von Seite
des Beleidigten proponirt wurde, selbst bei Verwendung gesetzmässiger Waffen ohne jede weitere Motivirung zu verweigern.
(Siehe Ausnahmsduelle.)

Art. 5. — Wenn in einem Wortwechsel alle Regeln der Lebens-
art und der im gesellschaftlichen Leben gebotenen Umgangsformen
strengstens bewahrt worden sind, und nur einer der beiden Gegner
Genugthuung verlangt, so nimmt dieser doch nicht die Stelle des
Beleidigten, und jener, der Genugthuung versprochen, den Rang des
Beleidigers ein, es müssen in diesem Falle alle Chancen des
Kampfes, d. h. die Rechte, die dem Beleidigten nach Art der ein-
fachen Beleidigung zukommen, dem Lose unterworfen werden.

Wenn also bei einer Meinungsverschiedenheit die Höflichkeits-
formen nicht verletzt wurden, so soll das Los entscheiden, welchem
der beiden Gegner das Recht des Beleidigten zukommt. So be-

stimmt Graf Chatauvillard und nach ihm Graf du Verger Saint-Thomas.[1])

Diese Meinung wird nicht von Allen getheilt.

So ist Tavernier in seinem Werke „l'art du duel" der Ansicht, — der wir gleichfalls vollständig beipflichten — wenn keine wie immer geartete Beleidigung stattgefunden hat, und nur vielleicht in der Opposition die eingebildete Beleidigung gelegen wäre, es vollständig recht und billig erscheint, dass in diesem Falle der Fordernde die Strafe für seine Empfindlichkeit erleide.

Die Wahl der Waffen sollte in diesem Falle dem Geforderten, der nur durch seine chevareleske Herablassung das Duell angenommen hat, zugesprochen werden.

Art. 6. — Wird eine Unhöflichkeit durch eine Unhöflichkeit erwidert, wobei sich beide Theile für beleidigt fühlen, so entscheidet das Los, welchem der beiden Streitenden das Recht des Beleidigten zufällt.

Es ist wohl einleuchtend, dass diese Bestimmung nur dann ihre Anwendung finden kann, wenn nicht mit Sicherheit aufzuklären ist, von welcher Seite die ersten beleidigenden Aeusserungen oder Unhöflichkeiten erfolgten, und beide Gegner sich gleichzeitig für beleidigt erklären, überdies keine der Unhöflichkeiten eine Beleidigung zweiten Grades einschliesst.

Art. 7. — Würde ein Freund oder Verwandter eines im gesetzmässigen Duelle Besiegten den Sieger zu einem Streite provociren, um sich an denselben rächen zu wollen, so ist stets der in solcher Weise Angegriffene der Beleidigte. (Siehe Ablehnung des Duelles.)

Art. 8. — Hat der Beleidigte mehrere Angelegenheiten gleicher Art zu ordnen, so sind diese in jener Reihenfolge auszutragen, in welcher selbe entstanden sind.

Eine Ausnahme findet nur dann statt, wenn die Angelegenheiten verschiedener Natur sind, in welchem Falle der ernsteren Angelegenheit der Vorrang zugesprochen wird.

Art. 9. — Ist eine Angelegenheit durch die Secundanten auf gütlichem Wege beigelegt worden und wurde die Entschuldigung von Seite des Beleidigten angenommen, so verliert er das Recht, dieselbe Angelegenheit neuerdings aufzunehmen.

---

[1]) Nouveau code du duel. Paris.

Art. 10. — Hat der Beleidigte unterlassen, in der gesetzmässigen Frist Genugthuung zu verlangen, so hat er sich aller
Rechte begeben. (Siehe: Die Forderung.)

Art. 11. — Erfolgte die Beleidigung von mehreren Personen
zugleich oder von einer Corporation, so steht dem Beleidigten das
Recht zu, aus deren Mitte einen ihm beliebigen Gegner zu
wählen, um von demselben Genugthuung für die Beleidigung zu
verlangen.

Der Grund dieses Vorrechtes ist leicht einzusehen.

Wir glauben von einer Erklärung abstehen zu können, indem
wir den Beleidigten gleichzeitig den Rath ertheilen, stets von diesem
Rechte Gebrauch zu machen und nicht etwa auf Kosten einer
schlecht angebrachten Ritterlichkeit diesem Rechte entsagen zu
wollen.

Art. 12. — Dem Beleidigten steht in gewissen Fällen das
Recht zu, einen Stellvertreter zu wählen. (Siehe Stellvertretung.)

Art. 13. — Der Beleidigte hat nicht nur das Recht, sondern
es ist die Pflicht eines jeden Ehrenmannes, für eine erhaltene
Beleidigung Rechenschaft oder Genugthuung zu verlangen.

b) Beleidigung einer Familie oder einer Corporation.

Art. 1. — Ist eine Familie beleidigt worden, so kann nur
ein Mitglied derselben die Rechte des Beleidigten vertreten und
Genugthuung verlangen.

Art. 2. — Wird eine Corporation oder ein Verein beleidigt,
so steht diesen das Recht zu, Genugthuung zu verlangen, doch
darf nur ein Mitglied, welches das Los zu bestimmen hat, in
die Rechte des Beleidigten eintreten.

Art. 3. — Werden mehrere Mitglieder einer Corporation oder
eines Vereines beleidigt, so hat der Beleidiger jenem Mitgliede
derselben Genugthuung zu geben, den das Los hiefür bestimmt,
oder jenem, der zuerst Genugthuung verlangt hat.

Art. 4. — Werden mehrere Personen zugleich beleidigt, so
entscheidet gleichfalls das Los, welche unter ihnen Genugthuung
zu verlangen hat.

Art. 5. — Erfolgt die Forderung im Namen Mehrerer. so ist
diese Collectivforderung abzuweisen. Es bleibt in diesem Falle stets

jenem, der die Forderung erhält, anheimgestellt, einen aus deren
Mitte als Gegner zu wählen, oder das Los entscheiden zu lassen.

Art. 6. — Erfolgt jedoch in einer Streitsache die Beleidigung
von einer und derselben Person gegen verschiedene Personen, die
alle im Rechte sind, Genugthuung zu verlangen, so gehört, wenn
die erfolgten Beleidigungen gleicher Natur wären, das erste Recht
der Genugthuung der ersten Beleidigung an, d. h. jenem, der
zuerst beleidigt wurde.

Eine Ausnahme findet nur dann statt, wenn eine ernstere
Beleidigung vorgefallen wäre, welcher der Vorrang gebührt.

Pflichten des Beleidigers.

Art. 1. — Vom Standpunkte des gesellschaftlichen Herkommens,
sowie der Ritterlichkeit ist es Pflicht eines jeden, der beleidigt
hat, den Beleidigten Genugthuung zu geben.

Art. 2. — Die Genugthuung kann für eine einfache Beleidigung, sowie jener für Beschimpfung entweder

1. durch die Waffen oder
2. durch die Entschuldigung (siehe Beilegung des Duelles)

gegeben werden.

Art. 3. — Die Genugthuung für die Beleidigung durch einen
Schlag oder für eine dieser gleichkommenden Beleidigung kann
„n u r" durch die Waffen erfolgen.

Art. 4. — Der Beleidiger hat die Verpflichtung, die dem Beleidigten nach der Art, d. h. dem Grade der Beleidigung zukommenden Rechte anzuerkennen.

Art. 5. — Dem Beleidiger liegt die Pflicht ob, die Secundanten
des Beleidigten mit der grössten Höflichkeit zu empfangen und
diese ohne jede Unterbrechung anzuhören.

Er hat weiters die Verpflichtung, ohne Verzug eine bindende
Antwort zu geben, sowie seine Vertreter zu nennen, oder diese
binnen kürzester Frist bekannt geben zu wollen.

Art. 6. — Dem Geforderten steht das Recht zu, seine Erklärung nur dann später abgeben zu wollen, wenn er die Angelegenheit einem Ehrenrathe zu übergeben beabsichtigt (siehe:

Die Forderung) oder ihm die gestellten Bedingungen als unzulässig oder übertrieben erscheinen.

Art. 7. — Im ablehnenden Falle muss die Duellverweigerung kurz begründet sein, ohne im geringsten einen Wortwechsel provociren zu wollen, am allerwenigsten aber darf die Forderung mit einer Herabsetzung des Gegners erwidert werden.

Art. 8. — Der Beleidiger hat Vorkehrungen zu treffen, dass er von Seite der Secundanten der Gegenpartei angetroffen werden kann.

Die Forderung.

Art. 1. — Nur auf Grund einer stattgefundenen Beleidigung kann eine Forderung zum Duelle erfolgen.

Art. 2. — Die Forderung kann entweder sogleich nach stattgefundener Beleidigung, oder nachträglich mündlich oder auch schriftlich durch die Secundanten vorgebracht werden.

Wir können es an dieser Stelle nicht unterlassen, nochmals darauf hinzuweisen, dass nach erfolgter Beleidigung es das erste ist, sich erfahrene Secundanten, wenigstens aber einen Vertreter zu wählen, der ungesäumt im Interesse seines Clienten das weitere zu veranlassen hat. (Siehe Art. 7.)

Art. 3. — Wird in einem Wortwechsel das Gespräch durch eine Forderung unterbrochen, so hat der Fordernde, ob er nun der Beleidigte oder der Angreifende ist, wenn nöthig, so genau als möglich seinen Namen und Wohnung anzugeben.

Jener, der die Forderung empfängt, hat in gleicher Weise zu erwidern. Als Zeichen der Forderung pflegen auch Karten gewechselt zu werden.

Art. 4. — Von diesem Momente hat jeder weitere, wie immer geartete Wortwechsel zu entfallen.

Es ist ausser allem Zweifel, dass zwischen Angehörigen der gebildeten Stände nach einer gegebenen und angenommenen Herausforderung jede weitere Discussion entfallen wird.

Abgesehen von der Zwecklosigkeit eines verlängerten Wortwechsels, könnte derselbe zu weiteren Ausschreitungen führen, die im Vorhinein jede Aussicht einer Aussöhnung ausschliessen, wenn nicht etwa schwer wiegendere Beleidigung herbeiführen, welche die Anwendung der strengsten Duellgesetze zur Folge hätte.

Art. 5. — Die beiden Gegner haben ihre Vorkehrungen derart zu treffen, dass sie im Stande sind, alle brieflichen, selbst mündlichen Mittheilungen der Gegenpartei sofort empfangen zu können.

Art. 6. — Die beiden Gegner haben die Verpflichtung, ohne Verzug sich ihre Secundanten zu wählen und gegenseitig deren Namen und Charakter bekannt zu geben.

Erfolgt die Forderung durch Secundanten, so haben diese bei Ueberbringung derselben die Namen der Gegensecundanten in Erfahrung zu bringen.

Art. 7. — Es erscheint empfehlenswerth, dass sich jeder der beiden Gegner zwei Secundanten wähle, welche Vorsicht bei einem Pistolenduell unerlässlich ist.

Wird es im ersten Momente, namentlich für einen weniger bekannten Herrn, zur Unmöglichkeit, zwei Secundanten zu wählen, so wähle man bloss einen, mit dessen Unterstützung unter den Standesgenossen leicht ein zweiter Vertreter gefunden werden dürfte.

Jene Herren, die dem nichtactiven Officiersstande angehören, dürften, in die Alternative versetzt, sich Secundanten wählen zu müssen, selbst in einer fremden Stadt nicht leicht in eine Verlegenheit gerathen, da sie sich in diesem Falle an die activen Kameraden zu wenden hätten, deren Hilfe und Unterstützung ihnen gewiss in der zuvorkommendsten Weise zutheil werden dürfte.

Art. 8. — Dem Beleidigten bleibt es bei einer einfachen oder vermeintlichen Beleidigung freigestellt, durch seine Vertreter eine Aufklärung der erfolgten beleidigenden Aeusserungen oder des Benehmens von Seite des Beleidigers zu verlangen, und diesen zur Zurücknahme derselben zu ersuchen.

Erfolgt keine genügende Aufklärung, und kommen die Vertreter zur Ueberzeugung, dass kein Missverständnis, sondern eine Beleidigung vorliegt, dann haben sie, falls sie hierzu ermächtigt sind, die Forderung zu stellen.

Art. 9. — Fühlt man sich in indirecter Weise für beleidigt, so kann man persönlich um Aufklärung ersuchen, doch empfiehlt es sich auch in diesem Falle, Vertreter zu senden.

Wird die Entschuldigung oder Aufklärung nicht versagt, so
hat sie in jener Form zu geschehen, in welcher der vermeintlich
beleidigende Angriff erfolgte.

Art. 10. — Aufklärungen über Angriffe durch ein Journal
herbeigeführt, hat man vom verantwortlichen Redacteur zu verlangen, wenn er den Urheber oder den Verfasser jener Notiz zu
nennen verweigert.

Art. 11. — Erfolgt eine nachträgliche Forderung, so hat diese
stets durch die Secundanten entweder mündlich oder schriftlich
überbracht zu werden.

Art. 12. — Die Forderung muss längstens „vierundzwanzig Stunden" nach stattgefundener directer oder von
dem Momente der in Erfahrung gebrachten indirecten
Beleidigung erfolgen.

Nach Ablauf dieser Frist ist niemand mehr verpflichtet
Genugthuung zu geben.

Die bei Nichteinhaltung der gesetzmässigen Frist sich für den
Beleidigten ergebenden Consequenzen wird dieser zu tragen haben.

Nur bei hinreichend motivirten Gründen kann eine Verzögerung
berücksichtigt werden. (Siehe Art. 20.)

Art. 13. — Die Antwort seitens des Geforderten hat bei münd-
licher Ueberbringung der Forderung sofort in bindender Weise zu
erfolgen.

Nur dann hat der Geforderte das Recht, seine Erklärung später
abgeben zu können, falls er die Angelegenheit einem Ehrenrathe
zu übergeben beabsichtigt, oder ihm die sofort gestellten Bedingungen als der Beleidigung nicht entsprechend erscheinen,
oder überhaupt nicht annehmbar sind. (Siehe Ausnahmsduell.)

In diesem Falle ist er binnen „vierundzwanzig Stunden",
vom Zeitpunkte der überbrachten Forderung an gerechnet, zu einer
Antwort verpflichtet.

Eine Verzögerung kann nur dann in Berücksichtigung gezogen
werden, wenn der Ehrenrath binnen dieser Frist nicht zusammen-
treten konnte.

Bei einer schriftlich erfolgten Forderung muss die Antwort,
gezählt vom Empfange des Briefes, gleichfalls binnen vierundzwanzig Stunden erfolgen.

Ist innerhalb dieser Frist keine Erklärung abgegeben worden.
so kann der Fordernde die verlangte Genugthuung — seine Forderung — als abgelehnt betrachten.

Ueber den Verlauf der Angelegenheit haben die Secundanten
ein Protokoll zu verfassen.

Die Consequenzen der Nichtannahme der Forderung wird der
Geforderte zu tragen haben.

Art. 14. — Die mündliche Forderung soll von Seite der Secundanten kurz und bündig vorgebracht werden.

Die Begründung der Forderung soll eine klare und einfache
sein und dem Ernste der Situation vollkommen entsprechen.

Art. 15. — Wird von Seite des Beleidigten auf schriftlichem
Wege Genugthuung verlangt, so muss die Forderung in Briefform abgefasst sein.

Der Brief muss sowohl dem Tone als auch der Form nach in
den üblichen Gebräuchen des gesellschaftlichen Verkehres gehalten
sein, überdies, für den Fall als die briefliche Forderung von den
Secundanten nicht persönlich übergeben werden könnte, für die
weiteren Verhandlungen die Namen der gewählten Secundanten
enthalten.

Die Secundanten müssen von dem Inhalte der schriftlichen
Forderung stets in Kenntnis gesetzt werden und haben das
Recht, die Uebergabe zu verweigern, falls der Brief den oben
gestellten Anforderungen bezüglich der üblichen Formen nicht
entsprechen würde.

Art. 16. — Unter keiner Bedingung ist es weder dem Beleidigten noch dem Beleidiger gestattet, sich in die Wohnung
seines Gegners zu begeben, um persönlich seine Forderung überbringen zu wollen. Ebenso ist jede Zusammenkunft der beiden
Gegner strengstens zu vermeiden.

Ergiebt sich jedoch die Nothwendigkeit, diese durch die Secundanten behufs einer angebahnten Versöhnung stattfinden zu lassen,
so ist das Zusammentreffen an einem dritten Orte und nur in
Gegenwart sämmtlicher Secundanten zu veranlassen.

Art. 17. — Ein Verkehr der beiden Gegner vom Momente der
Forderung bis zur Austragung der Angelegenheit ist vollkommen
ausgeschlossen.

Ebenso wenig haben die Gegner mit den fremden Secundanten
zu verkehren.

Art. 18. — Sollten sich die beiden Gegner nach stattgefundener
Forderung selbst über die Bedingungen des Kampfes geeinigt und
die Waffen bestimmt haben, bevor sie noch ihre Secundanten gewählt, so kann dieser Vorgang als eine verwerfliche und tadelns-
werthe Uebereilung bezeichnet werden.

Abgesehen davon, dass durch einen derartigen Vorgang die
Gefahren des Kampfes nur vergrössert werden könnten, ändert
sich, sobald die Secundanten die Angelegenheiten in die Hand
genommen, an dem Gange der Sache gar nichts, da sich die beiden
Gegner doch später den Anordnungen der Secundanten zu unterwerfen haben.

Sollte aber ein in dieser Weise besprochener Kampf ohne
Secundanten vor sich gehen, so wird derselbe keineswegs als ein
nach dem gebräuchlichen Herkommen und den gesetzmässigen Bestimmungen stattgefundenes Duell angesehen.

Art. 19. — Bei Ueberbringung einer Forderung hat jede Auseinandersetzung mit dem zu fordernden Gegner über die stattgefundene Beleidigung zu entfallen; es ist in gemessener, äusserst
artiger Form eine sofortige bestimmte Antwort zu verlangen.

Wollte trotzdem der zu Fordernde versuchen, sich auf Erläuterungen einzulassen, oder etwaige Rechtfertigungsgründe über
sein Benehmen bei der erfolgten Beleidigung vorbringen wollen,
so haben sich die Secundanten sofort zurückzuziehen und über
den Verlauf der Forderung ein Protokoll aufzunehmen.

Art. 20. — Konnten die Secundanten des Beleidigten die
Forderung nicht überbringen, sei es, dass der zu Fordernde nicht
zu Hause angetroffen wurde, oder sich verleugnen liess, so haben
die Secundanten auf einer zurückzulassenden Karte die Zeit ihres
Wiederkehrens anzugeben.

Werden die Secundanten zum zweitenmale abermals nicht
empfangen, so ist die Forderung schriftlich in einem recomman-
dirten Briefe — es empfiehlt sich gegen Retourrecepisse — an den
Gegner abzusenden.

Auch die schriftliche Forderung seitens der Secundanten muss
in diesem Falle binnen vierundzwanzig Stunden, vom Zeitpunkte

der stattgefundenen Beleidigung an gerechnet, der Post übergeben werden.

Bleibt der Brief binnen vierundzwanzig Stunden unbeantwortet, so wird dies als Verweigerung der Genugthuung betrachtet.

Art. 21. — Wird die Forderung nicht angenommen, motivirt oder nicht, so haben die Secundanten ein Protokoll hierüber zu verfassen.

Art. 22. — Nur von satisfactionsfähigen Personen kann eine Genugthuung verlangt werden.

Art. 23. — Ist die Satisfactionsfähigkeit des Beleidigers nicht zweifellos, so kann sie zur Beurtheilung einem Ehrenrathe vorgelegt werden.

Officiere des nichtactiven Standes werden sich in ähnlichen Fällen, um gegen jede Eventualität gesichert zu sein, an das Officierscorps ihres Truppenkörpers oder an jenes des zuständigen Ergänzungs-Bezirkscommando zu wenden haben.

Art. 24. — Erfolgen die Angriffe von nicht satisfactionsfähigen Personen, dann kann nur das Gericht in Anspruch genommen werden.

Secundanten und ihre Pflichten.

Es sind nicht die Kugeln und die Degenspitzen,
welche tödten, sondern die Secundanten.
Alphonse Karr.

In die Nothwendigkeit versetzt, sich Secundanten wählen zu müssen, sehe man auf Muth, mehr aber noch auf Erfahrung, meist aber auf Unbescholtenheit.

Nur Personen, die als vollkommen ehrenhaft in der Gesellschaft dastehen, können als Secundanten gewählt werden.

Da nach stattgefundener Beleidigung oder bereits erfolgter Forderung jeder Verkehr zwischen den beiden Gegnern ausgeschlossen erscheint, so ist die richtige Wahl der Secundanten, welche die weiteren Verhandlungen einzig und allein durchzuführen haben, von besonderer Wichtigkeit.

In diese setzt man sein ganzes Vertrauen; das Schicksal der eigenen Ehre und das Leben werden in ihre Hände gelegt.

So manche Affaire, die in beklagenswerther Art geendet, würde gar nicht stattgefunden haben oder wäre ehrenhaft ohne

nachtheilige Folgen ausgetragen worden, wenn man erfahrene
Männer zu Secundanten gewählt hätte, die ihren Pflichten vollkommen gewachsen und ihren Platz in jeder Beziehung aus-
zufüllen im Stande gewesen wären.

Nur ruhige, besonnene Männer, die mit den Duellgesetzen
vollkommen vertraut sind, sollen als Secundanten gewählt werden;
diese haben die Ehre ihres Mandatars, wie ihre eigene, zu wahren
und zu vertreten.

Sie werden von Chatauvillard, nicht mit Unrecht, mit einem
Beichtvater verglichen.

Der Streitende mag zu ihnen sagen: „Suchen Sie nicht diese
Sache beizulegen, ich habe geheime Gründe, mich zu schlagen," er
kann aber auch andererseits die Bemerkung fallen lassen: „Suchen
Sie womöglich die Sache beizulegen, es genügt mir, meine Ehre
gerettet zu sehen."

Lassen sich die Ansichten der Streitenden mit dem Ehrgefühle
der Secundanten nicht vertragen, dann können diese, im Falle sie
dieselben resultatlos bekämpft haben, jederzeit ihr Amt niederlegen, ohne jedoch die geheimen Schwächen ihrer gewesenen
Clienten, welche in sie ihr volles Vertrauen gesetzt haben, in
irgend einer Weise preiszugeben.

Aber auch den beiden Gegnern steht das Recht zu, sich jederzeit bei ihren Secundanten bedanken zu können, wenn sie wahr-
zunehmen glauben, nicht recht vertreten zu sein. Auch in diesem
Falle ist es Pflicht der gewesenen Secundanten, vollkommenes
Schweigen zu beobachten.

Ein idealer Secundant muss eine Gesammtheit ungewöhnlicher
Eigenschaften besitzen.

Er soll weder zu jung, noch zu alt sein; im ersten Falle
mangelt ihm Erfahrung und Autorität, im zweiten Falle Energie.

Secundanten sollen in der Waffenführung vertraut sein; bei
einem Säbel- oder Degenduelle wird ein guter Fechter stets vorzuziehen sein.

Versöhnlichkeit, aber auch Charakterstärke sind nothwendige
Eigenschaften.

Diese entgegengesetzten Eigenschaften sind weniger absurd
als man vielleicht anzunehmen geneigt wäre.

Die Versöhnlichkeit ist für jeden Bevollmächtigten unerlässlich, sie soll sich in den Verhandlungen der Affaire geltend machen. Der friedliche oder der blutige Ausgang hängt grösstentheils hiervon ab.

Die Secundanten sollen sich stets vor Augen halten, dass sie die Mandate nicht einzig und allein zu dem Zwecke erhalten haben, um nur den Kampf in Scene zu setzen.

Sie sollen stets bestrebt sein, die Angelegenheit nach Möglichkeit auf gütlichem Wege zu ordnen, aber hierbei nie das Ehrgefühl ausser Acht lassen, und nur das thun, was ihnen ihr Herz einflösst, und was sie in ähnlichem Falle wünschen würden, dass für sie gethan werden würde.

Die Intervention der Secundanten muss mit aller Entschiedenheit, aber mit Takt und Mass und mit der grössten Unparteilichkeit erfolgen.

Irgend einem oder dem anderen Gegner den geringsten Vorzug erweisen, würde die Unzukömmlichkeiten, denen man auszuweichen trachtet, nur hervorrufen. Sie sollen sich aber auch stets der Mission, die sie zu erfüllen haben, bewusst sein und wohl überlegen, dass ein einziges unbedachtes Wort, die geringste Unvorsichtigkeit, selbst der anscheinlich unbedeutendste Fehler eines Secundanten zum Nachtheile dessen gereichen kann, der in sie sein ganzes Vertrauen gesetzt und ihnen sein Leben anvertraut hat.

Die Secundanten haben stets eingedenk zu sein, dass ihre Mission nicht einzig und allein darin besteht, über den Fall zu richten, sie sollen vielmehr als Stütze jenes auftreten, der sie zu seinem Vertreter erwählt; sie haben dessen Ehre wie ihre eigene zu wahren und mit aller gebotenen Energie bestrebt zu sein, dass bei steter Voraussetzung der grössten Unparteilichkeit ihnen keine Gelegenheit entgeht, welche ihren Clienten Vortheile bringen könnte.

Zwei Hauptgründe sind es meist, welche es bewerkstelligen, dass die Gegner häufig schlechte oder wenig geeignete Secundanten wählen. Es sind dies die Unwissenheit und Sorglosigkeit mit der die Wahl getroffen wird, und auch — die Seltenheit eines guten Secundanten.

3*

Wir glauben genug gesagt zu haben, von welch gewaltigem
Einflusse die Ansicht und das Verhalten des Secundanten für den
Ausgang des Duelles sein kann; die freiwillig übernommene
Mission ist eine verantwortliche und wahrlich keine leichte!

In diesem Falle kann man das allbekannte und gründlich
wahre Wort von Alphonse Karr nur wiederholen: „Es sind nicht
die Kugeln und die Degenspitzen, welche tödten, es sind die
Secundanten."

Art. 1. — Jeder der beiden Gegner hat nach stattgefundener
Beleidigung oder Forderung ohne Verzug seine Secundanten zu
wählen.

Wie bereits Erwähnung gethan, empfiehlt es sich, bei jeder
Art von Duellen sich zweier Secundanten zu versichern.

Art. 2. — Die Wahl der Secundanten kann nur auf solche
Personen fallen, die selbst satisfactionsfähig sind und als vollkommen ehrenhaft in der Gesellschaft erachtet werden.

Art. 3. — Die Secundanten des Fordernden haben, falls die
Forderung durch diesen nicht bereits persönlich erfolgt ist, unverzüglich dessen Gegner aufzusuchen, die Forderung mündlich oder
schriftlich zu überbringen, und sich die Gegensecundanten bezeichnen zu lassen.

Art. 4. — Die Secundanten des Geforderten haben die Pflicht
jene des Fordernden aufzusuchen, oder aber brieflich um eine Zusammenkunft zu ersuchen.

Bei Ueberbringung der Forderung haben die Secundanten anzugeben, wann und wo sie anzutreffen sind.

Art. 5. — Die Secundanten haben von diesem Momente an
jeden Verkehr mit dem Gegner ihres Clienten zu meiden.

Art. 6. — Bevor die Verhandlungen der beiderseitigen Secundanten beginnen, haben sich diese genau über die Art der erfolgten oder vermeintlichen Beleidigung zu informiren, und müssen
sich detaillirte Instructionen der zu vertretenden Gegner geben
lassen.

Sie haben mit ihren Clienten gemeinschaftlich alles wohl zu
erwägen, die augenscheinlichen oder wirklichen Motive der Angelegenheit klarzulegen, und dürfen nichts übersehen, was für
diese von Vortheil sein könnte.

Art. 7. — Sollten die beiden Gegner sich weigern, ihren
Secundanten die Gründe ihres Streites bekannt zu geben, so
dürfen diese nur dann die weiteren Verhandlungen leiten und
den Kampf zulassen, wenn die Gegner mit ihrem Ehrenworte die
Erklärung abgeben, dass sie durch nichts anderes als durch das
Zartgefühl hiervon abgehalten werden, und die Geheimhaltung der
Ursache des Duelles aus Rücksicht für eine dritte Person er-
folgen müsse.

Es ist beinahe selbstverständlich, dass es sich in diesem Falle
nur stets um eine schwere Beleidigung handeln kann, daher die
Bedingungen des Duelles darnach getroffen werden müssen.

Art. 8. — Nach erfolgter Information haben die Secundanten
sofort die Berathungen gemeinsam aufzunehmen.

Art. 9. — Nach Feststellung der ihnen etwa unbekannten
Person des Fordernden oder Geforderten bezüglich seines Alters,
Moralität, der Satisfactionsfähigkeit u. s. w. haben sie gemeinschaftlich mit der grössten Sorgfalt die Thatsache und deren
Motive aufzuklären, die wirklichen oder scheinbaren Beweggründe
der Streitfrage zu erwägen und ihre gegenseitige Uebereinstimmung betreffs der Thatsache festzustellen.

Sie haben sogar, wenn nöthig, die Sitzung zu unterbrechen,
um so schnell als möglich weitere Informationen einzuholen, überhaupt zur Constatirung der Thatsache nichts vernachlässigen, sobald
diese nicht genügend aufgeklärt und für beide Theile festgestellt
erscheint.

Art. 10. — Sind alle Thatsachen sorgfältig erwogen und der
Thatbestand der eigentlichen Beleidigung festgestellt, so ist zu
ermitteln, welcher der drei Arten oder Grade der Beleidigung der
vorliegende Fall angehört.

Art. 11. — Es ist vor allem genau festzustellen, welchem der
beiden Gegner das Recht des Beleidigten zusteht, weiters ob nicht
von irgend einer Seite Uebergriffe betreffs Anordnungen für den
bevorstehenden Kampf, oder voreilig gestellte Bedingungen stattgefunden haben.

Art. 12. — Sind die Secundanten zu der Ueberzeugung gekommen, dass die Angelegenheit nichtiger Natur und kein Gegenstand eines ernsten Duelles ist, vielmehr dem Anscheine nach es

den beiden Gegnern nur um einen äusseren Erfolg zu thun war,
so haben sie das Recht, ihre Assistenz bei diesem Duelle zu verweigern und ihre Mandate niederzulegen.

Art. 13. — Es ist Pflicht der Secundanten, dahin zu wirken,
die Angelegenheit, wenn möglich, auf friedlichem Wege beizulegen, wenn dies für beide Theile in ehrenvoller Weise erfolgen
kann. (Siehe Beilegung des Duelles.)

Art. 14. — Konnte die Angelegenheit nicht beigelegt werden,
so müssen die Secundanten bei Fällen einfacher Beleidigung selbst
am Kampfplatze nochmals eine Versöhnung herbeizuführen trachten;
doch ist dieser Vorgang, wenn auch im letzten Momente eine
Entschuldigung zulässig erscheint, mehr eine Formsache.

Sind jedoch die Motive des Duelles ernster oder schwerwiegender Natur, so wird, dem entgegengesetzt, der leitende Secundant
sich vielleicht veranlasst sehen, unter Hinweis auf den vorliegenden Fall die Bemerkung fallen zu lassen, dass unter diesen Umständen die Beilegung des Duelles oder eine Versöhnung wohl
ausgeschlossen erscheint.

Art. 15. — Sind die beiderseitigen Secundanten zu der Ueberzeugung gelangt, dass die Angelegenheit nicht auf gütlichem Wege
applanirt werden kann, so bestimmen sie die Art der von Seite
des Beleidigten gewählten Waffen, einigen sich über die Duellart,
bestimmen beim Pistolenduell die Distanz, falls letztere Bestimmung der vorliegenden Beleidigung nach nicht dem Beleidigten
zukommen sollte.

Die Secundanten müssen sich den festgestellten Regeln an-
passen und haben sämmtliche Bedingungen des bevorstehenden
Duelles auf das Genaueste zu bestimmen, um jeder Schwierigkeit
auf dem Kampfplatze vorzubeugen.

Art. 16. — Sollten sich bei einem Pistolenduelle die Secundanten über die Distanz nicht einigen können, so hat entweder
das Los über die beiderseitigen Vorschläge zu entscheiden, oder
es wird das arithmetische Mittel der beiden proponirten Distanzen
genommen.

Art. 17. — Wenn es auch die Pflicht der Secundanten ist,
die Verhandlungen derart zu ordnen, dass sich, so weit es im Bereiche der Möglichkeit liegt, für ihre Clienten so wenig als mög-

lich Nachtheile ergeben, so müssen sie doch stets gerecht bleiben, die Achtung für die Wahrheit nie aus dem Auge lassen und niemals zu Ungunsten der Gegenpartei handeln.

Art. 18. — Die Secundanten haben die Bestimmung zu treffen, ob das Duell bei der ersten Verwundung eines der Gegner abgebrochen, oder bis zur Kampfesunfähigkeit fortgesetzt werden soll.

Diese Bestimmung hängt lediglich von der Art der Beleidigung ab, und kann bei Angelegenheiten minder ernster Natur die erstere platzgreifen. Der Ernst der Angelegenheit kann hier allein entscheiden und den Secundanten als Richtschnur dienen.

Diese letztere Vereinbarung soll, nach Graf Chatauvillard, den Gegnern erst am Kampfplatze vor Beginn des Kampfes mitgetheilt werden, und bedarf der Zustimmung derselben.

Da nach der jetzt üblichen Gepflogenheit alle Bedingungen den beiden Combattanten bereits vorher bekannt gegeben wurden, so entfällt von selbst vorerwähnter Vorgang.

Es ist gänzlich unstatthaft, dass bei einem Säbel- oder Degenduelle der Kampf nur auf eine bestimmte Zeitdauer festgestellt wird, oder nach einer im Vorhinein bestimmten Anzahl von Gängen beendet erscheint.

Art. 19. — Die Secundanten können bei Angelegenheiten minder ernster Art nach einigen decidirt geführten Gängen eines Säbel- oder Degenduelles im gegenseitigen Einvernehmen, selbst wenn keine Verwundung vorgekommen ist, den Kampf einstellen und für beendet erklären, doch ist die Zustimmung der beiden Gegner hierzu erforderlich.

Nach altfranzösischem Duellcodex ist mit der Kreuzung der Waffe oder Erheben der Pistole zum Schusse die Beleidigung vollständig aufgehoben; es braucht durchaus kein Blutvergiessen zu erfolgen.

Wiewohl diese Duellregel durch Graf Chatauvillard und seine ausgezeichneten Mitarbeiter aufgestellt wurde, so wird dennoch diese Ansicht nicht allgemein getheilt.

Es macht, wir müssen es gleichfalls gestehen, einen sonderbaren, wenn nicht kläglichen Eindruck, ein Duell mit blanken Waffen unblutig, d. h. resultatlos verlaufen zu sehen.

Weit entfernt davon, stets einen Kampf herbeiführen zu wollen,
kann man entgegengesetzt für Beilegung der Mehrzahl der Duelle
selbst gestimmt haben; wenn aber ein solches aus triftigen Gründen
festgestellt worden ist, dann hat man sich dem Ernste der Situation
anzupassen, die Consequenzen derselben zu tragen, und darf die Angelegenheit nicht in eine Spielerei ausarten lassen.

War das Motiv des Duelles ein nichtiges, dann haben die
Secundanten die Verpflichtung, ihre Einwilligung für den Kampf
zu versagen; es wäre strafbar, wenn sie einer belanglosen Sache
halber ihre Zustimmung zu demselben gegeben hätten. Sie würden
sich einer grossen Verantwortlichkeit ausgesetzt haben, da der
Ausgang nicht im Vorhinein zu bestimmen ist. Der Spruch:

„Zieh' ohne Grund nicht Deine Wehr',
Steck' sie dann ein nicht ohne Ehr'!" —

ist wohl zu beherzigen.

Art. 20. — Die Secundanten dürfen nie einem Duelle auf Tod
und Leben, d. h. bis zum Tode des Einen der beiden Combattanten,
zustimmen oder selbst ein solches vorschlagen.

Sie können bei einer Angelegenheit ernster Natur übereinkommen,
dass der Kampf mit blanken Waffen bis zur Kampfesunfähigkeit
eines der beiden Gegner fortgesetzt wird, sowie bei einem Pistolenduelle einen dreimaligen Kugelwechsel in Vorschlag bringen.

Es kann bei letzterem noch weiters in der Weise eine Verschärfung eintreten, dass nach stattgefundenem dreimaligen, resultatlos gebliebenen Kugelwechsel zur blanken Waffe gegriffen wird,
um durch diese eine Entscheidung herbeizuführen.

Nachdem es nicht zu den Seltenheiten gehört, dass ein Pistolenduell selbst nach dreimaligem Kugelwechsel resultatlos verläuft,
so wird bei Duellen, denen ernstere Motive zu Grunde liegen, des
Oefteren die blanke Waffe mit der Bedingung „bis zur vollständigen
Kampfesunfähigkeit" der Pistole vorgezogen.

Die Pistole ist durchaus nicht einzig und allein die Waffe,
mit der man bei schwerwiegenden Beleidigungen Genugthuung
giebt oder diese sühnt, wenngleich Viele diese Eigenschaft der
Pistole octroyiren.

Art. 21. — Die Secundanten eines jungen Mannes — wir
glauben bis zum vierzigsten Lebensjahre — dürfen es nie gestatten,

dass sich dieser mit einem Manne, der das sechzigste Jahr überschritten hat, schlage, es sei, dass er von diesem nach dem dritten
Grade durch einen Schlag beleidigt worden wäre.

Aber auch in diesem Falle ist die Annahme der Forderung
des jungen Mannes schriftlich zu bestätigen, oder aber es liegt
die schriftliche Forderung des Beleidigers vor, welche die Secundanten der Verantwortlichkeit entlastet.

Die Weigerung zu schreiben gilt als Duellverweigerung.

Die Secundanten haben in diesem Falle ein Protokoll aufzunehmen, welches der verletzten Ehre des jungen Mannes unter
allen Umständen genügen muss.

Wir möchten diese nach Graf Chatauvillard aufgestellte
Regel: „Nach überschrittenem sechzigsten Jahre nicht Genugthuung geben zu müssen, ausser wenn er selbst nach dem dritten
Grade beleidigt hätte" — nicht als absolut bindend anzusehen
erachten.

Es werden in erster Linie die physischen Kräfte massgebend
sein müssen, denn es kann selbst ein sechzigjähriger Mann für
bedeutend jüngere Männer ein gefürchteter Gegner sein.

Die Fixirung dieses Alters ist als eine durchschnittliche anzusehen, die man als Basis für die Secundanten zur Beurtheilung
der Waffenfähigkeit angenommen hat, da mit Ueberschreitung des
sechzigsten Jahres bei der Majorität nicht mehr diese Eigenschaft
vorausgesetzt werden kann.

Art. 22. — Ist einer der beiden Gegner Linksfechter, so kann
es demselben nicht verwehrt werden, die Waffe mit der linken Hand
zu führen, doch müssen dessen Secundanten die Gegensecundanten
hiervon früher verständigen.

Es muss aber sichergestellt werden, dass der Gegner thatsächlich „nur" ein sogenannter Linksfechter ist, und mit der
rechten Hand die Waffe nicht zu führen versteht.

Wenn bei den Unterhandlungen nicht sofort mit aller Sicherheit festgestellt werden kann, dass der Gegner thatsächlich nur
ein Linksfechter ist, dann ist die Sitzung zu unterbrechen, um
diesbezügliche Nachforschungen pflegen zu können.

Einem Fechter, der mit beiden Händen mit gleicher Fertigkeit
die Waffe zu handhaben versteht, ist der Gebrauch der Waffe mit

der linken Hand zu verweigern. (Siehe Ablehnung einer bestimmten Duellart, Art. 3.)

Art. 23. — Die Secundanten dürfen nie den Wechsel der Waffen aus der einen in die andere Hand gestatten.

Wenn ein Gegner, der an der rechten Hand leicht verwundet wurde, mit Berücksichtigung des Umstandes, dass hierdurch die weitere Führung der Waffe absolut unmöglich wird, den Wunsch ausspricht, den Kampf mit der linken Hand fortsetzen zu wollen, so können die Secundanten, falls sie der Meinung sind, dass die Angelegenheit auf Grund ihres Ernstes eine Fortsetzung des Kampfes erheischt, überdies die Bedingungen bis zur Kampfesunfähigkeit lauten, diesem Ersuchen Folge leisten.

Man ersieht, dass nicht für alle Fälle präcise Regeln existiren, es bleiben noch immer Nuancirungen, die dem Uebereinkommen und der sorgfältigen Prüfung der Secundanten überlassen bleiben müssen.

Niemals können die Secundanten das Verlangen stellen, oder den Verwundeten zwingen, den Kampf mit der linken Hand fortzusetzen.

Art. 24. — Die Secundanten dürfen es nie zulassen, dass ein Duell auf jene Waffe stattfindet, in der bloss einer der beiden Gegner als Meister diplomirt wurde.

Der Kampf ist bloss dann zulässig, wenn beide Gegner in der gleichen Waffe diplomirt sind, oder der Beleidigte ausdrücklich die Waffe des diplomirten Gegners wählt, oder aber der Meister nach dem dritten Grade beleidigt worden wäre.

Aber selbst in diesem Ausnahmsfalle soll der Meister in chevaleresker Art auf den Gebrauch jener Waffe Verzicht leisten und die Wahl dem Gegner überlassen. Dieses gebietet ihm die Würde seiner ritterlichen Kunst.

Art. 25. — Die Secundanten haben für die Waffen zu sorgen. Sie haben die Verpflichtung, bevor sie sich auf den Kampfplatz begeben, dieselben sorgfältig zu prüfen und festzustellen, ob diese den Bedingungen des Kampfes vollkommen entsprechen, damit bei der am Kampfplatze nochmals vorzunehmenden Besichtigung wegen eventueller Unbrauchbarkeit der Waffen das Duell nicht verschoben werden müsste.

Um bei einem Säbelduell allen Eventualitäten vorzubeugen, empfiehlt es sich. dass am Kampfplatze zwei Paar Säbel zur Disposition stehen.

Art. 26. — Die Waffen müssen den Gegnern vollkommen unbekannt sein; sie werden, falls den gestellten Bedingungen und den etwaigen Rechten des Beleidigten gemäss nicht eigene Waffen in Verwendung kommen sollten, erst kurz vor Beginn des Kampfes, nachdem alle vorbereitenden Formalitäten beendet sind, den Gegnern überreicht.

Aber auch bei Verwendung eigener Waffen müssen sie rechtzeitig den Secundanten übergeben worden sein, damit von diesen deren Brauchbarkeit, beziehungsweise Verwendbarkeit für das bevorstehende Duell constatirt werden konnte.

Wenn auch von der Vorschrift, die Waffen nicht zu kennen, bei den Säbel- und Degenduellen durch die allgemeine Gepflogenheit Abstand genommen wird. so haben bei einem Pistolenduelle die Secundanten die Verpflichtung, die Einhaltung dieser Vorschrift auf das Gewissenhafteste zu beachten.

Art. 27. — Für den ärztlichen Beistand haben die Secundanten Sorge zu tragen; es empfiehlt sich, dass womöglich jede Partei ihren Arzt mitbringt.

Die Secundanten sind oft der Meinung, dass ein einziger Arzt genügt; es ist dies in Anbetracht einer beiderseitigen Verwundung eine beklagenswerthe Ansicht, beide Theile leiden in diesem Falle unter der Pflege eines Arztes.

Man soll sich nicht nach der Gegenpartei halten und jedenfalls seinen eigenen Arzt mitbringen.

Ist nur ein Arzt am Kampfplatze zugegen. so soll es wenigstens der unsere sein.

Art. 28. — Kann eine Einigung der beiderseitigen Secundanten über einzelne Punkte nicht erzielt werden, so wählen sie einen in Ehrensachen erfahrenen Schiedsrichter, dessen Autorität sie sich vollständig zu unterwerfen haben.

Art. 29. — Kein Secundant kann ein unmittelbares, aus dem Streitfalle entstehendes Duell annehmen, es wäre denn eine neue Angelegenheit; keinesfalls darf sie aber gleicher Beschaffenheit oder von denselben Motiven geleitet sein.

Art. 30. — Desgleichen ist es keinem der Secundanten gestattet, ein Duell unmittelbar am Kampfplatze anzunehmen; es ist
dieses eine neue Angelegenheit, die ihren ordnungsmässigen Verlauf zu nehmen hat.

Es kann sich wohl am Terrain ereignen, dass wegen einer
Meinungsverschiedenheit oder einzig und allein aus Ursache des
Resultates dieser Affaire einer der Secundanten sich so weit hinreissen lässt, dass er gegen die Gegensecundanten oder selbst
gegen den Sieger schroff auftritt.

In diesem Falle ist es absolute Pflicht des hierdurch Beleidigten, sowie der anderen Betheiligten, jede Auseinandersetzung
auf dem Terrain kurz zurückzuweisen.

Es ist dies eine neue Angelegenheit, welche ordnungs-
gemäss nach den bestehenden Gesetzen zur Austragung zu gelangen hat.

Art. 31. — Jeder Secundant, welcher eine Forderung von den
Secundanten der Gegenpartei aus Anlass des Duelles, welchem sie
beigewohnt haben, erhält, nimmt, falls er bei der stattgefundenen
Meinungsverschiedenheit im Rechte gewesen, die Rechte des Be-
leidigten nach dem dritten Grade der Beleidigung an. (Siehe
Beleidigung durch ungerechte Beschuldigung, Art. 2 und 3.)

Diese Begünstigung für den Beleidigten wurde von dem Umstande geleitet, der Provocation gewissenloser, rauflustiger Secundanten gegenüber unerfahrenen und leicht einzuschüchternden
Gegensecundanten ein Ziel zu setzen.

Art. 32. — Ist von Seite der beiden Gegner bei einer der
Natur nach ernsten Angelegenheit, bei welcher die Beleidigung
klar vorliegt, oder wo die Motive des Duelles aus Rücksichten
oder im Interesse für andere Personen verschwiegen bleiben
müssen, über die Art und Modification des Duelles, desgleichen
über den Ort und den Zeitpunkt des Zusammentreffens eine
Einigung getroffen worden, bevor sie sich noch die Secundanten
gewählt haben, so haben diese, falls über die Waffenwahl von
keiner Seite eine Einsprache erhoben wurde, ferner jeder der
beiden Gegner fähig ist, sich derselben zu bedienen, nach Zustimmung der getroffenen Uebereinkunft bloss dafür Sorge zu
tragen, dass der Kampf ohne weitere Förmlichkeiten zu der fest-

gesetzten Zeit nach allen gebotenen Regeln der Duellgesetze
stattfindet.

Art. 33. — Jedem der beiden Gegner steht das Recht zu
sich jederzeit bei seinen Secundanten zu bedanken und andere
wählen zu dürfen.

Desgleichen können auch die Secundanten ihr Amt niederlegen,
doch dürfen dieselben das Vertrauen, welches in sie gesetzt wurde,
durch etwaige Mittheilungen, die zu Schaden der Kämpfenden gereichen würden, nie verletzen.

Art. 34. — Der Wechsel der Secundanten, der nicht etwa im
letzten Momente, unmittelbar vor dem bevorstehenden Kampfe, zu
erfolgen hat, muss unverzüglich den Gegensecundanten bekannt-
gegeben werden.

Art. 35. — Die Secundanten haben nie die Bestimmung zu
treffen, dass Hiebe oder Stösse mit der linken, beziehungsweise
freien Hand abgelenkt oder parirt werden dürfen.

Eine derartig gestellte Forderung der Gegenpartei ist entschieden zurückzuweisen. (Siehe Opposition mit der linken Hand.)

Art. 36. — Ist von Seite der Secundanten alles auf den Kampf
Bezughabende wohl erwogen und vereinbart worden, so haben sie
schliesslich noch den Ort, den Tag und die Stunde des Rendez-vous
zu bestimmen.

Die Wahl der Stunde sollte einer besonderen Berücksichtigung
unterzogen werden, denn diese hat nicht selten eine unvorhergesehene Wirkung für den Ausgang des Duelles hervorgebracht.
Für blanke Waffen soll der Grundsatz aufgestellt werden:

„Man schlage sich, wenn möglich, niemals am frühen Morgen,"
und doch begegnet man so oft der entgegengesetzten Anschauung.

Wenn man nicht ein durchaus kampferprobter Duellant ist,
so ist es wahrscheinlich, und man kann dies ohne zu erröthen und
im mindesten feige zu sein gestehen, dass die Nacht, die einem
Duelle vorangeht, nicht die angenehmste der Existenz bildet.

Ohne im mindesten der Feigheit geziehen zu werden, wird
die Aussicht, sein Leben oder die Gesundheit am nächsten Tage
aufs Spiel setzen zu müssen, sowie die noch etwa kurz vorher zu
treffenden Anordnungen seiner Privatangelegenheiten eine gewisse
Aufregung hervorrufen.

Man kann sehr tapfer sein, und dieses instinctive Gefühl dennoch empfinden.

Die Redensart: „Ich schlafe niemals so gut als am Vorabende eines Duelles" ist mehr als romanhaft und dürfte auf eine andere Eigenschaft als bloss auf die des Muthes zurückzuführen sein.

Die vorgerückten Stunden des Tages sind psychologisch und physiologisch den frühen Morgenstunden vorzuziehen.

Art. 37. — Es ist gerathen, dass sich die Secundanten bereits im Vorhinein über die Frage, welcher von ihnen mit der Leitung des Kampfes betraut wird, einigen.

Der bestehenden Gepflogenheit gemäss wird gewöhnlich dieselbe dem ältesten der vier Secundanten übertragen, oder es wird hierüber durch das Los bestimmt. Die Wahl wird lediglich dem gegenseitigen Uebereinkommen anheimgestellt.

Es ist dies aber eine Frage, die wohl erwogen sein will; es ist durchaus nicht gleichgiltig, wem die Leitung des Duelles anvertraut wird.

Die Betheiligten sollen nicht zögern, jenem Secundanten die Leitung zu übertragen, von dem sie die Ueberzeugung haben, dass er die meisten Erfahrungen in Ehrenangelegenheiten besitzt, wenn er auch der Jüngste unter ihnen wäre.

Verlangt man von den Secundanten im Allgemeinen besondere hervorragende Eigenschaften, so sind dieselben noch in höherem Masse von dem leitenden Secundanten zu beanspruchen.

Er soll kaltblütig sein, um mit aller Ruhe die Anordnungen für das bevorstehende Duell treffen und während desselben allen Details der Phasen des Kampfes folgen zu können; er soll sich eines scharfen Auges erfreuen, um unmittelbar die geringste Unregelmässigkeit oder Verwundung zu bemerken.

Weiters Energie besitzen, um mit allem gebotenen Nachdruck dem geringsten Verstoss gegen die Duellgesetze und die fest gestellten Bedingungen entgegentreten zu können, aber auch Unparteilichkeit, um diese Strenge gegen beide Parteien in Anwendung zu bringen, ausserdem aber mit der Führung der Waffen vollkommen vertraut sein.

Es ist augenscheinlich, dass bei einem Duelle mit blanken Waffen, falls der leitende Secundant keine Kenntnisse der Fecht-

kunst besitzt, nicht im Stande wäre, bei vorkommenden Unregelmässigkeiten in Führung der Waffen im richtigen Momente von
Nutzen sein zu können.

Des Oefteren ist man der Meinung, dass es nöthig erscheint,
nebst den vier Secundanten noch eine fünfte Person, die den Verhandlungen fern gestanden, in der Eigenschaft als Schiedsrichter
oder eines Unparteiischen heranzuziehen, welcher überdies die
Leitung des Duelles übertragen wird.

Diese Idee wäre nur dann zulässig, wenn die vier Secundanten unerfahren in Anordnung des Duelles wären.

Sobald sich aber nur ein geübter Secundant unter ihnen befindet, ist diese Intervention nicht nur vollständig überflüssig, sie
könnte sogar als verletzend angesehen werden, da sie für die
Betheiligten eine Art von Bevormundung bedeuten würde.

Diese fünfte Person ist dann vollständig entbehrlich und von
jedém Gesichtspunkte aus zurückzuweisen.

Den leitenden Secundanten hat der ältere Secundant der
Gegenpartei in seiner Mission zu unterstützen.

Art. 38. — Die Secundanten haben über die getroffenen Bedingungen mit grösster Sorgfalt ein Protokoll zu verfassen, ihre
Clienten von denselben genau in Kenntnis zu setzen, diese von
ihnen billigen zu lassen, indem sie das Versprechen abnehmen,
sich den getroffenen Vereinbarungen ehrenhaft unterwerfen zu
wollen.

Die Secundanten haben sich die Versicherung zu verschaffen,
dass die Gegner keine wie immer gearteten Einwendungen am
Kampfplatze erheben werden, welche die Action der Waffen lähmen
könnte.

Beinahe alle Duellvorschriften belehren uns, dass am Kampfplatze, sobald die Gegner ihre Plätze eingenommen haben und
alle anderen Formalitäten beobachtet wurden, der leitende Secundant nochmals die getroffenen Vereinbarungen durch einen der
jüngeren Secundanten verlesen lässt.

Es ist dies eine Herkömmlichkeit, der wenig Geschmack abzugewinnen ist.

Mit der Waffe in der Hand, gewärtig des Momentes, den Kampf
zu eröffnen, die detaillirte Aufzählung aller Bedingungen, in deren

Kenntnis man durch die Secundanten gesetzt worden ist, und diese
ohnehin gebilligt hat, nochmals anhören zu sollen, ist eine absurde
Formalität.

Der leitende Secundant soll sich darauf beschränken, die beiden
Gegner aufmerksam zu machen, dass sie mit ihrer Ehre verpflichtet
sind, die ihnen wohlbekannten und ihrerseits angenommenen Bedingungen strengstens einzuhalten, ferner dass sie vor dem gegebenen Zeichen den Kampf nicht eröffnen dürfen und bei jedem
„Haltruf" sofort den Kampf einzustellen haben.

Die Bedingung, ob der Kampf bei der ersten Verwundung eingestellt oder bis zur Kampfesunfähigkeit eines der beiden Gegner
fortgesetzt wird, ist die einzige, die mitgetheilt werden muss.

Art. 39. — Wenn alle Vorbereitungen für den bevorstehenden
Kampf getroffen sind, so haben die Secundanten Sorge zu tragen,
dass derselbe ohne jede Störung vor sich gehen kann.

Art. 40. — Die Secundanten beider Parteien haben zu veranlassen, dass sie rechtzeitig zur bestimmten Stunde mit ihren
Clienten und den Aerzten am Kampfplatze erscheinen.

Art. 41. — Auf dem Kampfplatze selbst braucht keine der
beiden Parteien länger als fünfzehn Minuten auf den Gegner
zu warten; sie wären vollkommen im Rechte, wenn die Gegenpartei zur bestimmten Stunde nicht anwesend wäre, den Kampfplatz sofort zu verlassen.

Ist diese Frist verstrichen, so sind die Secundanten in vollkommener Berechtigung, auf Verlassen des Platzes zu dringen.

Sie haben über diesen Vorfall ein Protokoll zu verfassen.

Wollte der am Kampfplatze erschienene Gegner trotz der
Einsprache der Secundanten, besonders bei abnormen Witterungs-
verhältnissen, länger warten wollen, oder ist Gefahr vorhanden,
dass das Duell später nicht ohne Störung vor sich gehen könnte,
so haben die Secundanten, selbst bei Androhung der Niederlegung
ihres Mandates, ihren Clienten zum Verlassen des Platzes zu veranlassen.

Art. 42. — Können die Secundanten im Vorhinein einsehen,
dass sie die vereinbarte Stunde aus irgend einem wichtigen Grunde
nicht einzuhalten vermögen, so haben sie in geeigneter Art rechtzeitig die Secundanten des Gegners hiervon zu verständigen und

eine spätere Stunde oder selbst die Verlegung des Duelles für den nächsten Tag zu vereinbaren.

Es kann sich wohl ereignen, dass im Falle zwingender Nothwendigkeit und unerwarteter Zufälligkeiten die Nichteinhaltung des Eintreffens am Terrain zur bestimmten Stunde nicht vorausgesehen werden konnte; dann haben die Secundanten die Verpflichtung, in möglichst kurzer Frist die Gegensecundanten von dem unverschuldeten Versäumnis in Kenntnis zu setzen und eine neue Zusammenkunft zu vereinbaren.

Der Gegner, der rechtzeitig am Rendezvousplatze erschienen ist, hat das volle Recht, ein weiteres Duell abzulehnen, falls dasselbe einzig und allein durch die Nachlässigkeit der Gegenpartei nicht zur festgesetzten Stunde stattfinden konnte.

Hier gilt die einzige Regel: „Genaueste Pünktlichkeit."

Art. 43. — Vom Eintreffen der beiden Gegner auf dem Rendezvousplatze bis zum Beginne des Kampfes selbst, sollen die Secundanten nicht mehr als zehn Minuten vergehen lassen.

Art. 44. — Die Secundanten sind stets für alle Vorkommnisse, die auf das stattzufindende oder stattgefundene Duell Bezug haben, verantwortlich.

Art. 45. — Sie haben den Kampf selbst mit Gefahr ihres eigenen Lebens zu unterbrechen, sobald sie bemerken, dass die gesetzmässigen Duellvorschriften oder die vereinbarten Bedingungen überschritten wurden, oder aber eine Verwundung stattgefunden hat. (Siehe: Unterbrechung des Kampfes.)

Art. 46. — Das Unterbrechen des Duelles, beziehungsweise Einstellen des Kampfes, erfolgt durch das Commando: „Halt!"

Art. 47. — Im Falle dem Kampfe durch dieses Commando Einhalt gethan wurde, treten die beiden, den Kämpfenden zunächst stehenden Secundanten zwischen diese, lassen dieselben zurücktreten und haben an ihrer Seite zu bleiben, um jeden übereilten Schritt der Gegner hintanzuhalten.

Die Secundanten nehmen ihre vorgeschriebenen Plätze erst dann wieder ein, bis der Kampf neuerdings beginnt.

Art. 48. — Wurden von einem Gegner die Kampfregeln verletzt, so haben die Secundanten ein Protokoll hierüber zu verfassen; falls aber hierdurch eine ernste Lebensgefahr für den

Verwundeten entstanden wäre, auch weiters die Verpflichtung, den
Schuldtragenden durch alle möglichen gebotenen Rechtsmittel,
selbst vor dem Gerichte zu belangen.

Art. 49. — Ist in Folge einer Unregelmässigkeit eine gerichtliche Anzeige erstattet worden, so haben die Secundanten die Verpflichtung, bei ihrer Einvernahme die Wahrheit zu sagen.

Sie können in diesem Falle von keiner Seite zur Rechenschaft
gezogen werden, es sei denn, dass ihre Mitschuld erwiesen
wäre.

Art. 50. — Soll über den stattgefundenen Kampf ein Protokoll
verfasst werden, so haben die Secundanten in möglichst kurzer
Frist dieses in zwei Exemplaren auszustellen.

Wir haben bereits im Art. 38 dargethan, dass es Pflicht
der Secundanten ist, um jeder Discussion am Kampfplatze vorzubeugen, die vereinbarten Bedingungen zu Protokoll zu bringen.

Es sind demnach zwei Arten von Protokollen auszustellen,
eines vor und eines nach dem Kampfe.

Bei Abfassung des ersten Protokolles muss die grösste Sorgfalt
vorherrschen; dasselbe muss in aller Klarheit und in aller Kürze
alle auf den Kampf Bezug habenden Erörterungen und Details enthalten, um alle Schwierigkeiten oder Einwendungen, die am Kampfplatze selbst erhoben werden könnten, hintanzuhalten.

Das Protokoll nach dem Kampfe hat nebst der Angabe des
Tages und der Stunde des stattgehabten Rendezvous in aller
Kürze die Dauer und den Verlauf des Kampfes zu enthalten.

Die im letzteren Protokolle oft vorkommenden Clauseln: „dass
der beiderseitigen Ehre Genüge geschehen ist", weiters der „Muth
der beiden Gegner" hervorgehoben wird, soll vermieden werden.

Die erstere ist unnütz, weil der Umstand, sich seinem Gegner
Angesicht zu Angesicht mit der Waffe zu befinden, einer Tilgung
der Beleidigung gleichkommt. Soll diesbezüglich eine Clausel aufgenommen werden, so schreibe man: „Die Angelegenheit wurde
auf ritterliche oder officiersmässige Weise beigelegt."

Zu erwähnen, dass sich die beiden Gegner muthig geschlagen
haben, heisst die Vermuthung aussprechen, dass sie sich als Feig-
linge hätten benehmen können!

Im Protokolle ist jeder Discussion oder Polemik auszuweichen.

Art. 51. — Die Secundanten haben über den Verlauf der ganzen Verhandlung, sowie über das Duell selbst, Stillschweigen zu beobachten.

Sie haben die Verpflichtung, über die Motive desselben sich jeder Discussion, insbesondere aber jeder Polemik in der Presse zu enthalten.

Art. 52. — Sobald aber die Secundanten vor die Alternative gestellt werden, der öffentlichen Meinung durch die Bekanntgabe des Protokolles Genüge zu leisten, so kann dies nur im gegenseitigen Einvernehmen erfolgen.

Art. 53. — Es ist den Secundanten formell untersagt, die Ursache des Duelles oder die in den Protokollen aufgenommenen Thatsachen zum Gegenstande einer Streitfrage zu erheben.

Art. 54. — Die beiderseitigen Secundanten haben sich stets mit der grössten Artigkeit und Zuvorkommenheit zu begegnen.

Die höflichsten Formalitäten, sowie ein chevaleresques Benehmen muss bei jeder Zusammenkunft vorherrschen.

Dass die Secundanten auch bedacht sein sollen, für ihren Clienten alles zu besorgen, was bei dem bevorstehenden Kampfe zu seiner Erholung und Erfrischung dienen könnte, als: Cognac, Cigaretten etc., ist wohl selbstverständlich.

Ueber die weiteren Pflichten und das Benehmen der Secundanten am Kampfplatze ist bei jeder einzelnen Duellart noch weiters die Rede.

Beilegung des Duelles.

Art. 1. — Die Secundanten haben nach eingeholter Information und genügender Berathung über die Art und Motive der stattgefundenen Beleidigung vor allem zu berathen, ob der Kampf überhaupt nothwendig sei, oder ob die Angelegenheit nicht auf friedlichem Wege beigelegt werden könnte.

Es ist Pflicht der Secundanten, alles aufzubieten, um die Angelegenheit auf friedlichem Wege beizulegen, sobald dies für beide Theile in ehrenvoller Weise erfolgen kann.

Art. 2. — Wenn im Allgemeinen jeder Ehrenmann verpflichtet ist alles zu vertreten, was er gethan oder gesprochen hat, so

4*

kann ein Widerruf der stattgefundenen Beleidigung oder die Erklärung, dass man dem Gegner im Momente der Erregung Unrecht
gethan hat, nie die Ehre angreifen.

Man ist durchaus nicht entehrt, wenn man sein Unrecht ein-
sieht, noch weniger, wenn dasselbe auf Missverständnissen beruht,
doch soll eine derartige Erklärung nie auf dem Kampfplatze stattfinden; die Verhandlungen hierüber haben früher zu erfolgen.

Der Standpunkt, selbst die in der Aufregung gesprochenen
Worte unter allen Umständen aufrecht erhalten zu wollen, ist ein
durchaus falscher.

Art. 3. — Eine Entschuldigung hat nur dann Giltigkeit, wenn
diese von dem Beleidiger vor den beiderseitigen Secundanten
stattfindet.

Der Beleidigte braucht hierbei nicht gegenwärtig zu sein.

Soll jedoch in Folge vorhergegangener Unterredungen ein
Zusammentreffen der beiden Gegner behufs einer Versöhnung
stattfinden, so hat diese Begegnung an einem dritten Orte unter
Beisein sämmtlicher Secundanten zu erfolgen.

Art. 4. — Ist von Seite des Beleidigers in Gegenwart der
beiderseitigen Secundanten eine mündliche Entschuldigung über
das zugefügte Unrecht erfolgt, so ist, falls die Secundanten diese
Entschuldigung für vollkommen genügend erachten, hiermit die
Genugthuung gegeben.

Ist die Beleidigung schriftlich erfolgt, so muss auch die Entschuldigung schriftlich abgegeben werden, überhaupt hat sie in
jener Form gehalten zu sein, in der die Beleidigung erfolgte.

In beiden Fällen ist über die Art der gegebenen Entschuldigung, sowie der Annahme derselben von Seite der Secundanten
beider Gegner ein Protokoll aufzunehmen, in zwei Parien auszustellen und den Gegnern zu übergeben.

Art. 5. — Sollte die gegebene mündliche oder schriftliche
Genugthuung von Seite des Beleidigten nicht angenommen werden,
so hat dieser das ihm zukommende Recht der Waffenwahl, selbst
wenn er von Seite des Gegners beschimpft worden wäre, verloren;
um dieses Recht muss hierauf gelost werden.

Der Beleidiger hat bei Ablehnung der Entschuldigung unter
allen Umständen Genugthuung zu geben.

Art. 6. — Nach einer erfolgten Beschimpfung kann nur dann
eine Ehrenerklärung angenommen werden, wenn die Secundanten die
Beleidigung durch die abgegebene Entschuldigung für aufgehoben
erachten, gleichzeitig aber dem Protokolle die Erklärung beifügen.
dass sie in ähnlichen Fällen die abgegebene Entschuldigung gleichfalls als Genugthuung angenommen hätten.

Es liegt wohl in der Natur der Sache, dass bei dieser Art von
schwerer Beleidigung in den seltensten Fällen eine Entschuldigung
angenommen werden dürfte.

Art. 7. — Für eine Beleidigung durch erfolgten Schlag
giebt es keine Entschuldigung, hier kann die Genugthuung einzig und allein nur durch die Waffen erfolgen

Art. 8. — Sollte am Kampfplatze selbst einer der Combattanten seinem Gegner aus freiem Antriebe Entschuldigungen abgeben, und diese von den Secundanten der Gegenpartei als genügend betrachtet werden, so kann ein Vorwurf, wenn ein solcher
erhoben wird, nur jenen treffen. der die Entschuldigungen hervorgebracht.

Art. 9. — Werden am Kampfplatze von Seite der Secundanten
im Namen ihres vertretenden Clienten erklärende Entschuldigungen
abgegeben, so fällt die ganze Verantwortung, falls ein Vorwurf
erhoben werden sollte. auf die Secundanten. die jene Erklärung
abgegeben, nachdem sich die Streitenden den Secundanten, die
sich für deren Ehre verantwortlich gemacht haben, ihrer Gut-
achtung und ihrer Handlungsweise zu unterwerfen haben.

Art. 10. — Es liegt wohl in der Natur der Sache, dass eine
Angelegenheit, die über Beschluss eines Ehrenrathes oder einer
sonst massgebenden Gesellschaft nur auf ritterliche Art ausgetragen
werden soll, nicht beigelegt werden kann.

Ablehnung des Duelles.

Wenn es auch zur Pflicht eines jeden Ehrenmannes gemacht
wird, für eine Beleidigung Genugthuung zu geben oder zu verlangen, so können doch Umstände eintreten, unter welchen entweder eine gänzliche Ablehnung des Duelles oder die einer bestimmten Duellart erfolgen kann.

Gänzliche Ablehnung.

Art. 1. — Erfolgt eine Forderung gleichzeitig von mehreren Personen oder im Namen mehrerer, d. h. verlangt jede einzelne Person Genugthuung, so ist diese collectiv erfolgte Forderung abzulehnen, da nur einer einzigen durch das Los zu bestimmenden Person das Recht zusteht, Genugthuung zu verlangen. (Siehe: Die Forderung.)

Art. 2. — Ist eine Forderung nicht angenommen worden, und würde der Geforderte erst später (nach der gesetzmässigen Frist von vierundzwanzig Stunden) dieselbe annehmen und Genugthuung geben wollen, so soll diese von Seite des Fordernden entschieden verweigert werden.

Art. 3. — Hat, dem vorhergehenden Artikel entgegengesetzt, der Beleidigte in der durch die Duellgesetze festgestellten Frist von vierundzwanzig Stunden nicht Genugthuung verlangt und sich hierzu erst später durch die etwa eingetretenen Consequenzen veranlasst gesehen, so ist eine derart verspätete Forderung mit aller Entschiedenheit abzulehnen.

Art. 4. — Desgleichen ist bei einer indirect erfolgten Beleidigung die Forderung abzulehnen, wenn der Beleidigte nach erlangter Kenntnis der Sachlage in der gesetzmässigen Frist von vierundzwanzig Stunden nicht Genugthuung verlangt hat.

Art. 5. — Wird auf eine Forderung in der gesetzmässigen Frist von vierundzwanzig Stunden entweder keine oder eine bindende Antwort nicht ertheilt, so ist die Forderung als abgelehnt zu betrachten und jede spätere Annahme derselben zurückzuweisen.

Art. 6. — In einer und derselben Angelegenheit kann nur einmal Genugthuung gegeben werden; eine zweite Forderung in derselben Angelegenheit ist mit aller Entschiedenheit abzulehnen.

Art. 7. — Erfolgt die Forderung seitens einer Person, von der es notorisch bekannt ist, dass sie die Gesetze und Bedingungen des Duelles verletzt hat, so kann die Genugthuung verweigert werden.

Art. 8. — Selbst gegebenenfalls, dass durch die Uebertretung der Duellgesetze und Bedingungen eine Verletzung des Gegners

nicht stattgefunden hat, ist die Weigerung der Annahme des
Duelles aufrecht zu erhalten.

Art. 9. — Desgleichen ist die Forderung zurückzuweisen,
wenn der Fordernde durch Annahme oder durch Vorschlag eines
amerikanischen Duelles, oder selbst durch Ueberbringung dieser
Forderung als ehrlos erklärt wurde.

Art. 10. — Ist es bekannt, dass der die Forderung Stellende
als Secundant die Verletzung der Gesetze und Bedingungen bei
einem Duelle wissentlich gut geheissen oder als Mitschuldiger
daran theilgenommen hat, so kann gleichfalls die Forderung abgelehnt werden.

Art. 11. — Die Forderung von Personen, von welchen es erwiesen ist, dass sie die Austragung einer früheren Ehrenange-
legénheit entweder gar nicht motivirt, oder als gesetzlich unmotivirt abgelehnt, oder aber für eine früher erfolgte Beleidigung
keine Genugthuung verlangt haben, ist unter allen Umständen
zurückzuweisen.

Art. 12. — Desgleichen ist eine Forderung vorläufig
abzulehnen, wenn noch eine andere Ehrenangelegenheit des
Fordernden den Gegenstand einer ehrenräthlichen Untersuchung
bildet.

In diesem Falle ist vorher der Ausspruch des Ehrenrathes
abzuwarten.

Art. 13. — Es ist wohl selbstverständlich und benöthigt
keiner weiteren Erklärung, dass man die Forderung eines Gegners,
insolange er keine Secundanten finden kann, trotzdem er in der
Gesellschaft bekannt ist, abweist.

Art. 14. — Die Forderung von Personen, von denen es notorisch bekannt ist, dass sie sich mit der Ehre unvereinbarer Handlungen schuldig gemacht haben, gleichgiltig ob sie gerichtlich
belangt worden sind oder nicht, ist zurückzuweisen.

Art. 15. — Desgleichen kann die Forderung einer Person,
die vermöge ihrer socialen Stellung als nicht satisfactionsfähig
betrachtet wird, abgelehnt werden.

Art. 16. — Liegen bereits Protokolle oder gar ein Ausspruch
eines Ehrenrathes vor, nach welchem einem der beiden Gegner
die Satisfactionsfähigkeit abgesprochen wurde, so entfällt selbst-

verständlich die Austragung der schwebenden Ehrenangelegenheit auf ritterliche Weise.

Die Secundanten haben ein diesbezügliches Protokoll zu verfassen.

Art. 17. — Wer sich eines Ehrenwortbruches schuldig gemacht hat, gilt als satisfactionsunfähig, und kann nicht den Anspruch auf eine Genugthuung erheben.

Art. 18. — Ein Schuldner hat das Recht verloren, seinen Gläubiger zu fordern. Die Genugthuung kann seitens des Gläubigers abgelehnt werden.

Eine Forderung oder der Zweikampf darf erst nach völlig erfolgter Begleichung der Schuld stattfinden.

Die Forderung des Schuldners seitens des Gläubigers ist hingegen zulässig.

Art. 19. — Sollte der Beleidigte gegen den Beleidiger klagbar bei Gericht aufgetreten sein, so verliert er das Recht, Genugthuung zu verlangen.

Er ist in diesem Falle der Gnade des Gegners anheimgesttell, dem es freisteht, das Duell anzunehmen oder zurückzuweisen, da er vollkommen im Rechte ist, für eine Beleidigung, die vor dem Gerichtshofe zur Austragung kommt, die Genugthuung abzulehnen.

Aber selbst wenn die Klage zurückgezogen wird und die Wirkung derselben hierdurch annullirt erscheint, so ist der Gegner berechtigt, mit einem „Zu spät!" zu antworten.

Art. 20. — Wenn es erwiesen ist, dass der Beleidigte in einem ähnlichen Falle bei Gericht klagbar aufgetreten ist, so verliert er gleichfalls das Recht, Genugthuung zu verlangen.

Art. 21. — Desgleichen kann jenem die Genugthuung entschieden verweigert werden, von dem es erwiesen ist, dass er bei einer Ehrenangelegenheit als Geforderter die Gerichte in Anspruch genommen hat.

Die in diesem und den vorhergehenden zwei Artikeln enthaltenen Verfügungen werden gewiss von jedermann gebilligt und nicht als viel zu strenge betrachtet werden können.

Es erscheint durchaus nicht zulässig, dass eine Person, die durch Verletzung dieses Ehrenpunktes als ehrlos betrachtet wird, später das Recht, Genugthuung zu verlangen für sich beanspruchen möchte.

Art. 22. — Eine Forderung, die aus überaus grosser Empfindlichkeit oder aus dienstlichen Verhältnissen erfolgt wäre und
einem Ehrenrathe zur Beurtheilung vorgelegt wurde, kann abgelehnt werden, wenn dieser keine genügenden Motive anerkannt hat.

Art. 23. — Diese Ablehnung hat besonders dann Geltung,
wenn die Forderung mit erschwerenden Bedingungen erfolgte, die
mit der Beleidigung nicht in Einklang zu bringen wären, der Fordernde überdies von denselben nicht absteht, oder endlich wenn
der Beleidiger sich das ihm nicht zukommende Recht der Waffenwahl anmassen würde.

Art. 24. — Erfolgt die Forderung für eine den gesetzmässigen
Bestimmungen nicht gebräuchliche Duellart (siehe: Ausnahmsduelle), so kann, falls der Beleidigte von dem in Vorschlag gebrachten Ausnahmsduell nicht absteht, die Forderung gänzlich abgelehnt werden.

Art. 25. — Würde ein Freund, Sohn oder Bruder oder irgend
ein Verwandter eines im gesetzmässigen Duelle Besiegten den
Sieger fordern wollen, so ist diese Forderung zurückzuweisen.

Man würde die Pflichten der Freundschaft oder Verwandt-
schaft schlecht auffassen, wenn man den Sieger, der nur sein Leben
ehrenvoll vertheidigte, zum Zwecke der Rache neuerdings zum
Kampfe zwingen wollte.

Diese nur zu gerechtfertigte Vorschrift kann langer Commentare vollkommen entbehren, sie spricht für sich selbst.

Gewiss kann jenem, der aus Anlass eines schlecht ver-
laufenen Sieges dem Sieger einen neuen Kampf vorschlägt,
Ehrgefühl nicht abgesprochen werden, doch kann dieser Vorgang
weder gebilligt noch gestattet werden, da sich hierdurch ähnliche Repressalien ins Unendliche ziehen würden. Hiesse es nicht,
die Blutrache aufs neue beleben?

Im Uebrigen würde es den Sieger in eine absolut ungleiche
Lage bringen, wenn er gezwungen wäre, aus Anlass eines einzigen
Streites oder Missverständnisses eine ganze Reihe von Angriffen
auszutragen.

Art. 26. — Die Forderung eines Minderjährigen ist abzulehnen,
aber auch diesem steht das Recht zu, eine Forderung abzuweisen.
Ausgenommen sind jene mit akademischer Laufbahn.

Art. 27. — Personen, die das sechzigste Lebensjahr überschritten haben, steht das Recht zu, die Forderung zurückzuweisen,
sobald die Beleidigung nicht nach dem dritten Grade erfolgt ist·
(Siehe: Pflichten der Secundanten, Art. 21.)

Art. 28. — Forderungen zwischen Vater und Sohn oder
zwischen Brüdern sind weder zulässig, noch können dieselben
angenommen werden.

An- oder Aberkennung der Satisfactionsfähigkeit durch einen Ehrenrath.

Hat man die Verpflichtung, sich mit dem ersten besten oder
mit einem Unbekannten zu schlagen?

Diese Frage ist nicht eine der seltensten, die aufgeworfen
wird.

Gewiss nicht! Man kann sich auf das Terrain nur mit einem
Ehrenmanne begeben.

Man steht vollkommen im Rechte und es ist Pflicht der Secundanten, sich über den Grad der Ehrenhaftigkeit, sowie der
socialen Stellung der Gegenpartei zu erkundigen.

In erster Richtung wird als das beste Kennzeichen für die
Ehrenhaftigkeit des Gegners die von ihm getroffene Wahl seiner
Secundanten, deren ehrenhafter Charakter ausser allen Zweifel ist,
die aber auch gleichzeitig für ihren Clienten gutstehen, zu gelten
haben.

Sind jedoch die Gegensecundanten gleichfalls unbekannt,
nehmen diese auch keine bestimmte sociale Stellung ein, so sind
die oben gestellten Vorsichtsmassregeln zu ergreifen.

Diese Untersuchung wird aber noch unerlässlicher, wenn der
Gegner ein Fremder oder ein Ausländer ist.

Die Aufforderung, sich zu legitimiren, wird in diesem Falle
kein Ehrenmann zurückweisen können, weil er im ähnlichen Falle
im Rechte wäre, in gleicher Weise vorzugehen.

Eine Verweigerung dieser Legitimation käme einer Duellverweigerung gleich.

Art. 1. — Nur auf Grund gewissenhafter und sorgfältiger Er-
hebungen steht den Secundanten oder dem Ehrenrathe das Recht

zu, die in Zweifel gezogene Satisfactionsfähigkeit eines oder des anderen Gegners an- oder abzuerkennen.

Art. 2. — Keinem der beiden Combattanten steht das Recht zu, ihrem Gegner die Satisfactionsfähigkeit im Vorhinein abzusprechen und eine Austragung der Angelegenheit abzulehnen, selbst wenn er die volle Ueberzeugung hätte, dass sein Gegner satisfactionsunfähig wäre, da die Constatirung dieser Thatsache, zur Wahrung der Standesehre, dem Ausspruche der Secundanten oder des Ehrenrathes überlassen bleiben muss.

Art. 3. — Wird von Seite des Geforderten unter Anführung von Thatsachen die Satisfactionsfähigkeit des Fordernden in Abrede gestellt, so kann dieser die Angelegenheit einem Ehrenrathe vorlegen.

Art. 4. — Ist jedoch die Satisfactionsfähigkeit des Fordernden zweifelhaft, so kann diese Frage von Seite des Geforderten einem Ehrenrathe zur Entscheidung vorgelegt werden.

Bei Besprechung der Forderung (Art. 23) haben wir bereits erwähnt, dass Officiere des nicht activen Standes in allen Fällen, wo es sich um die Satisfactionsfähigkeit ihres Gegners handelt, sich an das Officierscorps ihres Truppenkörpers oder an jenes des zuständigen Ergänzungsbezirkscommando zu wenden hätten.

Art. 5. — Wird die Satisfactionsfähigkeit des Geforderten unter Anführung von Thatsachen in Abrede gestellt, aus diesem Grunde von Seite des Fordernden die Forderung zurückgezogen. so kann der Geforderte die Angelegenheit einem Ehrenrathe vorlegen.

Art. 6. — Erscheint jedoch die Satisfactionsfähigkeit des Geforderten zweifelhaft, dann empfiehlt es sich, dass der Fordernde, beziehungsweise dessen Secundanten die Angelegenheit einem Ehrenrathe vorlegen.

Es steht demnach beiden Parteien das Recht zu, falls die Satisfactionsfähigkeit ihrer Gegner in Abrede gestellt wird oder zweifelhaft erscheint, oder aber ihre Ehrenhaftigkeit selbst in Zweifel gezogen wird, zur vollkommenen Klarlegung der Angelegenheit die Einberufung eines Ehrenrathes zu verlangen.

Der Gegner ist verpflichtet, der Einberufung eines Ehrenrathes zuzustimmen, falls er sich seiner Rechte nicht begeben will.

Art. 7. — In allen Fällen, in denen man der Ansicht ist, dass die Art der Beleidigung oder die Ursache der Forderung den Gegenstand einer ehrenräthlichen Untersuchung bilden kann, haben die Secundanten die Verpflichtung, die Einberufung eines Ehrenrathes zu verlangen.

Art. 8. — Eine ohne jeden Grund erfolgte Forderung soll der Gegenstand einer ehrenräthlichen Erhebung sein. (Siehe: Grundlose Herausforderung)

Art. 9. — In jedem Falle, wo die Ehrenhaftigkeit eines der beiden Combattanten in Frage gestellt und nicht genügend aufgeklärt erscheint, ist es Pflicht der beiderseitigen Secundanten, die Annahme dieses Ehrenamtes zu verweigern, beziehungsweise dasselbe niederzulegen.

Ehrenrath.

Im vorhergehenden Artikel haben wir bereits darauf hingewiesen, dass die Einberufung eines Ehrenrathes zur Nothwendigkeit wird, im Falle die Satisfactionsfähigkeit einer der beiden Parteien zweifelhaft erscheint.

Es können aber weiters Fälle vorkommen, dass eine der Parteien den unerschütterlichen Willen kund giebt, an ihren Forderungen festzuhalten, und eine Obstruction hervorzurufen, um die Lösung der Angelegenheit zu hindern, oder in ihrem Sinne zur Austragung zu bringen.

Es giebt nur eine Art, der Verlegenheit ein Ende zu bereiten, nämlich jenen Weg einzuschlagen, den man stets einschlägt, wenn sich irgend ein Streit zwischen zwei Personen entspinnt, d. h. sich an eine Autorität zu wenden, die über die Streitfrage ein Urtheil abgiebt.

Handelt es sich um eine Ehrenangelegenheit, so ist diese Autorität der „Ehrenrath".

Wir sind der Ansicht, welcher sich auch Croabbon anschliesst, dass in diesen Fällen die Gegenpartei verpflichtet ist, ihre Zustimmung zur Einberufung des Schiedsgerichtes — des Ehrenrathes — zu geben. Im Falle der Ablehnung hätte diese Partei alle Verantwortung, sowie alle die daraus sich ergebenden Consequenzen zu tragen, da dieser Vorgang als ein Rückzug — als Duellverweigerung — anzusehen wäre.

„Wenn es keine Mittel gebe, die widerspenstige Partei zur Anerkennung einer schiedsrichterlichen Intervention zu zwingen, so ist es klar" — sagt Croabbon — „dass die Dinge ebenso stehen würden, als ob ein Vorschlag, die Angelegenheit einem Schiedsgerichte zu unterbreiten, gar nicht gemacht worden wäre."

„Unter solchen Verhältnissen müssten wohl die Zeugen die Verhandlungen abbrechen, davon ihrem Clienten in einem motivirten Protokolle Kenntnis geben, und zeigen, dass die Verantwortung für die anormale Lösung der Angelegenheit der Gegenpartei zufalle."

Denkt man sich in die Lage dieser Zeugen, so wäre in der That dieses Vorgehen das einzig logische.

Factisch aber wäre damit gar kein Resultat erzielt worden, wenn der widerspenstigen Partei nicht nach den Ehrengesetzen die volle Verantwortung für ihren Vorgang zur Last gelegt werden könnte.

Im entgegengesetzten Falle müsste jene Partei, deren Zeugen die Einberufung des Schiedsgerichtes in Vorschlag gebracht haben, um den Schein, sich nicht schlagen zu wollen, nicht auf sich zu laden, andere Zeugen wählen.

Diese, überzeugt dass es vergebliche Mühe wäre, das zu verlangen, was ihre Vorgänger nicht erreichen konnten, würden endlich höchst wahrscheinlich ihre Zustimmung zum Duelle ertheilen, wenn ihnen dieses ebenso unmotivirt erschiene, wie ihren Vorgängern.

Art. 1. — Der Ehrenrath — hier nicht zu verwechseln mit dem Militärehrenrathe — hat aus einer von beiden Seiten in gleicher Anzahl gewählter Mitglieder, deren Ehre ausser allen Zweifel gesetzt ist, zu bestehen, die sich aus ihrer Mitte einen Vorsitzenden wählen.

Art. 2. — Jeder Partei steht das Recht zu, die Einberufung eines Ehrenrathes in Vorschlag zu bringen.

Der Gegner ist verpflichtet, der Einberufung eines Ehrenrathes zuzustimmen, falls er sich seiner Rechte nicht begeben will.

Art. 3. — Das Urtheil erfolgt mit Stimmenmehrheit, dessen bedingungslose Annahme von beiden Parteien vorher schriftlich erklärt werden muss.

Art. 4. — Der Ehrenrath hat über seinen Beschluss ein Protokoll zu verfassen und je eine Abschrift den beiden Gegnern zu übermitteln.

Art. 5. — Die Mitglieder des Ehrenrathes haben sich mit ihrem Ehrenworte zu verpflichten, über den zur Verhandlung gelangenden Gegenstand, sowie über den Lauf der Verhandlung selbst vollkommenes Stillschweigen zu bewahren.

Ablehnung einer bestimmten Duellart.

Säbel oder Degen.

Art. 1. — Schwächlichen oder krüppelhaften Personen, namentlich aber jenen, die einen derartig strupirten rechten Arm oder Hand haben, dass sie hierdurch im freien Gebrauche der Waffe gehindert erscheinen, ist von Seite der Secundanten die Annahme eines Säbel- oder Degenduelles zu verweigern.

Art. 2. — Desgleichen kann eine Verweigerung stattfinden, wenn der Geforderte die rechte Hand oder ein Bein verloren hat.

Die Giltigkeit dieser beiden Punkte hat zu entfallen, falls diese Personen sich einer Beleidigung dritten Grades zu Schulden kommen liessen.

Als Grundsatz hat stets zu gelten:

„Die Hand, die den Schlag geführt, hat auch die Waffe zu führen."

Im Uebrigen steht in allen Fällen, wo eine Verweigerung der Annahme eines Säbel- oder Degenduelles stattgefunden hat, dem Beleidigten bei jeder Art von Beleidigung das Recht zu, unter den Pistolenduellen die Duellart und die Distanz zu wählen.

Wenn man auch durch das Gebot der Humanität die Kränklichkeit oder Krüppelhaftigkeit jener Person, die uns beleidigt hat, berücksichtigt, und diesem Umstande auch in mancher Beziehung Rechnung zu tragen haben wird, so wird man doch begreiflich finden, dass es unmöglich wird, Beleidigungen seitens derselben

ungestraft hinnehmen zu müssen, einzig und allein mit der Motivirung, dass ihr Gebrechen sie hindert, Satisfaction zu geben.

Das Princip, der Kranke kann — wenn er sich nicht eine
Beleidigung dritten Grades zu Schulden kommen liess — stets
jene Waffe zurückweisen, welche er wegen seines Gebrechens
nicht handhaben oder nur mit grossem Nachtheile führen könnte,
ist mehr als gerecht.

Art. 3. — Beabsichtigt einer der beiden Combattanten die
Waffe mit der linken Hand zu führen, so ist dies entschieden abzulehnen, falls der Gegner ein Rechtsfechter ist.

Sollte der Gegner oder dessen Secundanten auf diesem Standpunkte beharren, so ist das Festhalten an dieser Bedingung mit
einer Duellverweigerung gleichlautend und der Thatbestand zu Protokoll zu bringen. (Siehe: Secundanten und ihre Pflichten, Art. 22.)

Art. 4. — Eine Forderung auf Degen, als auf eine in Oesterreich-Ungarn und Deutschland nicht landesübliche Waffe, braucht
niemand anzunehmen.

Hingegen müssen sich die in diesen Ländern aufhaltenden
Fremden den Gewohnheiten und Gesetzen des Landes fügen und
eine Forderung auf Säbel unbedingt annehmen.

Selbst wenn den Fremden die Rechte eines Beleidigten jeden
Grades zufallen würden, können sie nicht auf eine Waffe Anspruch
erheben, deren Führung nach den in Oesterreich-Ungarn oder
Deutschland gebräuchlichen Duellgesetzen nicht als „legal" an
erkannt wird.

Den Fremden steht noch immer die Pistole zur Verfügung.

Ebenso wird man sich den Gesetzen des Landes zu fügen
haben, in dem man seinen Aufenthalt — wenn auch vorübergehend — genommen hat. In diesem Falle ist der Degen, sofern
dieser von Seite des Gegners gewählt und als landesübliche Waffe
constatirt wurde, bedingungslos anzunehmen. (Siehe: Duellarten.)

Art. 5. — Ereignet sich der Fall, dass eine Beleidigung
— durch Journale schriftlich u. s. w. — zwischen zwei Personen
stattgefunden hat, die verschiedenen Nationen angehören, die aber
im Momente der Beleidigung ihr Vaterland nicht verlassen haben,
so kann nach dem Rechte: „Dem Beleidigten steht die Wahl der
Waffen zu" der Beleidigte seine landesübliche Waffe wählen, selbst

wenn diese nach den Duellgesetzen seines Gegners in dessen Vaterland nicht als „legale" Waffe angesehen wird.

Beispielsweise können daher die Angehörigen von Oesterreich-
Ungarn oder Deutschland, sofern ihnen das Recht des Beleidigten
zusteht, den „Säbel", entgegengesetzt die Franzosen oder Italiener
den „Degen" wählen, welche Waffen von Seite ihrer Gegner nicht
abgelehnt werden können, gleichgiltig, ob nach den vereinbarten
Bedingungen die bewaffnete Bewegung der beiden Combattanten
— das Duell — in diesem oder jenem Lande, oder auf neutralem
Boden stattfindet.

Ueber Annahme oder Abweisung des Säbels als Duellwaffe in
Frankreich siehe: II. Theil, „Duellarten".

Pistole.

Art. 1. — Die Secundanten eines Einäugigen können die Annahme des Pistolenduelles verweigern, falls der Geforderte sich
nicht eine Beleidigung zweiten oder dritten Grades zu Schulden
kommen liess.

Art. 2. — Desgleichen haben die Secundanten stets ein Pistolenduell zu verweigern, bei welchem ein mehr als dreimaliger Kugelwechsel vorgeschlagen wird.

Pistolenduelle mit mehr als dreimaligem Kugelwechsel oder
bis zur vollständigen Kampfesunfähigkeit sind unzulässig, und
niemanden kann die Verpflichtung zugemuthet werden, eine derartig gestellte Forderung anzunehmen.

Ein solches Duell würde zu den Ausnahmsduellen zu zählen sein.

Bei besonders erschwerenden Umständen giebt es immer unter
den Pistolenduellen Arten, die eine Verschärfung einschliessen;
im Uebrigen kann auch eine Verschärfung der vereinbarten Bedingungen in der Weise erfolgen, dass nach einem resultatlos
gebliebenen dreimaligen Kugelwechsel zu den blanken Waffen,
dem Säbel oder dem Degen gegriffen werden kann, um hierdurch
eine Entscheidung herbeizuführen.

Allerdings hat dann in diesem Falle der Kampf bis zur
Kampfesunfähigkeit des einen oder des anderen Gegners fort-
geführt zu werden.

Art. 3. — Die Forderung auf eine nicht gesetzmässige Art des Pistolenduelles (siehe: Ausnahmsduelle) haben die Secundanten entschieden abzulehnen, doch muss der Geforderte ein weiters gestelltes gesetzmässiges Duell annehmen.

Art. 4. — Würde der Beleidiger die Wahl des Säbels oder des Degens, welches Recht nach den gesetzmässigen Bestimmungen dem Beleidigten zusteht, nicht annehmen wollen und seinerseits die Pistole als Duellwaffe in Vorschlag bringen, so ist von den Secundanten des Beleidigten nicht nur die Waffe, sondern auch die Anmassung des dem Beleidiger nicht zukommenden Rechtes der Waffenwahl auf das Energischeste zurückzuweisen.

Art. 5. — Falls die Beleidigung nicht nach dem dritten Grade erfolgt ist, so können die Secundanten selbst unter den gesetzmässigen Arten der Pistolenduelle jenes „auf Commando oder Signal" stets zurückweisen.

Stellvertretung und Verantwortlichkeit für Andere.

Im Grunde hat Jeder selbst seine Handlungsweise gegebenenfalls zu verantworten.

Für die That eines Anderen ist vernünftigerweise in der Regel niemand verantwortlich; der Urheber der Beleidigung allein schuldet dem Beleidigten Genugthuung.

Wenn daher in Folge des Grundsatzes: „Die Beleidigung ist persönlich und rächt sich persönlich," der Beleidigte und der Beleidiger stets persönlich für ihre Sache einzutreten haben, so kann doch in bestimmten Fällen eine Ausnahme dieser allgemeinen Regel durch eine Stellvertretung stattfinden, oder die Verantwortung für eine Beleidigung auf eine andere Person als den directen Urheber fallen.

„Gewisse Personen sind verantwortlich für Beleidigungen, welche von Personen herrühren, die ihnen mehr oder weniger verwandtschaftlich nahe stehen, die aber nicht in der Lage sind, selbst Genugthuung zu geben."

Dieser von Croabbon aufgestellte Satz muss eben in seiner praktischen Anwendung mit Vorsicht aufgenommen und wohl er-

wogen werden; denn es kann nicht angehen, dass ein Vater oder
ein Bruder für die Ungezogenheiten oder jugendlichen Streiche
seines „unerfahrenen minorennen" Sohnes, beziehungsweise Bruders,
stets zur Verantwortung gezogen werden könnte. Wohl aber
können Personen, deren Pflicht es erfordert die Frauen zu schützen,
für Beleidigungen verantwortlich gemacht werden, welche von
diesen Frauen ausgingen.

Nach Croabbon sollen zwar der Onkel, der Neffe, sowie der
Vetter von dem Rechte der Stellvertretung ausgeschlossen, daher
auch von der Verantwortlichkeit enthoben sein, andererseits soll
aber der Sohn, der Enkel und der Bruder für die Beleidigungen,
die von ihrem Vater, Grossvater oder Bruder herrühren, verantwortlich gemacht werden können. (Siehe: Art. 2.)

Meines Erachtens nach ist ein Unterschied zu machen zwischen
der „Stellvertretung", welche für ein beleidigtes Familienmit-
glied von einem Familienangehörigen und für einen Freund selbst
von einem Freunde gestellt werden kann, und der „Verantwortlichkeit", welche auf Verwandte fällt, die die Rechte und Pflichten
der natürlichen Beschützer haben.

Im ersteren Falle „können" die Familienangehörigen u. s. w.
für eine Beleidigung Rechenschaft verlangen, im zweiten Falle
„wird" von dem natürlichen Beschützer, als jenem, der die Verantwortlichkeit zu übernehmen hat, Rechenschaft verlangt.

Die Stellvertretung kann in folgenden Fällen zur Anwendung
kommen:

Art. 1. — Der Sohn kann die Vertheidigung seines Vaters
übernehmen, wenn:

1. Dieser physisch unfähig ist, auf die Beleidigung mit der
   Waffe in der Hand antworten zu können;

2. wenn das Recht des Beleidigten dem Vater zusteht;

3. wenn der Gegner dem Alter des Sohnes näher steht als
   dem des Vaters, und

4. wenn der Letztere das sechzigste Lebensjahr bereits überschritten hat.

Nach Graf Chatauvillard und Graf du Verger Saint-Thomas
sind diese vier Bedingungen unerlässlich, damit der Sohn die
Stelle des Vaters einnehmen könne.

Dieser Ansicht wird nicht allseitig gehuldigt, und wir sind gleichfalls der Meinung, dass die zwei ersten Bedingungen genügen, um der Stellvertretung eine gesetzmässige Kraft zu verleihen.

Es ist kaum anzunehmen, dass irgend welche Secundanten die Stellvertretung des Vaters durch seinen Sohn verweigern würden, wenn jener durch Krankheit verhindert wäre persönlich eintreten zu können, wenn auch den letzten beiden Bedingungen nicht entsprochen werden könnte.

Wenn auch von weniger einsichtsvollen Secundanten anlässlich einer einfachen Beleidigung an den beiden letzten Punkten festgehalten werden dürfte, so müsste hiervon bei Beleidigungen schwerwiegender Natur Abstand genommen werden.

Durch dieses Verfahren würde man die Gefälligkeit gegen den Angreifenden zu weit getrieben haben und den Sohn vielleicht zu anderen Gegenmassregeln zwingen. wodurch er sich die Rechte des Beleidigten, die ihm im Falle der Zuerkennung der Stellvertretung zukommen, verwirken dürfte.

Art. 2. — Desgleichen können die nächsten Verwandten, der Neffe für seinen Onkel, der Schwager u. s. w. eintreten, wenn die Beleidigten aus den obangeführten Gründen eine persönliche Vertheidigung nicht übernehmen und ablehnen müssten und kein im Mannesalter stehender Sohn die Stellvertretung übernehmen könnte.

Ebenso kann der Bruder für seinen minderjährigen Bruder eintreten. In allen diesen Fällen nimmt der Stellvertretende alle Rechte des Beleidigten in Anspruch.

Art. 3. — Geht jedoch die Beleidigung von Seite des Vaters oder der ad Art. 2 angeführten Personen aus, so kann keine Stellvertretung platzgreifen.

Art. 4. — Wird ein minderjähriger Bruder durch einen Minderjährigen gefordert, so kann eine Stellvertretung nicht stattfinden. Die Secundanten werden in diesem Falle zu entscheiden haben. ob überhaupt ein Duell statthaft erscheint.

Art. 5. — Erfolgt die Beleidigung gegen eine Frau, so geht diese über sie hinweg an ihren natürlichen Beschützer, der hierdurch in directer Weise getroffen wird, als wenn sich die Frau

nicht zwischen dem Angreifer und ihrem Beschützer befinden
würde.

Art. 6. — Andererseits kann eine Frau für eine Beleidigung,
die sie begangen hat, nicht verantwortlich gemacht werden. Genugthuung kann in diesem Falle von ihrem Beschützer verlangt werden.

Im Einklange mit dem vorhergehenden Artikel, wird letzterer
mit vollem Rechte für die Beleidigung verantwortlich gemacht,
und ist in dieser Bestimmung keine Ausnahme der gewöhnlichen
Duellregeln zu ersehen.

Art. 7. — Des Oefteren wird die Frage aufgeworfen, ob es
im Bereiche der Möglichkeit liegt, dass ein Freund für seinen
Freund eintreten kann?

Nach der Anschauung von Autoritäten kann allerdings eine
Stellvertretung unter folgenden Bedingungen erfolgen:

1. Wird als Hauptbedingung vorausgesetzt, dass die beider-
   seitige Freundschaft in jeder Beziehung den Charakter der
   Intimität hat, und nicht etwa den einer vorübergehenden
   Kameradschaft;

2. wenn ein Freund, dessen Ehre angegriffen wurde, sich in
   der absoluten Unmöglichkeit befindet, mit der Waffe in der
   Hand persönlich Genugthuung zu fordern;

3. falls derselbe keinen nahen Verwandten hat, der als Stellvertreter zugelassen werden könnte;

4. dass die Beleidigung von Seite einer majorennen Person
   ausgeht;

5. muss die Stellvertretung von Seite des Angreifers angenommen werden.

Wurde die Stellvertretung von Seite des Angreifers nicht angenommen, wodurch dessen Ehrenhaftigkeit nicht in Frage gestellt werden kann, so haben die Secundanten hierüber ein Protokoll zu verfassen und entfällt hiermit jedes weitere Recht des
eintretenden Freundes, Genugthuung zu verlangen.

Art. 8. — Erfolgt die Beleidigung gegen eine uns nahestehende, befreundete Familie, deren Mitglieder nicht in der Lage
sind ihre Vertheidigung persönlich übernehmen zu können, so
kann unsererseits die Vertretung jenes Mitgliedes der Familie
stattfinden, das Genugthuung zu verlangen berechtigt wäre.

Aber auch in diesem Falle muss der Angreifer mit der Stellvertretung einverstanden sein, da ihm das Recht zusteht, eine Stellvertretung abzulehnen.

Nach den beiden vorhergehenden Art. 7 und 8 ersehen wir, dass nach dem französischen Duellcodex in bestimmten Fällen die Stellvertretung auch abgelehnt werden kann, ohne dass irgend welche Nachtheile für den Angreifer — den Geforderten — entstehen.

Wir können nicht unbedingt dieser Ansicht beipflichten.

Wir sind vielmehr der Meinung, dass die Ablehnung des Stellvertreters in den obangeführten Fällen nicht immer als gerechtfertigt angesehen und ohne Nachtheile aufrecht erhalten werden kann, besonders dann nicht, wenn die Beleidigung etwa in vollem Bewusstsein erfolgt wäre. dass der Angegriffene nicht in der Lage ist, persönlich Genugthuung zu verlangen.

In diesem Falle ist es Pflicht der Secundanten, die Angelegenheit dem Ausspruche eines Ehrenrathes vorzulegen.

Art. 9. — Für eine Beleidigung, die an einem Verstorbenen erfolgt, kann der berechtigte nächste Verwandte Genugthuung verlangen.

Art. 10. — Erfolgt die Beleidigung durch ein Journal. so hat, falls der Artikel nicht unterzeichnet oder aber nur mit Buchstaben oder einem anonymen Namen versehen ist, der Chefredacteur für den unbekannten Autor einzutreten, sobald er dessen Namen zu nennen nicht gewillt ist. und Genugthuung verlangt wird.

Unfähigkeit oder Ausschliessung der Secundanten.

Beim Artikel „Secundanten und ihre Pflichten" ist bereits darauf hingewiesen worden, dass. bei Voraussetzung vollkommener Ehrenhaftigkeit, sich diese vor allem durch die nöthige Erfahrung, sowie durch Energie und Versöhnlichkeit auszuzeichnen haben. Sie dürfen in der Ehrenangelegenheit in keiner Weise interessirt sein. um mit voller Unparteilichkeit ihres Amtes walten zu können.

Sie haben mit aller Ruhe und Besonnenheit die einleitenden Anordnungen zu treffen. das Duell zu leiten, und sollen so viel Kenntnis in Führung der Waffen besitzen. um die Phasen des

Kampfes mit aller verständnisvollen Aufmerksamkeit verfolgen, jeden Augenblickes gewärtig, bei der geringsten Unregelmässigkeit oder sonst gebotenen Umstandes demselben Einhalt gebieten zu können.

Aus diesen Aufzeichnungen resultirt, dass sich Viele für dieses Ehrenamt nicht eignen dürften.

Aber abgesehen von dieser Kategorie von Personen, können überhaupt als Secundanten nicht zugelassen werden:

Art. 1. — Personen, von denen es notorisch bekannt ist, dass sie sich mit der Ehre unvereinbare Handlungen zu Schulden kommen liessen, gleichgiltig, ob sie gerichtlich belangt worden sind oder nicht.

Art. 2. — Jene, welche die Duellgesetze und vereinbarten Bedingungen verletzt haben.

Art. 3. — Personen, die als Secundanten den Verletzungen der Duellgesetze und Bedingungen zugestimmt haben, oder die als Mitschuldige bei Nichteinhaltung der gesetzmässigen Bestimmungen angesehen werden.

Art. 4. — Desgleichen alle jene, die durch Annahme oder durch Vorschlag eines amerikanischen Duelles, oder selbst durch Ueberbringung dieser Forderung als ehrlos erklärt wurden.

Art. 5. — Ist eine Corporation oder eine Familie beleidigt worden, so kann kein Mitglied derselben Gesellschaft oder Familie als Secundant fungiren.

Dieses Verbot erklärt sich von selbst.

Nachdem leicht vorausgesetzt werden kann, dass die verschiedenen Personen, die in der Angelegenheit interessirt sind, nicht mit jener Ruhe und Objectivität die Angelegenheit untersuchen könnten, die dringend geboten erscheint, so könnte hierdurch beinahe im Vorhinein jedes gütliche Arrangement als ausgeschlossen betrachtet werden.

Art. 6. — Hat eine Beleidigung gleichzeitig mehrere Personen getroffen, und wird von diesen Genugthuung verlangt, so kann aus den gleichen, im vorstehenden Artikel angeführten Gründen, aus ihrer Mitte keiner als Secundant eintreten.

Art. 7. — Ist eine Person in mehrere Angelegenheiten verwickelt, die nacheinander zur Austragung gelangen, so kann gleichfalls keiner der Betheiligten als Secundant fungiren.

Art. 8. — Ein Vater, ein Sohn oder Bruder, wie überhaupt ein Verwandter im ersten Grade kann weder für, noch gegen seine Verwandten als Secundant zugelassen werden.

Dieses Verbot erklärt sich von selbst aus der Rücksichtnahme der verwandtschaftlichen Verhältnisse, wodurch den Secundanten jene Freiheit der Action und des Urtheiles benommen werden würde, welche den ersten Theil ihrer Pflichten bildet.

Könnte ein Sohn in gleicher Weise das Unrecht seines Vaters fühlen wie ein Fremder?

Würde bei Verletzung der Kampfregeln und Bedingungen ein Verwandter den Muth haben, diese Unregelmässigkeiten zu tadeln, oder selbe gar gerichtlich zur Anzeige zu bringen und, vorausgesetzt, dass er so handeln möchte, würde dieser Vorgang nicht etwas Peinliches enthalten?

Aber noch weniger kann einem Verwandten gestattet werden, gegen seine Angehörigen zu secundiren. Eine derartige Handlungsweise wäre unmoralisch und abstossend.

Art. 9. — Es ist wohl selbstverständlich, dass Minderjährige, ausgenommen jene mit akademischer Laufbahn, nicht Secundanten sein können.

Art. 10. — Desgleichen sind alle nicht Satisfactionsfähigen von diesem Ehrenamte ausgeschlossen.

Unterbrechung des Kampfes.

Haltruf.

Wie bereits des Oefteren Erwähnung gethan wurde, haben die Secundanten in gewissen Fällen die Verpflichtung die sofortige Einstellung des Kampfes zu veranlassen; sie haben aber auch die Berechtigung, aus eigener Initiative in manchen Momenten, deren Beurtheilung ihnen selbst überlassen bleibt, den Kampf einzustellen, doch kann dieser Vorgang nur stets auf eigene Gefahr und Verantwortung erfolgen. Jeder Secundant hat hierüber, sobald es verlangt wird, Rechenschaft zu geben.

Art. 1. — Das Recht der Einstellung des Kampfes steht nur den Secundanten zu.

Die Einstellung hat durch den Ruf „Halt!" zu erfolgen.

Art. 2. — Die beiden Gegner haben demzufolge den Kampf
so lange fortzusetzen, bis eine Verwundung stattgefunden hat
oder von Seite der Secundanten das Zeichen zum Einstellen des
Kampfes gegeben wird.

Art. 3. — Nach einem erfolgten Haltruf haben die beiden
Gegner bei ihrer Ehre die Verpflichtung, sofort den Kampf
einzustellen; sie bleiben aber mit erhobenen Klingen so lange
in der Stellung, bis sie durch die Secundanten getrennt werden.

Selbst wenn man die positive Versicherung hat, dass der
Gegner getroffen wurde, ist die Vorsichtsmassregel, in der Fecht-
stellung zu verharren oder zurückzutreten, eine streng gebotene
Nothwendigkeit, um für die Eventualität, einen noch nachgeführten
Hieb pariren zu müssen, gesichert zu erscheinen.

Art. 4. — Nach einem Haltrufe treten die den Kämpfenden
zunächst stehenden Secundanten zu ihren Clienten und veranlassen
sie sofort zurückzutreten, falls diese empfehlenswerthe Vorsicht
nicht bereits beobachtet worden wäre.

Der leitende Secundant hat zwischen die beiden Kämpfenden
zu treten.

Art. 5. — Von Seite der Kämpfenden hat unter keinem Um-
stande ein Haltruf zu erfolgen, und hat bei einer derartigen
Unzukömmlichkeit der Schuldtragende von Seite des leitenden
Secundanten strengstens verwiesen zu werden.

Art. 6. — Nach einem erfolgten Haltruf haben die Secundanten, sobald es nöthig erscheint, einen allfällig weiter geführten
Hieb mit der Waffe abzuwehren.

Art. 7. — Wird die Aufmerksamkeit der beiden Gegner durch
äussere Einflüsse, als: Lärm, Musik, durch Hinzutreten eines
Unberechtigten, oder sonst durch irgend einen Zufall abgelenkt,
so ist gleichfalls der Kampf bis zur Behebung dieser Störung zu
unterbrechen.

Art. 8. — Ist einem der Gegner die Klinge gebrochen oder
unbrauchbar geworden, oder ist bei Benützung einer Brille diese
zerbrochen worden, so ist gleichfalls der Kampf einzustellen.

Sollte im Verlaufe des Kampfes auch das zweite Paar der
Waffen unbrauchbar werden, so wird das Duell auf den nächsten
Tag verschoben.

Art. 9. — Wenn einer der leitenden Secundanten der Ansicht ist, dass sich seitens der Kämpfenden eine derartige Ermüdung geltend macht, die den freien Gebrauch der Waffen ausschliesst, demgemäss eine Erholung, beziehungsweise eine Pause dringend geboten erscheint so hat er zwar das Recht, den Kampf einzustellen, muss aber stets vorher seine Absicht den Gegensecundanten bekanntgeben.

Am zweckmässigsten und schnellsten kann eine Verständigung in der Art erfolgen, dass als Zeichen, den Kampf einstellen zu wollen, die Waffe in die Höhe gehoben wird. worauf der Gegensecundant als Zeichen seines Einverständnisses gleichfalls seine Waffe erhebt oder selbst „Halt!" ruft.

Die zur Erholung gewährte Pause soll nie mehr als zehn Minuten betragen. (Siehe Artikel: Pause.)

Art. 10. — Ist eine Desarmirung oder Entwaffnung erfolgt oder wird bemerkt, dass einer der beiden Gegner die Waffe nicht fest in der Hand hält, so dass ein freier Gebrauch oder Führung derselben ausgeschlossen erscheint, so haben die Secundanten dem Kampfe sofort Einhalt zu thun.

Art. 11. — Desgleichen ist die sofortige Einstellung des Kampfes zu veranlassen, sobald einer der Gegner stürzt.

Art. 12. — Wird in einem geschlossenen oder abgegrenzten Raume einer der Kämpfenden an die Wand gedrängt, so darf deshalb keineswegs der Kampf eingestellt werden; es ist dies eine durchaus irrige und zu verwerfende Ansicht.

Nur dann, wenn einer der beiden Gegner derart in eine Ecke oder an die Wand gedrängt werden sollte, dass er die Waffe weder offensiv, noch defensiv gebrauchen kann, ist dem Kampfe Einhalt zu thun. (Siehe: An die Wand drängen.)

Die beiden Gegner werden von den Secundanten hierauf eingeladen, ihre früheren Plätze einzunehmen.

Art. 13. — Sollte es sich ereignen, dass bei einem genügend grossen Terrain der sich in der Defensive haltende Gegner stets zurückweicht, so dass sich der Kampf ins Unendliche fortzuziehen droht, wobei dem Angreifenden, der kaum seinem Gegner folgen kann, es zur Unmöglichkeit wird, seinen Angriff zur Ausführung zu bringen, so haben die Secundanten die Berechtigung, den Kampf zu unterbrechen.

Die Secundanten haben den Schuldtragenden auf die Unzukömmlichkeit seines Verhaltens mit dem Bedeuten aufmerksam zu
machen, dass sie im Wiederholungsfalle genöthigt wären, das
Terrain durch eine Markirung zu begrenzen. (Siehe Artikel: An
die Wand drängen.)

Art. 14. — Die Einstellung des Kampfes ist auch dann zu
veranlassen, wenn die beiden Kämpfenden durch eine forcirt aus-
geführte Attaque so nahe aneinander gerathen wären — corps à
corps — dass von Seite der Secundanten der Kampf nicht genau
verfolgt, oder eine eventuelle Verwundung oder Unregelmässigkeit
nicht wahrgenommen werden könnte.

Art. 15. — Wird von den Secundanten beobachtet, dass
während des Kampfes die vereinbarten Regeln oder die gesetzmässigen Bestimmungen in irgend einer Weise verletzt werden
oder dass sonst irgend eine Unregelmässigkeit erfolgt, so ist der
Kampf sofort zu unterbrechen.

Art. 16. — Erfolgte die Einstellung des Kampfes aus Anlass
einer vermeintlichen Verwundung, und wird bei der hierauf vorzunehmenden Untersuchung ein fester Gegenstand gefunden, der
die Brust des Gegners deckt, so ist derselbe als ehrlos zu betrachten. Das Duell ist sofort abzubrechen.

Hat jedoch im Verlaufe des Kampfes bereits eine Verwundung
durch diesen Gegner stattgefunden, so sind die gerichtlichen
Schritte einzuleiten.

In diese Situation könnte man nie gerathen, wenn sich die
Secundanten unter allen Umständen der dringend gebotenen Pflicht
der Leibesuntersuchung der Gegner unterziehen würden. (Siehe
den diesbezüglichen Artikel.)

Art. 17. — Ist eine Verwundung erfolgt, oder ist einer
der Secundanten der berechtigten Meinung, dass eine Verwundung
stattgefunden hat, so steht jedem der Secundanten die Pflicht zu,
durch den Haltruf augenblicklich die Einstellung des Kampfes
zu veranlassen und einen eventuell geführten Nachhieb, selbst
mit eigener Gefahr, aufzufangen.

Art. 18. — Wird bemerkt, dass während des Kampfes eine
starke Blutung einer vorher erhaltenen Verwundung eingetreten
ist, so ist, namentlich wenn sich das Blut über die Augen er-

giessen sollte, bis zur Behebung dieses Umstandes dem Kampfe
Einhalt zu thun.

Desgleichen ist der Kampf sofort zu unterbrechen, wenn
von Seite der Secundanten beobachtet wird, dass einem der
Kämpfenden in Folge einer vorher erhaltenen Verwundung eine
momentane Schwäche befällt.

Art. 19. — Ein Haltruf, der ohne weitere Motivirung und nur
einzig und allein aus dem Anlasse erfolgt, weil die beiden Gegner
gegenseitig einige decidirt geführte Hiebe gewechselt haben, ist
mit aller Entschiedenheit zurückzuweisen.

Art. 20. — Desgleichen ist ein ohne jede Berechtigung oder
genügende Motivirung erfolgter Haltruf von Seite der Gegensecundanten nicht zu dulden und der Schuldtragende auf das
Energischeste zu verweisen.

Pause.

Um am Kampfplatze allen wie immer gearteten Schwierigkeiten vorzubeugen, dürfte es sich empfehlen, dass die Secundanten keine, auch nicht die geringste Frage ausser Acht lassen, mit-
hin auch die Eventualität der Nothwendigkeit, eine Pause eintreten
lassen zu müssen, einer Besprechung unterziehen. Wenn nöthig,
soll diese protokollarisch festgestellt werden.

Im Allgemeinen sind die Pausen auf Verlangen der einen oder
der anderen Partei zu gewähren; dieselben zu verweigern, ist
durchaus nicht üblich.

Die Beurtheilung der Nothwendigkeit einer Ruhepause hängt
mit der Gewissenhaftigkeit erfahrener Secundanten zusammen; sind
diese mit aufmerksamem Auge und Sachverständnis dem Kampfe
gefolgt, so wissen sie jederzeit, ob es billig oder loyal ist, diese
Pause eintreten zu lassen.

In welcher Art und Weise eine Verständigung der leitenden
Secundanten in dieser Beziehung zu erfolgen hat, ist bereits bei
Besprechung der „Unterbrechung des Kampfes" — „Haltruf" —
ad Art. 9 dargethan worden.

Es ist nicht üblich und würde auch kaum angehen, dass bei
einem Säbelduelle, nach unserer Gepflogenheit, von Seite eines

oder des anderen der beiden Gegner um eine längere Ruhepause angesucht werden würde, es sei denn, dass der Arzt thatsächlich eine körperliche Indisposition constatirt.

Nach neueren französischen Duellgebräuchen scheint diese allerdings den Combattanten gestattet zu sein, obgleich Graf Chatauvillard in seinem Werke das Recht, eine Pause verlangen oder eintreten zu lassen, nur den Secundanten einräumt.

„Fühlt sich einer der Combattanten ermüdet" — schreibt Tavernier — „so steht ihm das Recht zu, ein mit seinem Secundanten besprochenes Zeichen zu geben. Am zweckmässigsten erfolgt dieses durch Heben oder Senken der linken Hand, je nachdem der Kämpfende die Gewohnheit hat, dieselbe entweder nach classischer Art ober dem Kopfe zu halten, oder aber am Rücken zu placiren; hierauf hat der Secundant das Einhalten des Kampfes zu veranlassen."

Könnte sich hierbei nicht unwillkürlich der Gedanke aufdrängen, dass nicht nur Ermüdung allein, sondern andere Motive den Gegner bestimmen könnten, um eine Pause anzusuchen?

Wir sind der Ansicht, dass die Beurtheilung und das Recht, ob eine Ruhepause gewährt werden soll oder nicht, nur einzig und allein den Secundanten, gegebenenfalls dem Arzte zugesprochen werden kann. Dieser zur Erholung gewährte Zeitraum soll die Dauer von zehn Minuten nicht überschreiten. Sobald diese Frist verstrichen ist, werden die Gegner von Seite des leitenden Secundanten nach den gegebenen Vorschriften zum Wiederbeginn des Kampfes aufgefordert, beziehungsweise auf ihre Plätze geleitet.

In dringenden Fällen, und wenn es nöthig erscheint, können die Secundanten immerhin kurze Pausen von einer bis zwei Minuten zum Athemschöpfen gewähren.

Sollte des Oefteren das Verlangen nach einer Pause gestellt werden, so ist es klar, dass man einem unbescheidenen Verlangen entgegentreten muss, da sonst dem Kampfe der Ernst der Situation benommen werden könnte.

Die Frage, wie lange ein Gang anhalten kann, ist schwer zu beantworten; er kann immerhin eine Dauer von fünf und mehr Minuten haben, doch richtet sich diese selbstverständlich nach der Lebhaftigkeit des Engagements — des Angriffes — der Zahl der bereits stattgefundenen Gänge, aber hauptsächlich nach der physischen Constitution der Kämpfenden.

Es dürfte wohl begreiflich sein, dass bei einem Ernstkampf die Dauer eines Ganges kürzer sein wird, als jene bei einer Uebung.

Im Uebrigen wäre zu bemerken, dass durch die öfter erfolgenden und gebotenen Haltrufe mehr oder weniger längere Pausen eintreten.

Während der Pausen ist es wohl den Gegnern gestattet mit ihren Secundanten zu sprechen, doch sollen die Gespräche nur mit leiser Stimme erfolgen.

Die Gewissenhaftigkeit der Secundanten wird es diesen verbieten, während der Pausen ihren Clienten Rathschläge für den Kampf zu geben oder ihre Beobachtungen mitzutheilen, am allerwenigsten aber wäre eine Erklärung von Hieben und Stössen mit der Waffe oder dem Stocke in der Hand zulässig.

Desarmirung.

Es ist eine durch die Ehre gebotene Pflicht der Ritterlichkeit, dass Derjenige, der seinen Gegner, sei es bei der Attaque absichtlich oder unbewusst, oder bei Ausführung der Parade entwaffnet hat, im Angriffe innehält und den Kampf sofort einstellt.

Entbehrt jedoch der Angreifende der nöthigen Kaltblütigkeit oder der Kenntnisse der Waffenführung, und lässt sich, ohne die Entwaffnung seines Gegners zu bemerken, durch die forcirte Attaque hinreissen, seinen Angriff fortzusetzen, so ist es Sache der Secundanten, mit aller zu Gebote stehenden Energie und selbst bei eigener Gefahr den Angreifenden an der Fortsetzung der Attaque zu hindern.

Gewiss ist es gebotenenfalls, oder wenn dies im Vortheile des Offensivfechters liegt, erlaubt, Battements, d. h. mehr oder weniger starke Hiebe gegen die feindliche Klinge zu dem Zwecke zu führen, diese forcirt aus ihrer Lage zu schleudern, um mit dieser Bewegung einen Hieb, beziehungsweise einen geraden Stoss in Verbindung zu bringen.

Es kann sich wohl hierbei ereignen, dass durch das Battement eine unbeabsichtigte vollkommene Desarmirung herbeigeführt

wurde, und der damit verbundene Hieb so rasch und ohne Zeitverlust erfolgen kann, dass diese zwei Bewegungen beinahe ein
Tempo bilden, wodurch es dem Angreifer und den Secundanten
unmöglich wird, das Desarmement vor dem Hiebe zu bemerken,
geschweige den letzteren noch einhalten zu wollen.

Desgleichen kann bei einem Degenduelle die Riposte des
„tac au tac", d. h. der mit einer Parade in Verbindung gebrachte
gerade Stoss, so kräftig und rapid erfolgen, dass durch die Parade
ein unbeabsichtigtes Desarmement herbeigeführt wurde.

In diesen Fällen kann weder eine Ueberschreitung oder Verletzung der Duellregeln und Gesetze seitens des Angreifers angenommen, noch eine Nachlässigkeit den Secundanten zugeschrieben
werden; es ist dies lediglich eine jener Fatalitäten oder Zufälligkeiten, über die man mit aller Berechtigung vollkommen beruhigt
sein und nur den Trost hinnehmen kann, dass der Hieb oder
Stoss wahrscheinlich auch ohne den Desarmement oder der Entwaffnung erfolgt wäre.

Es ist ein Glück, dass ein Desarmement in den meisten Fällen
bemerkbar ist; falls die leitenden Secundanten scharfe Augen besitzen und hinreichend in Führung der Waffen vertraut sind,
dürften sie in den meisten Fällen genügend Zeit haben, rechtzeitig interveniren zu können, um ein Unglück oder eine Ueberschreitung der Duellgesetze hintanzuhalten.

Jener Gegner, der sich entwaffnet fühlt oder dem die Waffe
aus der Hand fällt, soll, so weit es ihm möglich ist, nach rückwärts
oder nach der Seite treten, und sich so lange in dieser Entfernung
halten, bis ihm die entfallene Waffe von einem seiner Secundanten
überreicht wird.

Jener Gegner, der nach einem stattgefundenen Desarmement
trotz des Haltrufes seine Attaque fortsetzt, macht sich der schwersten Verletzung der Duellgesetze schuldig.

Es ist nicht nur ein Gebot der Ritterlichkeit, sondern es
ist Pflicht eines jeden Kämpfenden, der eine Entwaffnung herbeigeführt hat, sofort mit seiner Attaque inne zu halten und zurückzutreten, wobei er die Spitze seiner Waffe so lange zu Boden
gesenkt zu halten hat, bis ihn die Formalitäten des neuen Engagements zur Wiedereröffnung des Kampfes einladen.

Diese Regel des Duelles und auch des Fechtbodens, die uns verbietet, gegen einen durch Kunstfertigkeit entwaffneten Gegner offensiv vorzugehen, entspringt einem edlen, chevaleresken Gefühle.

Im Grunde genommen ist diese Regel wenig logisch, wenn man bedenkt, dass es das Maximum ist, welches wir gegenüber einem bewaffneten Gegner erlangen können, diesen wehrlos zu machen; doch leben wir nicht mehr in dem Zeitalter, wo man bei allen Kämpfen und Duellen, um seines Erfolges sicher zu sein, nur allein von dem Gedanken geleitet wurde, durch alle möglichen Kunstangriffe seinen Gegner zu entwaffnen, der, der Vertheidigungs- mittel beraubt, der Gnade des Siegers anheimgestellt war.

Seinen Gegner entwaffnen, sich seiner Waffe zu bemächtigen und denselben ohne alle Vertheidigung zu tödten, war bei den damaligen Sitten gebräuchlich. Verlor einer der Combattanten seine Waffe, so stürzten beide auf dieselbe los, um sich derselben zu bemächtigen. War der bewaffnete Gegner der erste am Ziel, so setzte er seinen Fuss auf die Waffe, um den Gegner ohne Mitleid niederzustossen.

Selbst die Fechtschulen damaliger Zeit mussten sich diesen Gebräuchen fügen und die kunstgerechte Entwaffnung lehren.

Erst im sechzehnten Jahrhundert wurde durch die Höflichkeit der Sitten diesen Gebräuchen ein Ende gesetzt.

An die Wand drängen.

Wir haben bereits bei dem Artikel „Unterbrechung des Kampfes" die Bemerkung gemacht, dass es eine durchaus irrige Anschauung ist, den Kampf für den Moment einzustellen, wenn einer der beiden Gegner in einem geschlossenen oder begrenzten Raum an die Wand gedrängt wird.

Diese Frage ist von ausserordentlicher Wichtigkeit, welche die meisten Secundanten in leichter Auffassung beinahe immer ausser Acht lassen, auf die Gefahr hin, eine offenbare Uncorrectheit zu begehen und sich einer ernsten Verantwortung schuldig zu machen. Die Secundanten, die sich rühmen können, mit allen Details eines Duelles im Vorhinein genügend und erschöpfend sich beschäftigt zu haben, sind selten.

Jener Kämpfer, der vom Standpunkte des geübten Fechters
und der Erfahrung auf Grund seiner Beobachtungen die Situation
erfasst und zu dem Resultate gelangt, nur durch Scheinattaquen
den Gegner zum Rückzuge zwingen zu können; der nur durch
Kunstfertigkeit und eigene Gefahr sich dem Gegner allmählich
nähert, um im letzten entscheidenden Momente, wo der Gegner in
Ausführung seiner Vor- und Tempohiebe oder Stösse durch das
abgeschlossene Terrain gehindert, zur festen Parade gezwungen
wird; jener Kämpfer, beinahe sicher seines Erfolges, die ent-
scheidende Attaque führen zu können, soll sich in dem Momente,
wo er das Ziel seiner Anstrengungen, seines Muthes und seiner
Kunstfertigkeit glücklich zu erreichen geglaubt hat, durch ein
„Halt" der Secundanten, die ihn mit aller Ruhe zum Aufgeben des
Terrains veranlassen, seines Vortheiles beraubt sehen?

Man wird wohl zugestehen müssen — und die Fechter werden
uns wohl verstehen — dass dies ein unberechtigter Vorgang der
Secundanten wäre, der eine durchaus irrige Auffassung zur Basis
hätte.

Es ist ohne Zweifel, dass dieses Vorgehen der Secundanten
augenscheinlich durch ein Gefühl von besonderer Menschlichkeit für
den Zurückgedrängten inspirirt wird, wobei diese aber nicht bedenken, dass dieser ungerechtfertigte Vorgang auch für diesen Gegner,
der durch den Haltruf eine vielleicht unerwartete Hilfe erblickt,
verletzend wirken kann, da er möglicherweise nur in der Defensive
seinen Vortheil findet und sucht. Ueberdies stehen jedem Fechter
genügend Hilfsmittel zu Gebote, sei es durch Volten oder durch
Ergreifen der Offensive, der Gefahr, an die Wand gedrängt zu
werden, vorbeugen zu können.

In jenen Fällen, wo die Kämpfenden einen genügenden Raum
zum Zurücktreten haben, ist es Regel, dass das eroberte Terrain
nicht aufgegeben wird; um so schlimmer für jenen Gegner, der
gegen seine Absicht an die Wand gedrängt wird, da es in seiner
Hand gelegen war, selbst zur Offensive zu schreiten.

Wir glauben die Regel aufstellen zu können:

„Wenn einer der Gegner hauptsächlich durch einen ungestümen brüsken Angriff in der Weise an die Wand oder in eine
Ecke gedrängt werden sollte, dass er die Waffe weder offensiv

noch defensiv gebrauchen kann, so ist dem Kampfe Einhalt zu thun."

Es kann sich wohl ereignen, dass bei einem genügend grossen Terrain einer der beiden Gegner ohne Berechtigung unaufhörlich zurückweicht, so dass der Kampf ins Unendliche sich fortzuziehen droht, und dem Angreifenden, der nur schwer seinem Gegner folgen kann, kaum gestattet, seinen Angriff zur Ausführung zu bringen.

In diesem Falle haben die Secundanten die Berechtigung, auf eine derartige Unzukömmlichkeit hinzuweisen und gleichzeitig aufmerksam zu machen, dass sie im Wiederholungsfalle genöthigt sein würden, das Terrain durch Markirung zu begrenzen, über welche ein Zurücktreten untersagt wäre.

Die Androhung wird zur That, sobald eine Wiederholung stattfindet.

Man wird im ersten Augenblicke vielleicht geneigt sein, dieses Hilfsmittel als überaus strenge anzusehen. doch wird man leicht begreiflich finden, dass man durch den Ernst der Situation, der stets gewahrt werden muss, zu dieser Massregel gezwungen wird.

Sollte sich jedoch der Gegner über diese neugeschaffene Situation hinwegsetzen und die markirten Grenzen trotzdem überschreiten, so können die Secundanten im Wiederholungsfalle mit voller Berechtigung den Kampf einstellen, das Duell selbst als beendet erklären, und über den Vorgang ein Protokoll verfassen..

Verletzung der Duellgesetze.

Es ist bereits bei Besprechung der Pflichten der Secundanten darauf hingewiesen worden, dass der das Duell leitende Secundant sofort und mit aller Energie die Einstellung des Kampfes zu veranlassen hat, sobald er beobachtet, dass einer der Gegner die vereinbarten Bedingungen nicht einhält, oder gegen die bestehenden Duellgesetze verstösst, oder sonst irgend eine Unregelmässigkeit begeht.

Die Verletzung der festgestellten Bedingungen oder der gesetzmässigen Duellregeln begründet die provisorische Unterbrechung, wenn nicht die definitive Einstellung des Duelles und selbst die gerichtliche Verfolgung.

Diese Massregel richtet sich nach der Art der Unregelmässigkeit oder des Verstosses, hervorgerufen durch Unachtsamkeit, oder aber durch eine nicht misszuverstehende Absicht, und der eventuell hierbei vorkommenden Verwundung des Gegners.

Würde eine Unregelmässigkeit begangen werden durch:

1. Eröffnen des Kampfes, ohne das Signal hiefür abzuwarten;

2. Fassen des Gegners mit der linken Hand;

3. nicht sofortige Einstellung des Kampfes nach einem Haltruf;

4. Pariren mit der linken Hand;

5. Fortsetzung des Kampfes, ohne das Commando hierzu abzuwarten;

6. uncorrectes Benehmen während des Kampfes, hervorgerufen durch ungestümes Anlaufen oder Anrennen des Gegners, stetes Zurückweichen, Schreien oder Haltruf u. s. w. —

so steht dem leitenden Secundanten das Recht zu, den Kampf sofort zu unterbrechen, sowie den Schuldtragenden, vorausgesetzt, dass durch diese Handlungsweise der Gegner nicht verletzt wurde, durch einen energischen Verweis zu rügen mit der Androhung, im Wiederholungsfalle den Kampf gänzlich einzustellen.

Die Androhung wird zur That, sobald sich die beanständeten Unzukömmlichkeiten wiederholen sollten.

Die sofortige definitive Einstellung des Kampfes wird veranlasst, sobald durch eine Unregelmässigkeit oder Verstoss gegen die Duellregeln eine Verwundung herbeigeführt oder augenscheinlich beabsichtigt wurde.

Gegen einen entwaffneten Gegner oder jenen, der gestürzt ist, desgleichen gegen einen bereits verwundeten Gegner weiter offensiv vorgehen, die Waffe oder die Hand des Gegners fassen und auf denselben eindringen, nach erfolgtem Haltruf sich auf den Gegner stürzen, eine nachträgliche Constatirung, dass ein fester Gegenstand die Brust des einen Gegners deckt etc., sind schwerwiegende Unregelmässigkeiten, die das definitive Einstellen des Kampfes zur Folge haben.

Wurde hierbei eine Verletzung des Gegners herbeigeführt, so haben die Secundanten überdies die Verpflichtung, ungesäumt die gerichtlichen Schritte einzuleiten.

Die Ehre verpflichtet die Secundanten jener Partei, gegen welche die Klage wegen Bruches der Duellgesetze anhängig gemacht wurde, der Wahrheit gemäss auszusagen und durchaus keinen Versuch zu machen, die Schuld ihres Clienten zu mildern, um nicht als Mitschuldige desselben betrachtet zu werden.

Die Consequenzen dieser Situation hätten sich die Secundanten, in die sie durch ihr eigenes Verschulden gerathen, selbst zuzuschreiben.

Die Secundanten haben die Verpflichtung, über derartige Vorfälle detaillirte Protokolle zu verfassen.

Leibesvisitirung.

Die Duellgesetze gebieten den Secundanten, die Kämpfenden zu ersuchen, Rock und Weste abzulegen und die Brust so weit zu entblössen, um sich die Ueberzeugung zu verschaffen, ob nicht irgend ein fester Gegenstand die Brust der Kämpfenden schützt.

Gewöhnlich enthält man sich durch Discretion, Sorglosigkeit oder Vergesslichkeit von dieser Verpflichtung. Es ist aber ein grosser Fehler, den die Secundanten durch diese Unterlassung begehen, und eine schwere Verantwortlichkeit, der sie sich schuldig machen.

Diese Formalität wird niemanden verletzen, wenn selbe bei jedem Duell strenge in Anwendung kommen würde: sie wird durch traurige Erfahrungen dringend geboten und zur Pflicht gemacht.

Um sich dieser Pflicht so discret als möglich zu entledigen, wird von den französischen Autoren empfohlen, folgendes Verfahren zu beobachten.

Der leitende Secundant ladet den älteren Secundanten der Gegenpartei ein, seinen Clienten zum Ablegen der Kleider zu veranlassen. Ist dieser dem Wunsche nachgekommen und hat dessen Client die Brust entblösst, so überzeugt sich der leitende Secundant genau, dass die Brust bis zum Gürtel durch keinen festen Gegenstand gedeckt ist.

Nach Beendigung dieser Formalität verfährt man auf dieselbe Weise bei der Gegenpartei.

Zweckmässiger erscheint es uns jedoch, dass der leitende Secundant seinen Clienten die Brust entblössen lässt und hierauf den älteren der beiden Gegensecundanten einladet, die Leibesvisitirung vorzunehmen.

Die Gegenpartei dürfte sich dann veranlasst sehen, ohne weitere Aufforderung denselben Vorgang zu beobachten.

Es versteht sich von selbst, dass diese Untersuchung äusserst genau vorgenommen werden soll, wenn man es mit einem unbekannten Gegner zu thun hat. Dass diese Untersuchung besonders bei einem Degenduelle von besonderer Wichtigkeit ist, wird man wohl leicht begreiflich finden; sie bildet eine der grössten Garantien zu Gunsten ehrenhafter Combattanten.

Wird von einem der Gegner die Untersuchung verweigert, so kommt dies einer Duellverweigerung gleich. Die Secundanten haben über diesen Thatbestand ein Protokoll zu verfassen.

Sollte durch die Untersuchung ein fester Gegenstand, der im Stande wäre, einen Hieb oder Stoss aufzuhalten, constatirt worden sein, so ist dieser Kämpfende als Gegner zurückzuweisen; wurde erst während des bereits eröffneten Kampfes, also nachträglich, das Vorhandensein eines festen Gegenstandes bemerkt, so ist das Duell sofort abzubrechen und dieser Gegner als ehrlos zu betrachten.

Hat jedoch durch denselben im Verlaufe des Kampfes eine Verwundung des Gegners stattgefunden, so sind die gerichtlichen Schritte einzuleiten.

Die Verwundung.

Es ist wohl selbstverständlich, dass die Verwundung die wesentlichste und gewöhnlichste Ursache der provisorischen oder definitiven Unterbrechung des Duelles ist.

Die Secundanten müssen ihre volle Aufmerksamkeit den Phasen des Kampfes widmen, um im Stande zu sein, eine Verwundung sofort zu bemerken; sie müssen von dem Principe, den Kampf augenblicklich einzustellen, wenn sie bei einem etwas lebhaften Engagement die Berührung der Klinge mit dem Körper zu beobachten geglaubt haben, wohl durchdrungen sein, selbst auf die Gefahr hin, dass sie sich getäuscht und keine Verwundung stattgefunden hat.

Besser ist es, aus diesem Grunde den Kampf einmal mehr zu unterbrechen, als die Gegner der Gefahr auszusetzen, nach einer erfolgten Verwundung weiter kämpfen zu müssen. Erfahrungsgemäss ereignet es sich oft, dass selbst der Getroffene eine Verwundung nicht sogleich bemerkt, diese, unter dem Hemde beigebracht, sich durch äussere Merkmale auch nicht sofort verräth und erst durch eine genaue Untersuchung constatirt werden kann.

Glaubt einer der Kämpfenden der Meinung zu sein, seinen Gegner getroffen zu haben, so kann man ihm nur den Rath ertheilen, sofort zurückzutreten, ohne aber die Stellung mit der Klinge aufzugeben.

Das Verharren in der Fechtstellung — der „Garde" — ist eine dringend gebotene Vorsicht, um im Stande zu sein, sich gegen die Eventualität eines Nachhiebes schützen zu können.

Wie leider die Erfahrung lehrt, ist des Oefteren der Fall eingetreten, dass der Getroffene, sei es durch das Bewusstsein seiner Niederlage, sei es durch Zorn übermannt, seiner Sinne nicht mehr mächtig, sich plötzlich auf den Gegner gestürzt hat, nicht selten sich gleichzeitig dessen Hand oder Klinge bemächtigend, einige rasche und wuchtige Hiebe gegen dessen Kopf führte, bevor noch die Secundanten, überrascht von diesem Vorgange, im Stande waren, einschreiten zu können.

Dass in den meisten Fällen ein derartiger Ueberfall für den Sieger von traurigen Folgen begleitet ist, liegt in der Natur der Sache, da dieser, auf eine Fortsetzung des Kampfes nicht mehr gefasst, am wenigsten aber einen Ueberfall erwartend, meist jede Vorsicht ausser Acht lässt.

Der Ruf „Sie sind getroffen!" oder dergleichen ist nicht zulässig und aus leichtbegreiflichen Gründen hauptsächlich dann zu verwerfen, wenn man im Irrthume wäre, da diese unberechtigte Bemerkung zu unliebsamen Auseinandersetzungen führen könnte.

Nach dem französischen Duellcodex ist nach einem geführten Degenstoss bei berechtigter Voraussetzung der Verwundung die Bemerkung: „Mein Herr, ich glaube getroffen zu haben," wohl erlaubt, aber selbst in diesem Falle wird dieser Zuruf nicht angerathen.

Ist die Verwundung eine ernstliche, so ist es ersichtlich, dass die Secundanten eine grosse Verantwortlichkeit auf sich nehmen, wenn sie unter diesen augenscheinlich ungünstigen Bedingungen die Fortsetzung des Kampfes weiter gestatten.

Ihre Pflicht ist es, sich jeder Wiederholung des Kampfes mit aller Energie zu widersetzen, wenn die Kämpfenden trotz einer ernsten Verwundung auf einer Fortsetzung desselben beharren sollten.

Sind die Motive der Ursache des Duelles weniger ernster Natur, sind die beiden Gegner nur durch falsche Auffassung des Ehrenpunktes der Meinung gewesen, ihre Zuflucht zu den Waffen nehmen zu müssen, so haben die Secundanten das Uebereinkommen zu treffen, dass der Kampf nach der ersten stattgefundenen, wenn auch leichten Verwundung nicht weiter verfolgt wird. Für diese Bedingung lautet gewöhnlich die Bezeichnung: „Auf das erste Blut."

Die Secundanten haben aber nie, selbst bei Androhung der Niederlegung ihres Mandates, nach stattgefundener Verwundung der Fortsetzung des Duelles zuzustimmen, wenn die „Bedingungen" auf das erste Blut gelautet haben und das Duell nur durch ein Missverständnis hervorgerufen wurde.

Handelt es sich aber um ein Duell, das durch ernste Beweggründe veranlasst wurde und die „Bedingungen" auf Kampfesunfähigkeit lauten, so ist es leicht begreiflich, dass die Secundanten nach einer leichten Verwundung den Kampf wohl einstellen, aber nicht als beendet ansehen, vielmehr die beiden Combattanten neuerdings auffordern werden, den Kampf aufzunehmen, bis im Verlaufe die vollständige Kampfesunfähigkeit eines der beiden Gegner constatirt worden ist.

Die Frage, wie lange der Kampf fortgesetzt werden soll, beziehungsweise wann derselbe als beendet anzusehen ist, muss genau im Protokolle vorhergesehen und regulirt sein.

Bei Fixirung dieses Punktes haben die Secundanten stets den Standpunkt festzuhalten, dass der Kampf nur in „zwei Fällen" als beendet anzusehen ist: „Bei der ersten wie immer gearteten Verwundung, und bei vollständiger Kampfesunfähigkeit."

Die Ansicht, bei mehrmaliger leichter Verwundung: „Es sind schon genug Hiebe gefallen," oder: „Wir können schon aufhören lassen, der Kampf hat ohnedem lange genug gedauert" etc., welchen Aussprüchen man leider nur zu häufig auf dem Terrain begegnet, ist gänzlich zu verwerfen. Das Ende des Kampfes soll nicht der jeweiligen momentanen Auffassung der Secundanten anheimgestellt bleiben.

Wem gehört die Beurtheilung über den Ernst der Verwundung? Augenscheinlich dem Arzte, doch finden wir in den Duellvorschriften folgende Regel aufgenommen:

„Die Kampffähigkeit oder Unfähigkeit wird durch die Secundanten bestimmt, wobei dem Arzte eine berathende Stimme zukommt."

Wir glauben jenen beipflichten zu müssen, die der Ansicht sind, dass es lauten sollte:

„Der Kampf hört nur auf übereinstimmende Meinung der Secundanten und des Arztes auf."[1])

Diese zweite Vorschrift, die dem Arzte mehr Autorität und Rücksichtnahme für seine Wissenschaft gestattet, ist entschieden vorzuziehen.

Dem Arzte kommt ja hierbei auch nicht allein die Entscheidung zu, ob der Kampf aufzuhören oder fortzusetzen sei, er hat nur Rechenschaft über den Ernst der Verwundung zu geben.

Glaubt man der Meinung oder der Ansicht zu sein, dass bei der gestellten Bedingung der Fortsetzung des Kampfes bis zur Kampfunfähigkeit der Arzt aus Humanität oder aus Freundschaft für den Verwundeten den Ernst der Verwundung übertreiben und hierdurch dem Kampfe ein vorzeitiges, nicht beabsichtigtes Ende bereitet werden könnte, so kann man sich vorher seines Wortes versichern, dass seine Diagnose gewissenhaft erfolgen und keine Uebertreibung enthalten wird.

---

[1]) Tavernier: l'art du duel.

Bemerkt der leitende Secundant, dass sich bei Fortsetzung des Duelles die Wunde öffnet, und diese den Verwundeten in den Zustand absoluter Unmöglichkeit versetzt, die Klinge weiter zu führen, so hat er sofort dem Kampfe Einhalt zu thun.

Ueber die weitere Aufnahme oder die gänzliche Einstellung des Kampfes werden hierauf die Secundanten und der Arzt die Entscheidung zu treffen haben.

Parade oder Opposition mit der linken Hand.

Graf Chatauvillard schreibt: „Beim Degenduell mögen die Zeugen eines Beschimpften verlangen, dass es erlaubt sei, die Klinge mit der linken Hand zu pariren. Die Zeugen des Beleidigers haben das Recht, diese Anfrage zu genehmigen oder abzuweisen."

An einer anderen Stelle lesen wir hingegen:

„Es ist besser, wenn die Zeugen bei einem Degenduelle nicht erlauben, dass die Klinge mit der linken Hand parirt werden dürfe, denn gar zu leicht kann es sich ereignen, dass anstatt zu pariren, die Klinge gefasst wird."

Im Principe wird also die Parade mit der linken Hand — bei steter Voraussetzung, dass wir es mit Rechtsfechtern zu thun haben — zugegeben, trotz der später erhobenen Zweifel eines stets ehrlich stattfindenden Vorganges.

Wenn auch die Opposition oder die Parade mit der linken Hand durch die Annahme eines grösseren Vortheiles mehr bei einem Degen-, als bei einem Säbelduell in Betracht gezogen werden könnte, so kann es doch nicht geleugnet werden, dass selbst bei einem Säbelduell diese Art von Parade oder Opposition möglicherweise mit Vortheil in Anwendung gebracht werden kann.

Eine geschickte Bewegung mit dem linken Arm oder der Hand — freilich stets auf die Gefahr hin, dass diese selbst erheblich verletzt wird — kann die feindliche Klinge für den Moment gänzlich in der Weise ablenken, dass zur Führung eines decidirten Hiebes gegen den Kopf oder Körper des Gegners genügend Raum oder Blösse gegeben erscheint, durch welchen nicht zu rechtfertigenden Angriff möglicherweise auch das Ende des Duelles herbeigeführt wird.

Noch leichter und weit weniger gefährlich wird bei einem Degenduell das Ablenken des Stosses mit der linken Hand ermöglicht.

Es ist kaum glaublich, dass man derartige Bedingungen bei einem Duelle noch zur Sprache bringen kann, noch weniger begreiflich, dass die Opposition mit der linken Hand mit der Motivirung empfohlen wird, „dass die Parade mit derselben ganz natürlich erscheint, weil wir von der Natur nicht zwecklos mit zwei Händen ausgerüstet wurden, und aus Liebe zur Erhaltung unseres Lebens nichts unversucht lassen sollen, um einen Angriff von uns abzulenken, der uns verwunden oder tödten könnte".

Gleichzeitig wird aber die Bemerkung beigefügt, dass bei dieser Art von Opposition die linke Hand einer grossen Gefahr ausgesetzt ist.

Charles Besnard schrieb bereits 1653 gegen den Gebrauch der linken Hand; er bezeichnete diese Parade als „verabscheuungswürdig".

Es ist einleuchtend, dass die Secundanten eine derartige Bedingung niemals zulassen dürfen, und eine diesbezügliche Vereinbarung der Gegner als null und nichtig anzusehen haben.

Die Verletzung dieser Duellregel ist eine der schwersten, und die damit in Verbindung gebrachte Verwundung oder Tödtung des Gegners käme einem Meuchelmorde gleich.

Wenn es bei Führung des Säbels Regel und Vorschrift ist, die linke Hand am Rücken in der Höhlung des Kreuzes zu halten, so kann es sich doch leicht ereignen, dass bei einem lebhaften Engagement oder durch die Macht der Gewohnheit die linke Hand ihren Platz verlässt und während des Kampfes vor den Körper gebracht wird.

Abgesehen von der hierdurch erfolgten Exponirung gegenüber den feindlichen Hieben, kann leicht der Fall eintreten, dass bei einem plötzlichen Hervorbringen der Hand der Hieb des Gegners weniger gefährlich, wenn nicht abgeschwächt oder aber gänzlich abgelenkt wird, wodurch die Blösse zum Anbringen des eigenen Hiebes gegeben erscheint.

Wer will nun untersuchen, ob das Vorbringen der linken Hand
ein instinctives war, oder nicht vielleicht mit Absicht erfolgt ist?

Eine hierbei vorgekommene Verwundung dieser Hand oder
des Armes, falls der Gegner erheblich verletzt erscheint, ändert
die Sachlage durchaus nicht.

In viel leichterer Weise ist bei Führung des Degens die Unzukömmlichkeit des Vorbringens der linken Hand ermöglicht, da
ja ohnehin dieselbe durch Haltung über dem Kopfe und Senken
während des Ausfalles nach Fechtregeln in Action ist.

Wird beobachtet, dass die linke Hand zum wiederholtenmale
vor den Körper gebracht wird, so können die Secundanten fordern,
dass die Hand in einer Weise befestigt wird, welche eine Wiederholung dieser Unzukömmlichkeit ausschliesst.

Ein Protest oder eine Entschuldigung, dass diese Unregelmässigkeit eine unwillkürliche, durch die Macht der Gewohnheit
oder durch Nervosität erfolgt ist, kann weder berücksichtigt noch
angenommen werden.

Die Nervosität kann nicht als Entschuldigung für eine derartige Unzukömmlichkeit gelten.

Ist man zu nervös, um die Angelegenheit mit Waffen austragen zu können, dann entschuldige man sich.

Der Kampf.

Sind alle Anordnungen für den bevorstehenden Kampf getroffen und die Gegner durch ihre Secundanten aufgefordert
worden, ihre Plätze einzunehmen, so werden den beiden Kämpfenden nach den gegebenen Vorschriften die Waffen überreicht.

Nach Uebernahme der blanken Waffen — des Säbels oder
Degens — haben die Gegner die Spitzen derselben zu Boden
gesenkt zu halten, des Augenblickes gewärtig, den Kampf eröffnen
zu können.

Beim Pistolenduell wird die Mündung des Laufes gleichfalls
zu Boden gesenkt.

Die beiden Combattanten haben die strenge Verpflichtung,
sich jeder Action mit der Waffe zu enthalten, bevor nicht das

Zeichen zum Beginne des Kampfes gegeben wird; sie würden sich eine Verletzung der Duellregeln zu Schulden kommen lassen, wenn sich die Klingen vor dem Commando gekreuzt oder berührt hätten.

Desgleichen ist das Erheben der Pistole oder das Spannen des Hahnes, ohne das Commando hierzu abgewartet zu haben, strengstens untersagt.

Der das Duell leitende Secundant hat bereits vorher die Kämpfenden mit seinem Commando vertraut zu machen.

Beim Säbel- oder Degendwell wird auf das vorbereitende Commando oder Aviso „Klingen vor" oder „Kreuzt die Klingen", oder wie immer dasselbe lauten mag, von beiden Gegnern die Fechtstellung — die Garde — genommen und die Klingen gekreuzt.

Um nicht gleich von Beginn an in die enge oder nahe Mensur zu kommen, der man möglichst auszuweichen hat, ist es gerathen, die Garde nicht nach vorwärts mit dem rechten Fusse, sondern dem entgegengesetzt nach rückwärts mit dem linken Fusse einzunehmen, wobei gleichzeitig die Klingen in die Richtung des Gegners gebracht und gekreuzt werden, d. h. das Engagement genommen wird.

Die Vorsicht, die Garde nach rückwärts zu nehmen, wird hauptsächlich dann einer Beachtung zu empfehlen sein, wenn man bemerkt, dass die beiden Standplätze von den Secundanten zu nahe gewählt wurden. Die beiden Standplätze sollen so weit voneinander entfernt sein, dass sich in der Garde die beiden Klingen an der Spitze oder an der Schwäche berühren.

Man wird sich bei dieser Vorsicht in der weiten Mensur befinden, in der man seitens des Gegners auch mit Hilfe des Ausfalles mit der Waffe nicht am Körper erreicht oder berührt werden kann.

Von dem Momente, wo nach dem vorbereitenden Aviso das Commando „Los!" erfolgt, dürfen die Gegner den Kampf eröffnen und nach eigenem Ermessen handeln, stets aber den Vorschriften der Fechtkunst und der Duellgesetze folgend.

Sie mögen sich offensiv oder defensiv verhalten, sie mögen voltiren, d. h. sich seitwärts bewegen, wenn sie darin ihren Vor-

theil zu finden glauben, dürfen aber die Waffen nur nach den gegebenen Fechtregeln benützen, wobei aber keineswegs ausschliesslich kunst- oder schulgerechte Attaquen oder Paraden zu verstehen
sind, deren Ausführung von einem Nichtfechter ja ohnedem nicht
vorausgesetzt werden kann.

Beim Säbelduell sollen Hiebe allerdings nach schul- und kunstgerechter Art nur gegen den Kopf und den Oberkörper bis zum
Gürtel geführt werden, doch können tiefer angebrachte Hiebe
seitens eines nicht geübten Fechters oder Naturalisten nicht beanständet werden.

Es dürfte sich wohl schwerlich ereignen, dass einer der
Kämpfenden fortgesetzt seine Attaque nur gegen den Unterleib oder
die Füsse des Gegners führen dürfte, aber abgesehen davon, dass
bei einer derart erfolgten Offensive der Angreifende durch Frei-
geben des Oberkörpers im entschiedenen Nachtheile wäre, liegt es
ja in der Macht des Gegners, gegen diese Angriffsform Gegenmassregeln zu ergreifen.

Körperhiebe ausnehmen und nur Hiebe nach der Hand führen
zu wollen, ist gänzlich zu verwerfen. Ohne in Berücksichtigung zu
ziehen, dass unter Umständen ein Hand- oder Armhieb bedeutend
gefährlicher als ein leichter Körperhieb sein kann, haben die Secundanten unter keinem Vorwande derartig gestellten Bedingungen
beizupflichten.

Ein sogenanntes Manchettduell giebt es nicht.

Desgleichen ist der öfter vorkommende Gebrauch, den Kopf-
hieb wegen einer allzu grossen Gefahr auszunehmen, entschieden
zu missbilligen. Dem entgegen könnten wir vorhalten, dass in
Folge derart getroffener Vereinbarung durch tief geführte Hiebe
die traurigsten Erfahrungen gemacht wurden.

Das Duell ist eine durch das verletzte Ehrgefühl gebotene
Massregel; war das Motiv ein nichtiges, wurde die vermeintliche
Beleidigung nur durch ein Missverständnis herbeigeführt, das
seine Aufklärung gefunden hat, dann war das Duell nicht am
Platze, es hätte vermieden werden können; sprachen aber die
Gründe dafür, dass die Angelegenheit nur mit der Waffe in der
Hand ausgetragen werden kann, dann benehme man durch der-
artige Vereinbarungen der Situation nicht den Ernst, jeder stelle

sich, wie es Manneswürde erheischt, ohne Rückhalt seinem Gegner zur Verfügung.

Stösse mit dem Säbel ausführen zu wollen, ist strengstens verboten, wenn nicht die gestellten Bedingungen dieselben ausdrücklich zulassen.

Der Angriff soll ruhig und mit Ueberlegung und nicht brüsk erfolgen, oder in einem Ueberrennen des Gegners bestehen; jeder Lärm soll vermieden werden, die Secundanten sollen etwaige, die Attaque begleitende Exclamationen hintanhalten. Hingegen ist der „Appell" als Demonstration in Begleitung einer Finte, um derselben mehr Nachdruck zu verleihen oder als Beunruhigung des Gegners benützt, aus welchem günstigen Augenblicke Nutzen gezogen werden kann, gestattet; doch soll auch in dieser Richtung hin Mass gehalten werden.

Bei einem Degenduell sollen regelrechte Stösse allerdings nur gegen den Oberkörper mit Ausnahme des Gesichtes geführt werden, doch kann man tiefere oder im Gesichte beigebrachte Verwundungen nicht beanstäuden.

Hiebe mit dem Degen nach der Hand oder dem Körper des Gegners führen zu wollen, ist strengstens untersagt.

Nicht selten wird anlässlich eines Säbelduelles die Frage aufgeworfen, wie man sich nach erfolgtem Commando zu Beginn des Kampfes am zweckmässigsten zu benehmen habe, ob es vortheilhafter sei, sofort die Offensive zu ergreifen oder zweckmässiger ist, in der Defensive zu verharren, ob es gerathen erscheint, die Klinge gegen den Gegner vorgestreckt zu halten oder dem entgegen, diese entziehen soll, um wirksam Vor- und Tempohiebe anwenden zu können, ferner wie man sich gegen sogenannte Naturalisten oder Linksfechter zu verhalten hat u. s. w.

Wir glauben, dass es hier weder der Ort, noch unsere Aufgabe sein kann, diese Fragen zu beantworten, deren theoretische Erörterung in einem Werke über die Fechtkunst zu behandeln wäre,[1] andererseits es auch seine Schwierigkeit haben dürfte, Rathschläge zu ertheilen, wenn man die Fechtweise des Gegners nicht kennt, wobei überhaupt noch in Berücksichtigung gezogen

---

[1] Siehe: G. Hergsell's Fechtkunst, ferner: Unterricht im Säbelfechten. (A. Hartleben's Verlag in Wien.)

werden muss, dass jedes momentane Verhalten andere Gegenmassregeln bedingt.

Wir können nur so viel sagen, dass der „geübte" Fechter
sich bald in die Situation hineinfinden dürfte; je nach seiner
Stärke und seiner Individualität wird er sich, den gegebenen
Moment richtig beurtheilend, offensiv oder defensiv verhalten.

Sein Angriff wird, besonders wenn er sich einem unbekannten
Gegner gegenüber befindet, stets ruhig und mit Ueberlegung erfolgen, um im entscheidenden Momente seinen Angriff decidirt mit
aller Energie zur Geltung zu bringen; er wird sich nicht spielen,
aber seine Attaque wird auch nicht den Charakter eines planlosen
Dreinschlagens haben.

Dem entgegen kann er, falls seine Stärke in Ausführung von
Vor- und Tempohieben besteht, sich eine Scheindefensive auferlegen, um den Gegner zur Entwickelung seiner Kräfte zu veranlassen; er wird hierbei den Gegner stets zu beschäftigen suchen,
sich aber nie vollkommen passiv verhalten.

Weniger geübte Fechter werden allerdings mehr von dem
momentanen Verhalten des Gegners abhängig sein.

Sie sollen sich aber durch eine forcirte oder mittelst Kraft-
anwendung geführte Attaque des Gegners nie ausser Fassung
bringen lassen, sowie im verhängnisvollen Momente nie ver-
zweifeln, denn die vernünftige Ueberlegung darf nie da aufhören,
wo sie am dringendsten geboten erscheint.

Man soll stets so viel Geistesstärke und Besonnenheit bewahren, um durch geeignete Mittel die Attaque abwehren zu
können.

Der Gegner darf nie geringgeschätzt werden, daher greife
man mit Vorsicht an, ohne jedoch Furcht zu zeigen; die Attaque
soll kurz, aber entschieden sein.

In der Defensive soll man sich nie passiv verhalten, denn
eine passive Vertheidigung erlaubt dem Gegner seine Attaque mit
voller Willkür auszuführen.

Dem Anfänger ist allerdings sein Verhalten schwer vorzu-
schreiben; er dürfte wahrscheinlich instinctiv in forcirten, ungestümen Angriffen sein Heil suchen, von der Voraussetzung aus-
gehend, dass, so lange er durch seine Hiebe die feindliche Klinge

bezwingt, ihm diese unschädlich wird, abgesehen davon, dass es in der Möglichkeit liegt, nur hierdurch seinen Gegner treffen zu können.

Zum Rückzuge gedrängt, dürfte der Anfänger in der Defensive, wenn er nicht die Besonnenheit verliert, die Klinge vorgestreckt gegen den Gegner halten, um diesen am Vordringen zu hindern. Das Verhalten gegen einen Naturalisten oder sogenannten Dreinhauer hängt von der individuellen Begabung und den Fecht-kenntnissen ab.

Unter Naturalisten versteht man meist jene Fechter, welche in der Kunst durch Unterricht entweder gar nicht oder höchst mangelhaft gebildet wurden, und demnach, ohne die Regeln zu kennen, im Gefechte bloss ihren natürlichen Einfällen folgen.

Sie greifen ihren Gegner gewöhnlich sehr forcirt, mit Auf-bietung ihrer ganzen Kraft an, indem sie in den vehementen An-griffen einerseits ihre eigene Sicherheit suchen, andererseits durch ein fortgesetztes Hauen ein günstiges Resultat für sich herbei-zuführen trachten.

Sie beschäftigen durch ihre, ohne alle Regeln nach allen Richtungen planlos, aber kräftig geführten Hiebe, durch ihre heftigen Bewegungen selbst den gewandten Fechter, während sie den minder geübten in nicht geringe Gefahr bringen.

Allerdings hat der geübte, schulgerechte Fechter die selbst-verständliche Voraussicht auf überwiegende Vortheile gegen jene Fechter, die weder praktischen noch theoretischen Unterricht ge-nossen haben; doch darf man keineswegs einen mit grosser Körper-kraft begabten Naturalisten gering schätzen, sonst könnte leicht der Fall eintreten, dass der nur an regelrechte Angriffe gewöhnte Fechter durch die ungestümen Angriffe, durch regellose Gewalt-anwendung überwunden wird.

Geübte und erfahrene Fechter werden Naturalisten gegenüber stets die weite Mensur, in der sie sich ohnehin engagirt haben, zu erhalten trachten.

Aus dieser Mensur führe man, nachdem die Bewegungen forcirt angreifender Gegner gewöhnlich gross sind, Vor- und Tempohiebe nach dem Arme oder der Hand; ein im richtigen Tempo kräftig und mit gehöriger Energie geführter Vorhieb

wird, selbst wenn er nicht getroffen hat, selten seine Wirkung
verlieren.

Ein in dieser Art geführter Vorhieb wird den Gegner, der
im fortgesetzten Hauen seinen Vortheil sieht, nicht nur einen
Augenblick in seinem Angriffe aufhalten, es wird ihm diese Ver-
theidigungsweise auch die Gefahr, in welche er sich durch sein
unüberlegtes Vorgehen begiebt, erkennen lassen, und seine weiteren
Angriffe dürften dann nicht mehr mit derselben Zuversicht und
Energie erfolgen.

Gegen Naturalisten, die meist ihre Angriffe gegen die feindliche Klinge richten, enthalte man sich so viel als möglich der
festen Parade, lasse vielmehr durch Einziehen der Klinge — Ca-
vation — sowie durch ein gleichzeitiges Ausweichen mit dem
Körper ihre Hiebe „verhauen" oder passiren.

Nachdem Naturalisten gewöhnlich mit Hilfe des ganzen Armes
hauen, somit ihre Hiebe leicht zu beurtheilen sind, wird man
durch Anwendung von Cavationen leicht in die entstandene Blösse
einen Hieb führen können, bevor diese zur Ausführung eines
neuen Hiebes schreiten.

Sollte es dem Naturalisten dennoch gelingen, uns durch einen
heftigen Angriff zu überraschen, so suche man durch rasches
Zurückschreiten oder durch Volten, womöglich mit gleichzeitigen
Vorhieben bei hochgestreckter Handlage, sich den Hieben zu entziehen.

Nachdem Naturalisten ihre grösste Force in dem „Durchhauen
der Paraden" suchen, so wird das ungestüme Eindringen nicht
lange währen können, da ihre Kräfte durch die Anstrengung bald
erlahmen dürften.

In analoger Weise dürften sich die Fechter auch bei einem
Degenduell verhalten.

Auf die Fechtweise mit Degen selbst hier näher einzugehen,[1]
scheint nicht am Platze, weil Degen bei uns nicht übliche Duellwaffen sind.

Dass Ruhepausen gewährt werden können, ist bei Besprechung
der „Unterbrechung des Kampfes" bereits Erwähnung gethan

---

[1] Siehe: G. Hergsell's Fechtkunst. (A. Hartleben's Verlag in Wien.)

worden; in diesen haben sich die beiden Kämpfenden völlig ruhig
zu verhalten. Sie haben allerdings das Recht, mit ihren Secundanten sprechen zu dürfen, doch sollen sich diese enthalten, ihren
Clienten Rathschläge zu geben, noch die während des Kampfes
gemachten Beobachtungen mitzutheilen.

Am allerwenigsten dürfen die Kämpfenden Hiebe oder Stösse
in die Luft führen und diese mit ihren Secundanten einer Besprechung unterziehen.

Ein Wechseln der Waffen aus einer in die andere Hand ist
weder nach einer Pause, noch während des Kampfes gestattet.

Eine Ausnahme könnte nur dann allenfalls gestattet werden,
wenn die Bedingungen auf vollständige Kampfesunfähigkeit lauten
und einer der Kämpfenden durch eine ganz geringfügige Verwundung der Hand, die ihm das Halten der Waffe unmöglich
macht, einen diesbezüglichen Wunsch aussprechen sollte. (Siehe:
„Pflichten der Secundanten", Art. 23.)

Erfolgt ein Haltruf, so ist bereits des Oefteren bemerkt worden,
dass die Ehre den Gegnern gebietet, sofort den Kampf einzustellen.
Bei dieser Gelegenheit haben wir auch darauf hingewiesen, dass es
gerathen erscheint, sofort zurückzutreten, ohne jedoch die Stellung
mit der Klinge aufzugeben. Diese Vorsicht ermöglicht uns, gegen
die Eventualität eines Nachhiebes uns leichter schützen zu können.

Dieselbe Vorsicht ist dringend geboten, wenn man den Gegner
getroffen hat oder dieser Meinung zu sein glaubt.

Ist der Gegner getroffen worden, so hat man sich abseits
ruhig zu verhalten, und das Resultat der Untersuchung der Secundanten und des Arztes abzuwarten.

Ueber das weitere Benehmen der Kämpfenden, sobald das
Duell als beendet erklärt wird, ist in einer speciellen Besprechung
noch weiters die Rede.

Austragung des Duelles.

Art. 1. — Wenn durch die Secundanten aus besonders wichtigen Gründen keine anderen Beschlüsse gefasst wurden, so hat
im Principe jedes Duell binnen „achtundvierzig Stunden"
nach erfolgter Forderung stattzufinden.

Die Austragung der Angelegenheit kann allerdings durch
mannigfache Ursachen verschoben werden, die aber stets der Beurtheilung der Secundanten anheimgestellt werden müssen.

Es kann aber selbst im letzten Momente eine Verschiebung
des Duelles durch unvorhergesehene Fälle eintreten; falls jedoch
diese Verzögerung von einer Partei ausgeht, so hat sie die
Verpflichtung, rechtzeitig die Gegenpartei hiervon in Kenntnis zu
setzen.

Art. 2. — Hat in einer Ehrenangelegenheit ein und dieselbe
Person mehreren Personen Genugthuung zu geben, oder verlangt
ein und dieselbe Person von mehreren Genugthuung, die nach
den vereinbarten Bedingungen alle zur Austragung gelangen
sollen, so muss vor allem die Reihenfolge der Duelle festgestellt
werden. (Siehe: Rechte des Beleidigten, Art. 8, und Beleidigung
einer Corporation, Art. 6.)

Ist die Reihenfolge festgestellt, so soll nach Austragung des
ersten Duelles, das zweite, beziehungsweise das dritte Duell stets
nach Ablauf von weiteren achtundvierzig Stunden erfolgen, falls
nicht durch eine Verwundung oder sonstige unvorhergesehene
Zwischenfälle die weitere Austragung der Angelegenheit auf einen
späteren Zeitpunkt verlegt werden muss.

Es ist wohl recht und billig und von manchem Standpunkte
nur gutzuheissen, wenn für jenen, der mehrere Ehrenangelegenheiten auszutragen hat, ein Tag als Pause eintritt.

Die Secundanten sollen es nie zugeben, dass an einem und
demselben Tage ihr Client zwei Duelle — ausser bei sehr triftigen
Gründen — zur Austragung bringt, auch wenn derselbe darauf
bestehen sollte.

Art. 3. — Es ist wohl selbstverständlich, dass Krankheit ein
genügender Grund für die Verschiebung des Duelles bildet, doch
haben die Secundanten des Erkrankten die Verpflichtung, die
Gegenpartei hiervon sofort zu verständigen, welcher dann das
Recht zusteht, sich durch ihren Arzt über den Grad und die Art
der Erkrankung informiren zu lassen; gleichzeitig ist Vorsorge
zu treffen, dass das Duell sofort nach Behebung der Krankheit,
beziehungsweise nach ärztlicher Constatirung der Zulässigkeit des
Kampfes, zur Austragung gelangt.

Art. 4. — Forderungen zwischen Officieren, die vor dem
Feinde stehen, sind erst nach Friedensschluss auszutragen.

Art. 5. — Eine Verschiebung des Duelles wegen Unkenntnis
der Waffenführung einer oder der anderen Partei ist „nie" zulässig.

Nach dem Kampfe.

Eine Verwundung bedingt mit Berücksichtigung der vereinbarten Bedingungen die provisorische, wenn nicht definitive Einstellung des Kampfes.

Befindet sich der Verwundete unter der Pflege des Arztes, so
hat sich der Sieger abseits ruhig zu verhalten und das Resultat
der Unterredung der Secundanten und des Arztes abzuwarten.
Eine Einmengung seinerseits ist durchaus nicht zulässig.

Wird die definitive Einstellung des Kampfes veranlasst, so
entsteht oft die Frage, wie sich die beiden Gegner nach stattgefundenem Duelle gegenseitig zu verhalten haben, ob und in
welcher Art eine Aussöhnung erfolgen soll, ob sich die beiden
Gegner als Zeichen der Versöhnung die Hände zu reichen haben,
ferner, wer zur Anbahnung dieses Versöhnungsversuches verpflichtet
oder berechtigt erscheint.

In dieser Richtung auch nur Rathschläge zu ertheilen, ist
sehr schwierig, da man sich stets nach der gegebenen Situation
zu richten haben wird, wobei die Art der Beleidigung als Richtschnur dienen kann.

Im Principe wäre die Aussöhnung auf dem Kampfplatze nur
dann zulässig, wenn der Angelegenheit weniger ernste Motive zu
Grunde liegen und nur ein Missverständnis die beiden Gegner zu
einem Duell geführt hat, oder wenn der Kampf nur durch die
Empfindlichkeit, wenn nicht Eigensinn der Parteien, oder in Folge
des nicht versöhnlichen Geistes der Secundanten auf gütlichem
Wege nicht beigelegt werden konnte.

In diesem Falle ist es beinahe Pflicht des ritterlichen An-
standes und der Höflichkeit, dass sich die Gegner nach dem
Kampfe als Zeichen der Versöhnung die Hände reichen, wobei sie
das Bedauern über das Missverständnis ausdrücken, welches sie
einander gegenübergestellt hat.

Es wird stets als Zeichen chevaleresken Benehmens gelten, wenn die Initiative von Seite des Siegers ausgeht, beziehungsweise von jenem der beiden Gegner, der nicht verletzt wurde.

Um allen Unannehmlichkeiten und einer immerhin möglichen Weigerung, die neuerdings nur verletzend wirken würde, vorzubeugen, dürfte es sich empfehlen, zur Anbahnung der Versöhnung die Vermittlung der eigenen Secundanten anzurufen, welche die Gegenpartei von diesem Schritte in Kenntnis setzen sollen.

Die Frage der Aussöhnung auf dem Terrain ist stets eine Frage des Gefühles und des persönlichen Taktes.

Man handle nach seiner eigenen Meinung, wobei die Sympathien oder Antipathien, die man gegen den Gegner hegt, einem am meisten leiten dürften.

Verachtet man mit Recht jene Sorte von Gegnern, die am Rendez-vous-Platze angekommen, im letzten Momente aus eigener Initiative Entschuldigungen hervorbringen, so muss man eine ganz andere Meinung von jenem Gegner haben, welcher, möge der Ausgang des Kampfes was immer für einer sein, nach demselben das Bedauern über die Angelegenheit und die Missverständnisse, die sie als Gegner zusammengeführt, ausdrückt, welches Bedauern ihm durch die gegebene Situation nicht früher zum Ausdrucke zu bringen ermöglicht wurde.

Jener Gegner, der so handelt, ehrt sich selbst; sein chevalereskes Betragen wird gewiss allseitige Billigung finden.

Bei Angelegenheiten ernster Natur wird sich allerdings die Situation bedeutend anders gestalten, die Gegner dürften vielleicht selbst der Ueberzeugung sein, dass es besser sei, keinerlei Aussöhnungsscenen herbeizuführen.

In diesem Falle wird man sich bloss darauf zu beschränken haben, beim Verlassen des Kampfplatzes einander höflichst zu grüssen.

Es ist bereits eingangs erwähnt worden, dass nach einer stattgefundenen Verwundung in der Zeit, wo der Arzt seiner Mission waltet, der Gegner abseits das Resultat dieser Untersuchung und der Hilfe abzuwarten hat.

Es wäre durchaus nicht am Platze, sich zu dem verwundeten Gegner hinzudrängen, um sich von der Stärke der Verwundung

überzeugen oder irgend eine Entschuldigung oder das Bedauern
über den Grad derselben hervorbringen zu wollen.

Dieser Vorgang wäre auch dann nicht gerechtfertigt, wenn
mit dieser Verwundung das Duell als beendet erklärt worden wäre.

Eine spätere Nachfrage oder ein Besuch des Siegers, um Erkundigungen über das Befinden des Verwundeten einziehen zu
wollen, sind Fragen, über welche die persönliche Werthschätzung zu
entscheiden hat. Dies hängt gleich dem Acte der Versöhnung von
der Natur der Streitfrage, sowie von der Art der Verwundung ab.

Berücksichtigt man die Art der Beleidigung, so ist es beinahe
selbstverständlich, dass in jenen Fällen, wo keine officielle Versöhnung stattgefunden hat. auch keine Erkundigungen über das
Befinden des Verwundeten eingezogen werden dürften.

Wird die Verwundung in Betracht gezogen, so wird man
nach stattgefundener Versöhnung wohl fühlen, dass es in der
Natur der Sache liegt, bei einer ernsteren Verletzung Nachrichten
über seinen Gegner einzuziehen, sowie es weniger angezeigt, wenn
nicht verletzend wäre, bei einer unbedeutenden Verwundung desgleichen zu thun.

Es dürfte sich auch hier empfehlen, um keinen Verstoss zu
begehen, seine, wie wir voraussetzen, erfahrenen und älteren
Secundanten zu befragen, falls man sich in irgend einer Verlegenheit befindet.

Von den Ausnahmsduellen.

Indem wir, der dringendsten Aufforderung entsprechend, dieses
Thema berühren, wollen wir im Vorhinein betonen, dass wir nur
mit der grössten Verabscheuung von den Ausnahms- oder den
exceptionellen Duellen sprechen können.

Wir hegen gleichzeitig die Hoffnung, dass durch Klarlegung
des Sachverhaltes und der hierbei üblichen Vorgänge der Charakter
dieser Duellarten genügend aufgedeckt wird, von jedem Recht-
denkenden verurtheilt und bekämpft, diese seltener in Anwendung
kommen dürften.

Den Secundanten kann bei Vorschlag eines Ausnahmsduelles
nicht genug dringend empfohlen werden, nur in unvorhergesehenen

Fällen, die selbst nur Ausnahmen bilden, daher von den Secundanten auf das Gewissenhafteste geprüft werden müssen, ihre Zustimmung zu diesen Duellarten zu geben.

Die Secundanten sollen sich stets vor Augen halten, dass sie ihre Zustimmung zu einem Kampfe geben, bei welchem nicht Geschicklichkeit und Geistesgegenwart, sondern bloss das Glück eine Rolle spielt, wo das Leben dem reinen Zufalle anheimgestellt wird.

Aber strafbar und unverantwortlich wäre es, wenn die Initiative zu einem Ausnahmsduelle von einem der Secundanten ausginge. Es wäre dies eine Gewissenlosigkeit, die nicht genug geahndet werden könnte. Dass eine sofortige Ablehnung einer derartigen Vertretung erfolgen dürfte, ist wohl einleuchtend.

Bei den gesetzmässigen Duellen nimmt man als Basis jene Regeln an, die durch den Gebrauch zulässig, und durch die öffentliche Meinung sanctionirt wurden.

Diesen Regeln, denen durch die allgemeine Anerkennung gesetzmässige Kraft verliehen wurde, werden von Seite der Secundanten nur dann besondere in den Rahmen der bestehenden Gesetze sich einreihende Vereinbarungen hinzugefügt, sobald sich bei besonderen Fällen hierzu die Nothwendigkeit ergeben sollte.

In diesen Fällen werden die besonderen Vereinbarungen, die durch die mündliche Zustimmung der beiden Gegner gebilligt wurden, zu Protokoll gebracht, welches die Secundanten zu unterfertigen haben.

Bei den Ausnahmsduellen ist hingegen der Sachverhalt ein wesentlich anderer.

Wenn auch bei mancher Art der Ausnahmsduelle die gesetzmässigen Vorschriften als Basis angenommen werden, so giebt es doch keine aufgezeichneten durch den Gebrauch sanctionirte Regeln, nach welchen vorgegangen werden soll.

Die Regeln oder Vorschriften, die für jeden Fall zu verfassen sind, werden unter dem Titel „gegenseitiger Abmachung" gegeben und im Protokolle auf das Genaueste aufgenommen. Dieses hat demnach alle bis in das geringste Detail getroffenen Vereinbarungen zu enthalten.

Das Protokoll muss in zwei Exemplaren abgefasst sein.

Bei den gesetzmässigen Duellen ist es üblich, dass das Protokoll. in welchem alle getroffenen Vereinbarungen aufgenommen erscheinen, nur durch die Secundanten gefertigt wird, die Gegner hingegen von diesen Vereinbarungen durch die Secundanten in Kenntnis gesetzt werden, die ihre Zustimmung zu ertheilen haben.

Dem entgegengesetzt haben bei einem Ausnahmsduelle alle Betheiligten das Protokoll zu fertigen, jedermann aber volle Freiheit. seine Unterschrift zu verweigern.

Keiner der beiden Gegner kann bei Vorschlag eines Ausnahmsduelles gezwungen werden, die Vereinbarungen oder Verträge seiner Secundanten einzugehen oder zu unterzeichnen, gleichwie es den Secundanten freisteht, sich ablehnend gegen die Vorschläge ihrer Clienten oder den gestellten Bedingungen der beiden Gegner zu verhalten, und ihre Unterschrift zu verweigern.

Zur Annahme eines Ausnahmsduelles kann niemand gezwungen werden, hier entscheidet der eigene freie Wille, denn die Ehre kann bei erfolgter Beleidigung gebieten. das Leben zu wagen. nicht aber damit zu spielen.

Bei gewöhnlichen Umständen ist es üblich. dass man den Vertrauensposten eines Secundanten einer Person der Gesellschaft nicht abschlägt, bei den Ausnahmsduellen ist diese Pflicht der Freundschaft in Frage gestellt.

Man hat ein Recht, das Ersuchen dahin zu beantworten, dass man wohl für jede andere Art des Zusammentreffens bereit ist, zu Diensten zu stehen, aber unter diesen obwaltenden Umständen darauf verzichten muss, die Vertretung zu übernehmen.

Wird es bei einem gesetzmässigen Duelle dem leitenden Secundanten zur Pflicht gemacht, noch am Kampfplatze selbst den letzten Versuch zur Beilegung der Angelegenheit auf gütlichem Wege zu veranlassen, so wäre es selbst in Anbetracht dessen, dass bei den gesetzmässigen Duellen dieser Versöhnungsversuch bloss als eine formelle Sache betrachtet wird. bei einem Ausnahmsduelle, wo alle vorgeschlagenen Bedingungen den Charakter des Aussergewöhnlichen tragen, desgleichen diese von allen Betheiligten gebilligt wurden, höchst geschmacklos, irgend welche Entschuldigungen am Kampfplatze vorzubringen, um den Kampf auf gütlichem Wege beizulegen.

Wenn auch bei Vorschlag eines Ausnahmsduelles alle gestellten
Bedingungen reiflich überlegt und bei Annahme derselben alle
Eventualitäten ernstlich ins Auge gefasst wurden, so steht es
jedoch jedem der Betheiligten — Secundanten wie Gegner — falls
sie durch das Gefühl der Vernunft und der Menschlichkeit hierzu
geleitet wurden, selbst am Kampfplatze frei, ihre gegebene Unterschrift zurückzuziehen, und ein legales, ein nach gesetzmässigen
Regeln stattzufindendes Duell zu verlangen.

Dem entgegengesetzt müsste es bei einem gesetzmässigen
Duell entschieden als ein Act der Feigheit bezeichnet werden,
wenn am Terrain im letzten Momente seitens eines Gegners
Schwierigkeiten erhoben werden würden, um das Duell hintanzu-
halten, oder eine nach seinem Dafürhalten weniger gefährlichere
Duellart in Vorschlag zu bringen.

Betrachten wir die Nothwendigkeit der Ausnahmsduelle, so
müssen wir gestehen, dass bei dem heutigen Stande unserer Sitten
das gesetzmässige Duell vollkommen genügt, um für jede Art von
Beleidigung Genugthuung geben zu können.

Selbst bei der schwersten Beleidigung, dem Schlage oder einer
Beschuldigung, wodurch die eigene moralische Existenz oder jener
einer uns nahestehenden Person angegriffen erscheint, verleiht das
gesetzmässige Duell vollständige Genugthuung für die beleidigte
Ehre.

Kann es im Grunde genommen ausserordentliche oder Aus-
nahmsfälle geben, welche eine Austragung durch ein gesetzmässiges
Duell nicht zulassen, kann man durch eine zugefügte Beleidigung
in eine derartige Situation gelangen, die dem Beleidigten die Berechtigung auferlegen würde, den Gegner nur durch die Annahme
eines Ausnahmsduelles sein Benehmen sühnen zu lassen? Wir
glauben kaum; fast in allen Fällen kann man das Gegentheil be-
haupten.

Frägt man, welche Gefühle Einen leiten konnten, zur Genugthuung der verletzten Ehre seine Zuflucht zu einem Ausnahmsduell nehmen zu müssen, frägt man, durch welch ganz ausserordentliche Fälle oder besondere Ausnahmssituationen man bestimmt
werden konnte, zu diesem exceptionellen Schritte greifen zu müssen,
so kann man bei ernst überlegter Auffassung der Sachlage mit

vollster Beruhigung die Behauptung aussprechen, dass stets Hass und Rachsucht, wenn nicht Bosheit, meist aber eine blinde, verstörte Leidenschaft die Grundlage einer derartigen Forderung bildete.

Wir können die Behauptung aufstellen, dass das edle Gefühl, das Bedürfnis, die Beleidigung tilgen zu wollen, hierbei nicht zur Geltung kommt.

Den Secundanten allein steht das Recht zu, die Nothwendigkeit eines Ausnahmsduelles zu beurtheilen und dasselbe zu genehmigen; durch diesen Umstand werden die Secundanten veranlasst, vor allen anderen die Beweggründe der Zustimmung in einem Protokolle darzulegen, welches von ihnen und den beiden Gegnern unterzeichnet wird.

Die Secundanten dürfen nie vergessen, dass sie die vollständige Verantwortlichkeit eines Ausnahmsduelles tragen.

Wir wiederholen schliesslich nochmals, dass wir unter allen Umständen die Ausnahmsduelle, die bestens beurtheilt, einer sinnlosen Leidenschaft entspringen, verwerfen, nicht allein aus dem Grunde, dass hierbei oft die Verachtung für das menschliche Leben zur Schau getragen wird, des Oefteren aber ein Ehrenmann hierbei der doppelten Gefahr entgegengeht, sich einem Verräther gegenüber zu stellen.

II. Theil.

Duellarten.

Duellarten.

Bei den gesetzmässigen Duellen kommen drei Arten von Waffen in Betracht:

1. Der Säbel,
2. der Degen und
3. die Pistole.

Jede andere Art von Waffen zählt in die Kategorie der Ausnahmsduelle.

Nur gegenseitige Uebereinkunft der beiden Gegner kann eine andere Duellart, beziehungsweise Waffe bestimmen, welcher jedoch die Secundanten unter keiner Bedingung beipflichten müssen.

Bei genauer Beurtheilung des Gebrauches der Waffen, wie sie die landesüblichen Sitten vorschreiben, ergiebt es sich, dass in den meisten Ländern nur zwei Waffen bei den legalen Duellen zulässig sind.

Während in Oesterreich-Ungarn und Deutschland der Säbel und die Pistole üblich sind, gelten beispielsweise in Frankreich, Italien und Spanien der Degen und die Pistole.

Nach dem französischen Duellcodex des Grafen Chatauvillard kann in Frankreich der Säbel nur ausnahmsweise als legale Duellwaffe betrachtet werden. Diese Waffe kann unter keinem Umstande einem Civilisten aufgedrängt werden, und selbst Officiere, die nicht bei der Cavallerie dienen, können dieselbe zurückweisen.

Chatauvillard sagt diesbezüglich:

„Nur gegenseitige Uebereinkunft kann eine andere Waffe als den Degen, die Pistole und den Säbel bestimmen, und sogar der Säbel kann vom Beleidiger abgelehnt werden, wenn er verabschiedeter Officier und unfähig ist, sich des Säbels zu bedienen. Wer nicht in der Armee dient, kann immer den Säbel ablehnen."

Dem Beleidigten steht demnach nur dann das Recht zu, Säbel als Duellwaffe vorzuschlagen, und die Annahme dieser Duellart zu verlangen, wenn sein Gegner bei der Cavallerie dient oder gedient hat.

Durch den Umstand, dass der Cavallerieofficier den Säbel als seine Reiterwaffe führt, wodurch es ihm beinahe zur Unmöglichkeit wird diese Waffe zurückzuweisen, überdies den Officieren bei den Regimentsduellen die Pflicht der Führung dieser Waffe obliegt, wird der oben citirte Punkt des französischen Duellcodex begründet.

Diese Frage findet selbst in Frankreich häufig Widersprüche, und erfordert demnach unsere ganze Aufmerksamkeit, weshalb uns ein bestimmtes Interesse leitet, die divergirenden Meinungen der massgebendsten Autoren Frankreichs, die über diesen Gegenstand geschrieben haben, hier näher anzuführen.

Nach dem Duellcodex des Grafen Chatauvillard kann die Annahme des Säbels als Duellwaffe stets einem Officier im activen Dienste, sowie einem Officier des Ruhestandes oder ausser Dienst auferlegt werden, wenn derselbe zur Führung desselben noch fähig ist.

Graf Chatauvillard, sowie dessen illustre Mitarbeiter finden es als unzulässig, dass der Officier, insbesondere der Cavallerist, jene Waffe ablehnt, die er trägt oder getragen hat; nur dem Civile räumt er das Recht ein den Säbel als Duellwaffe abzulehnen.

Graf du Verger Saint-Thomas[1]) theilt hingegen diese Ansicht nicht.

Dieser Autor bezeichnet den Säbel als eine ebenso „legale" Waffe, und in Frankreich zulässig, wie es der Degen und die Pistole ist.

Zur Beweisführung lässt sich Graf du Verger Saint-Thomas folgend vernehmen:

„Das Recht den Säbel als eine nicht legale Waffe zurückzuweisen, konnte zu jener Zeit zugestanden werden, in der nicht jedermann Soldat war; aber heutzutage, wo ein jeder Beamte Officier in der Reserve oder in der Territorialarmee ist. verhält sich die Sache anders."

---

[1]) Paris 1887.

Graf du Verger Saint-Thomas ist demnach der Ansicht, dass in Frankreich von jedem, ob Officier oder Civil, der Säbel als „legal" anerkannt werden muss.

Adolphe Tavernier bekämpft in der neuen Ausgabe seines Werkes: „L'art du Duell"[1]) auf das Lebhafteste diese letztere Ansicht, welche er als eine von Grund aus falsche bezeichnet.

Er schreibt:

„Der Verfasser des Werkes: „Nouveau code du Duell", Graf du Verger Saint-Thomas, bildet sich wohl ein, dass Alle, die einen Ehrenhandel auszutragen haben, Officiere sind und überdies in der Cavallerie gedient haben, denn das Wort „professionelle Waffe" lässt wohl keine andere Annahme zu."

„Aber es ist auch sehr gewiss" — schreibt Tavernier weiter — „dass der Angreifer oft der Infanterie angehört, und keinen Officiersrang bekleidet. ihm daher der Gebrauch des Säbels unbekannt ist, wiewohl er der Armee angehört. Deshalb ist die Ansicht des Grafen du Verger Saint-Thomas mit aller Vorsicht aufzunehmen, da sich selbe auf irrthümliche Beweisgründe stützt."

A. Croabbon, der sich im Allgemeinen der Ansicht des Grafen Chatauvillard anschliesst, beschäftigt sich in seinem hervorragenden Werke: „La science du Point d'honneur"[2]) eingehend mit der Frage, in welchem Falle der Säbel in Frankreich nicht zurückgewiesen werden kann, und begründet seine Ansicht mit dem folgenden Satze:

„Bis es eine Jury geben wird, aus Männern bestehend, die eine unbestreitbare Vollmacht in der Regelung der Angelegenheit von Ehrenpunkten besitzen, die den Codex des Grafen Chatauvillard dahin modificirt haben, dass sie dem Säbel dieselben Begünstigungen wie dem Degen und der Pistole einräumen oder zusprechen, sind wir der Meinung, dass der Säbel von einer Civilperson stets zurückgewiesen werden kann."

Unter „Civil" versteht Croabbon:

1. Alle jene Angreifer — Beleidiger — die nie Militär waren, und

---

[1]) Paris 1888.
[2]) Paris 1894.

2. jene, die nicht Officiere sind, wiewohl sie früher Militär waren, aber aufgehört haben, der Armee anzugehören.

Diese Entscheidung, anlehnend an den Codex des Grafen Chatauvillard, ist für uns insofern von Wichtigkeit, als sie uns in Frankreich gestattet, den Säbel als „legale" Duellwaffe wählen zu können, wenn wir in die Lage kommen sollten, die Beleidigung eines Officiers in ritterlicher Weise austragen zu müssen.

Sind wir hingegen die Angreifer — die Beleidiger — dann haben wir uns als Ausländer den Landesgesetzen zu fügen, und den Degen bedingungslos anzunehmen, wenn von Seite unseres Gegners diese Waffe gewählt wurde.

Die Forderung auf gespitzte Fleuret wird in Frankreich zurückgewiesen.

Man ist in vollkommenem Rechte diese anormale Waffe zu verwerfen, da sie bloss eine Schulwaffe ist, und eine Verwundung durch diese überdies gefährlicher als mit einem dreischneidigen Degen wäre.

Wir haben bereits Erwähnung gethan, dass es in Oesterreich-Ungarn und Deutschland in der That nur zwei Waffen giebt, die bei einem legalen Duelle in Betracht kommen können:

der Säbel als landesübliche Waffe, und

die Pistole.

Mit Berücksichtigung, dass der Degen bei uns keine landesübliche Waffe ist, kann diese Duellart stets zurückgewiesen werden, falls die Beleidigung des Gegners nicht in jenem Lande erfolgte, in welchem der Degen als landesübliche, als „legale" Duellwaffe gilt. (Siehe: Ablehnung einer bestimmten Duellart, Säbel oder Degen.)

Man muss von den Principien ausgehen, dass man sich den Gewohnheiten und Gesetzen des Landes, in welchem man lebt, stets unterwerfen muss.

Ein Fremder, ein Ausländer kann selbst als Beleidigter nicht auf eine Waffe Anspruch erheben, welche nicht als legale Waffe nach den Duellgesetzen jenes Landes anerkannt ist, in welchen diese Gesetze in Kraft sind. Ebenso wird man sich den Gesetzen des Auslandes zu fügen haben, in dem man, wenn auch vorübergehend, seinen Aufenthalt genommen hat.

Schliesslich wollen wir nochmal an dieser Stelle erwähnen, dass jede Partei in allen Fällen, ohne im Geringsten der Feigheit beschuldigt werden zu können, auf dem Rechte bestehen kann, von den allgemeinen Regeln der gesetzmässigen Waffen nicht abgehen zu wollen.

Dass die in Gebrauch kommenden Waffen in einer derartigen Verfassung sein müssen, dass man sich anstandslos derselben bei dem bevorstehenden Duell bedienen kann, ist nur selbstverständlich; im Uebrigen wird über die Beschaffenheit der Waffen bei den einzelnen Duellarten noch die Rede sein.

Säbelduell.

Beschaffenheit der Waffen.

Die Säbel müssen in Form und Länge der Klinge, deren Härte, Länge des Schliffes, ferner in Form des Korbes, Schwere und der Schwerpunktslage einander vollkommen gleich sein.

Die Klingen müssen an der wahren und der Rückenschneide gleichmässig geschliffen sein, und dürfen keine Scharten aufweisen. Die Klingen werden an der wahren Schneide bis zur Hälfte, an dem Rücken bloss die Feder geschärft.

Der Schliff der Klingen soll ein Kantenschliff sein, d. h. sie sollen konisch geschliffen werden; es ist strenge darauf zu achten, dass die Klingen nicht messerartig geschärft erscheinen.

Die Spitzen der Klingen sind abgerundet; bei Annahme des Stosses müssen diese gleichmässig zugespitzt sein.

Es ist wohl selbstverständlich, dass die Klingen von jedem Rostflecke befreit und sorgfältig gereinigt werden müssen; überdies empfiehlt es sich, die Klingen kurz vor dem Gebrauche zu desinficiren.

Zum sicheren Halten des Säbels, zur Vermeidung eines leichteren Entgleitens der Waffe oder einer vollständigen Desarmirung, kann nach getroffener Vereinbarung der Secundanten für den Zeigefinger eine Schlinge zwischen dem Gefässe und dem Griffe geduldet werden; doch dürfte manchem Fechter diese Vorsichtsmassregel mehr hinderlich, als nützlich sein.

Sehr oft wird die Frage aufgeworfen, ob die Duellwaffen „leicht" oder „schwer" sein sollen.

Gebietet uns der Ernst der Situation, jede Waffe, die mehr einem Spielzeuge ähnelt, auszuschliessen, so wollen wir dem entgegengesetzt betreffs der Breite, Stärke und Länge der Klinge, sowie der Beschaffenheit des Gefässes und des Griffes, beziehungsweise vom Totalgewichte der Waffe und der Gewichtsvertheilung, sowie der Schwerpunktslage so viel bemerken, dass für die Hiebwaffe unbedingt der Grundsatz gelten müsse: „dass nicht die Waffe den Mann, sondern der Mann die Waffe regiere".

Was das Gewichtsverhältnis der Klinge zum Korbe betrifft, so wollen wir betreffs der Schwerpunktslage bloss bemerken, dass mit Rücksicht auf die Widerstandsfähigkeit der Parade das Maximum für die Entfernung des Schwerpunktes vom Griffe nicht über die Mitte des Defensivtheiles der Klinge — der Stärke — hinausgehen soll.

Bei einer richtig construirten Hiebwaffe soll der Schwerpunkt bei einer 84 Centimeter langen Klinge 7 bis 10 Centimeter vom Griffe an, in die Stärke der Klinge fallen.

Bekleidung.

Art. 1. — Die Oberkleider werden abgelegt; der Oberkörper ist bloss mit einem Leinwandhemde bedeckt, dessen Brusttheil jedoch gestärkt sein kann.

Ein Wollhemd oder ein Tricot unter dem Hemde anzuhaben, ist nicht gestattet.

Das Hemd kann bei den Hüften leicht bauschig heraufgezogen sein, damit die freie Bewegung des Armes nicht gehindert erscheint.

Die Beinkleider, die durch einen Leibriemen befestigt werden, müssen bequem sein und dürfen nicht geniren; der untere Theil kann, um durch denselben nicht behindert zu sein, aufgestülpt werden.

Es empfiehlt sich, leichte Stiefel mit breiten Absätzen zu nehmen; Schuhe anzulegen, ist gestattet.

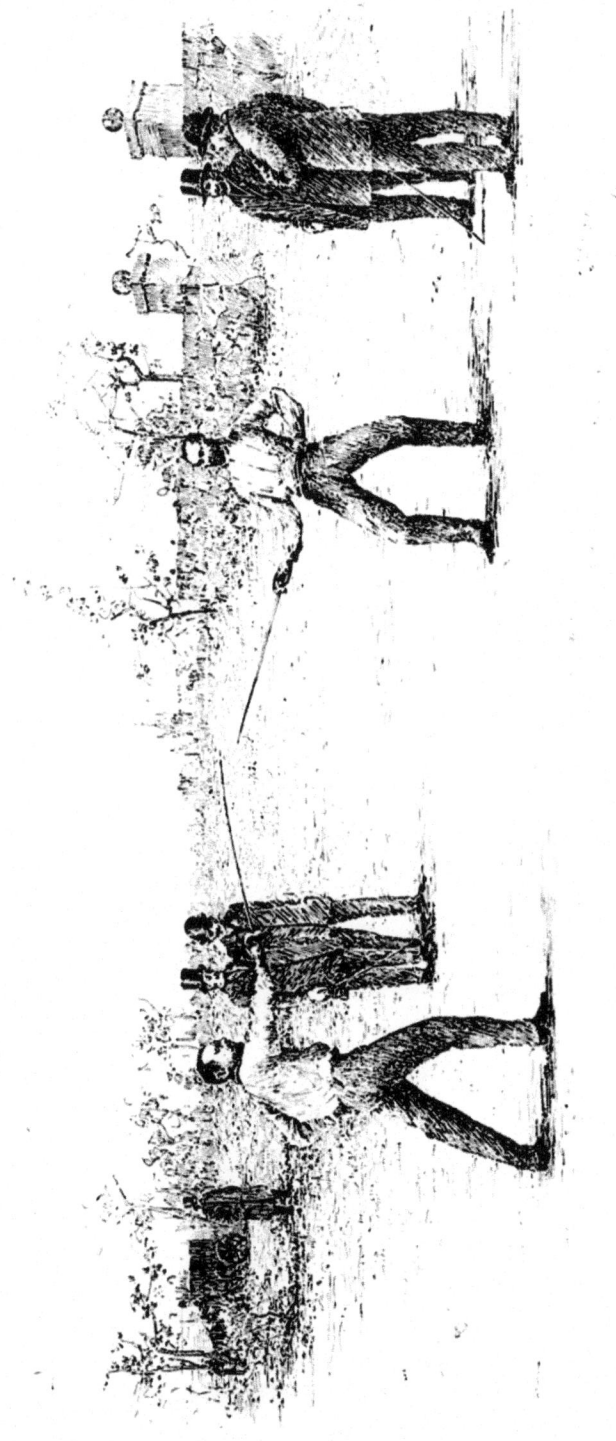

Tafel I.

Um in einem geschlossenen Raume ein Ausgleiten hintanzuhalten, ist es zweckmässig, die Sohlen mit Colophonium einzureiben.

Art. 2. — Kurzsichtigen ist es selbstverständlich erlaubt, ein
Augenglas zu gebrauchen. Brillen eignen sich durch ihren festen
Halt bedeutend besser als ein Zwicker. Sogenannte Jagdbrillen
mit grossen Gläsern sind in diesem Falle vorzuziehen.

Die Secundanten können von dem Gebrauche der Brille der
Gegenpartei Erwähnung thun, die nie dagegen Einsprache erheben kann.

Art. 3. — Den Gegnern ist gestattet, sich zum Schutze der
Pulsadern das Handgelenk mit einem seidenen Tuche zu ver-
binden, doch ist strengstens darauf zu sehen, dass die Enden des
Tuches nicht flattern, damit hierdurch die Aufmerksamkeit des
Gegners nicht abgelenkt wird.

Art. 4. — Desgleichen kann zum Schutze der Pulsadern des
Halses ein Seidentuch in Verwendung kommen.

Officiere dürfen die Dienstcravatte anbehalten.

Art. 5. — Die Benützung eines gewöhnlichen, nicht gefütterten
Promenadehandschuhes, am zweckmässigsten eines Militärdiensthandschuhes, ist nicht nur gestattet, sondern dringend geboten, da
hierdurch einerseits der Säbel sicherer und fester gehalten werden
kann, andererseits ein Aufreiben der Hand, wodurch leicht eine un-
liebsame Unterbrechung und Verschiebung des Duelles stattfinden könnte, hintangehalten wird.

Glacéhandschuhe sind wegen der allzu grossen Glätte nicht
empfehlenswerth. Es erscheint überhaupt die Vorsicht geboten, um
ein sicheres Halten des Säbels zu ermöglichen, sowie einem Ent-
gleiten desselben vorzubeugen, die innere Fläche des Handschuhes
mit Colophonium einzureiben.

Art. 6. — Fechthandschuhe, Kappen, sowie weitere Bandagen
mit Ausnahme der oben angeführten Hals- und Handbinden sind
ausgeschlossen.

Gegen die Verwendung dieser Schutzmittel sind dieselben
Gründe massgebend, welche gegen die Ausnahme bestimmter
Körperhiebe sprechen. (Siehe: Der Kampf.)

Ueber die Bekleidung bei einem Degen- oder Pistolenduelle
ist bei diesen Duellarten die Rede.

8*

Arten des Säbelduelles.

Es giebt zwei Arten des Säbelduelles;
1. Säbelduell ohne Stoss,
2. Säbelduell mit Stoss.

I. Säbelduell ohne Stoss.

Diese Art des Säbelduelles, bei welchem nur die Anwendung des Hiebes gestattet wird, ist die bei uns meist verbreitete.

Es soll jedoch keineswegs dadurch die Meinung hervorgebracht werden, dass man sich bei dieser Duellart unter allen Umständen der stossartigen Bewegungen zu enthalten habe, im Gegentheile wird die richtige Anwendung von Stössen bei Ausführung von Finten von grossem Vortheile sein, sobald die Construction des Säbels die Ausführung derselben nur einigermassen zulässt.

Da die Construction einer tüchtigen Hiebwaffe sich stets wesentlich von einer eigens und ausschliesslich für den Stoss bestimmten Waffe unterscheidet, so folgt schon aus diesem Umstande, dass mit der Hiebwaffe ein eigentliches Stossfechten wie mit dem Degen nicht statthaft, oder besser nicht ausführbar ist.

Wenn auch die Construction der meisten Hiebwaffen durch die wenig hervortretende Krümmung der Klinge eine derartige ist, dass sie die Führung eines Stosses zulässt, so wird sie dies selbst bei einer sorgfältigen und den an sie gestellten Anforderungen entsprechenden Construction niemals in dem Masse vermögen, wie der eigens und ausschliesslich für den Stoss bestimmte und construirte Stossdegen.

Es ergeben sich aus den Eigenthümlichkeiten der Construction der beiden Waffen, sowie des Unterschiedes des Stosses vom Hiebe auch ebenso charakteristische Verschiedenheiten in Führung derselben.

Es ist bereits eingangs erwähnt worden, dass bei einem Säbelduell ohne Stoss, stossartige Bewegungen bei Ausführung von

Finten nicht ausgeschlossen werden können, die bei entsprechender Construction der Hiebwaffe von grossem Vortheile sind.

Stösse eignen sich besonders als Finten, nachdem dieselben im Vergleiche zum Hiebe einen grösseren Raum- und Zeitgewinn, demgemäss auch Kraftgewinn gewähren. Dieselben sind auch in Folge ihrer kaum merkbaren Vorbereitungen dem Gegner in der Bedrohung weit gefährlicher, und geben auch bei Ausführung derselben dem Gegner bedeutend weniger Blössen als dies bei Anwendung von Hieben, bei welchen unwillkürlich eine grössere Bewegung stattfindet, der Fall ist.

Der Stoss mit dem Säbel, durch den eine Verwundung des Gegners herbeizuführen getrachtet wird, ist, sobald die Ausführung desselben von Seite der Secundanten nicht ausdrücklich vereinbart worden wäre, stets als ausgeschlossen zu betrachten, doch dürfte es sich empfehlen, dass die Secundanten, um jeder Eventualität aus dem Wege zu gehen, die Ausschliessung der Anwendung des Stosses ausdrücklich erklären und ihre Parteien hiervon in Kenntnis setzen.

Vorgang auf dem Terrain.

Art. 1. — Auf dem Kampfplatze angekommen, hat zwischen den beiden Gegnern jede wie immer geartete Wortverhandlung zu unterbleiben.

Sie haben sich nach gegenseitiger höflicher Begrüssung vollkommen schweigsam zu verhalten.

Eine allfällige, von den beiden Gegnern auf dem Terrain getroffene gegenseitige Vereinbarung ist als null und nichtig anzusehen.

Sollte einer der beiden Gegner irgend eine Mittheilung oder eine Anfrage an die Gegenpartei zu richten haben, so kann dies nur durch Vermittlung seiner Secundanten erfolgen.

Art. 2. — Die beiden Gegner haben sich in keinerlei Weise in die letzten Anordnungen der beiderseitigen Secundanten zu mengen; sie haben dieselben abgesondert ruhig zu erwarten.

Art. 3. — Die beiden Parteien sollen womöglich einige Minuten vor der festgesetzten Zeit auf dem Kampfplatze erscheinen.

Sollte zur festgesetzten Frist die Gegenpartei nicht erschienen
sein, so haben die Anwesenden nach weiterem Verlaufe von fünfzehn Minuten das Recht, das Terrain zu verlassen.

Ueber den Vorfall hat ein Protokoll aufgenommen zu werden.
(Siehe: Secundanten und ihre Pflichten, Art. 41.)

Art. 4. — Die Leitung, beziehungsweise die am Kampfplatze
zu treffenden Vorbereitungen hat, falls nicht schon vorher ein
diesbezügliches Uebereinkommen getroffen worden wäre, der älteste
der Secundanten unter Beihilfe der anderen zu treffen, oder es
entscheidet hierüber das Los.

Es steht immer den Secundanten, nach gegenseitiger Uebereinstimmung, und ihren Clienten frei, die Leitung des Kampfes jenem
der Secundanten zu übertragen, von dem sie die Ueberzeugung
hegen, dass er die meisten Erfahrungen in Ehrenangelegenheiten
besitzt. (Siehe: Secundanten und ihre Pflichten, Art. 37.)

Art. 5. — Bevor der den Kampf leitende Secundant seine
weiteren Anordnungen trifft, ist es dessen Pflicht, mit wenigen
Worten eine Versöhnung der beiden Gegner herbeizuführen.

Wenn auch der Versöhnungsversuch unmittelbar vor dem
Kampfe niemals unterlassen werden soll, und bei Fällen einfacher
Beleidigungen, denen Missverständnisse als Motiv zu Grunde liegen,
auch im letzten Momente eine Entschuldigung zulässig erscheint,
so entspricht dieser Vorgang bloss mehr einer Formsache.

Dem entgegengesetzt wird vielleicht der das Duell leitende
Secundant bei einer der Natur nach ernsten und schwerwiegenden
Angelegenheit, bei der die Beleidigung klar vorliegt, Veran-
lassung nehmen, mit Hinweis auf den vorliegenden Fall die
Bemerkung fallen zu lassen, dass unter diesen Umständen eine
Beilegung des Duelles oder eine Versöhnung wohl ausgeschlossen
erscheint.

Art. 6. — Die Secundanten suchen nunmehr den für den bevorstehenden Kampf geeignetsten Platz aus und bezeichnen die
beiden Standplätze.

Diese sollen für beide Gegner gleiche Vortheile bieten.

Erfolgt die Austragung der Angelegenheit im Freien, so muss
getrachtet werden, dass ein trockener und nicht schlüpferiger,
ferner ein ebener Platz gewählt wird.

Keiner der beiden Gegner soll die Sonne im Gesichte haben, desgleichen soll die Windrichtung geprüft werden, wie überhaupt jede Anordnung wohl erwogen werden muss, damit weder Vor-, noch Nachtheile für einen oder den anderen Gegner daraus erwachsen.

Findet der Kampf in einem geschlossenen Raume statt, welche Vorsichtsmassregel aus mannigfachen Gründen stets zu empfehlen ist, so soll derselbe eine entsprechende Grösse haben, und insbesondere darauf Rücksicht genommen werden, dass der Boden nicht glatt ist oder derartig vorbereitet erscheint, dass ein Ausgleiten hintangehalten wird.

Bei Feststellung der beiden Standplätze muss besonders die Vertheilung des Lichtes in Betracht gezogen werden.

Bei Tageshelle soll keiner der beiden Gegner einem Fenster gegenüber stehen, das Licht soll womöglich von beiden Seiten oder wenigstens von der Längsseite einfallen.

Kann die Bedingung der gleichartigen Vertheilung des Lichtes nicht eingehalten werden, so müssen die Standplätze der beiden Gegner dem Lose anheimgestellt werden, wie es sich überhaupt empfiehlt, dass die Secundanten in dieser Richtung selbst bei gleichartiger Lichtvertheilung stets das Los entscheiden lassen.

Bei Abendbeleuchtung, bei welcher das Licht leichter regulirbar ist, soll dasselbe entweder von oben, in der entsprechenden den Kampf nicht hindernden Höhe angebracht, oder von zwei gegenüber stehenden Wänden einfallen.

Keiner der beiden Gegner soll einem Lichte gegenüber stehen.

Art. 7. — Die Standplätze der beiden Gegner müssen so weit voneinander entfernt bestimmt werden, dass sich in der von den Gegnern eingenommenen Garde (Fechtstellung) die Klingen an der Spitze kreuzen.

Im Ausfalle soll der Körper des Gegners mit der Klinge nicht berührt werden können.

Es ist eine durchaus irrige Meinung, die Gegner so weit voneinander aufstellen zu sollen, dass die Säbelspitzen noch einen Meter voneinander abstehen, wenn die Kämpfenden den Ausfall vollführt haben.

Vor Beginn des Kampfes, sowie bei jedem neu zu eröffnenden Gange ist es eine der Hauptbedingungen, dass ein festes Engagement genommen wird, d. h. die Klingen haben sich unter Aufsicht der Secundanten zu berühren oder zu kreuzen.

Das Engagement erfolgt am zweckmässigsten in der sogenannten „weiten Mensur", in der sich die Klingen an der „Schwäche", der Spitze, kreuzen. Aus dieser Entfernung kann man den Gegner bloss mit Hilfe des Ausfalles an der Hand oder dem Arme und nur mittelst Vortreten an dessen Körper treffen.

Wird das Zeichen für den Beginn des Kampfes gegeben, dann bleibt es allerdings den Kämpfenden anheimgestellt, die Mensur zu verkürzen oder zu brechen, d. h. vor- oder zurückzutreten.

Art. 8. — Sind die beiden Standplätze ermittelt, so ersuchen die Secundanten nach den gegebenen Vorschriften die beiden Gegner, Rock und Weste abzulegen, sowie die Brust so weit zu entblössen, um sich die Ueberzeugung verschaffen zu können, dass nicht irgend ein fester Gegenstand die Brust der Kämpfenden schützt.

Ein etwa anhabendes Tricot ist gleichfalls abzulegen.

Diese Untersuchung verweigern zu wollen, wäre gleichbedeutend mit einer Duellverweigerung. (Siehe: Leibesuntersuchung.)

Art. 9. — Ist diese unter allen Umständen gebotene Leibesuntersuchung beendet, dann ersuchen die jüngeren Secundanten ihre Clienten, die durch das Los bestimmten Plätze einzunehmen.

Art. 10. — Hierauf fordert der das Duell leitende Secundant die beiden Kämpfenden auf, die vereinbarten, von den beiden Parteien sanctionirten Bedingungen auf das Gewissenhafteste einzuhalten.

Eine nochmalige Bekanntgabe der getroffenen Vereinbarungen, die ja ohnehin jedem der Anwesenden bis zum geringsten Detail bekannt sein müssen, ist vollständig überflüssig, desgleichen soll jede weitläufige Erörterung über das Verhalten der beiden Gegner vermieden werden.

Sollten in diesem Momente unerwarteterweise noch von irgend einer Seite Schwierigkeiten erhoben werden, so sind diese sofort an Ort und Stelle zu beheben.

Art. 11. — Die Secundanten untersuchen nochmals die Waffen, constatiren die Brauchbarkeit, und lassen das Los entscheiden, welcher der beiden Gegner unter den für den Kampf bestimmten Säbelpaaren wählen dürfe.

Art. 12. — Sind von Seite des Beleidigten eigene Säbel auf den Kampfplatz gebracht worden mit der Absicht, sich derselben bedienen zu wollen, welches Recht ihm unbedingt zusteht, falls er nach dem dritten Grade beleidigt wurde, so muss er einen derselben durch Vermittlung der Secundanten seinem Gegner zur freien Wahl anbieten.

Dem Gegner steht das Recht zu, dieses Anerbieten abzulehnen und sich in diesem Falle seiner eigenen Säbel bedienen zu können.

Aber auch hier obliegt den Secundanten die Verpflichtung, die beiderseitigen Waffen, welche ihnen bereits vorher übergeben worden sein mussten, genau zu untersuchen und deren Verwendbarkeit für den bevorstehenden Kampf zu constatiren.

Art. 13. — In Ermangelung von geeigneten Duellsäbeln und in der Voraussicht der Unmöglichkeit, diese in einer kurzen Frist zu verschaffen, können Officiere derselben Waffengattung sich ihrer eigenen vorschriftsmässigen Säbel bedienen.

Die Verwendbarkeit muss jedoch gleichfalls von Seite der Secundanten sichergestellt worden sein. (Siehe: Beschaffenheit der Waffen.)

Art. 14. — Bevor die Waffen den beiden Gegnern überreicht werden, hat der das Duell leitende Secundant das Commando für die Eröffnung des Kampfes bekannt zu geben.

Dieses kann beispielsweise lauten als Aviso: „Klingen vor", oder „kreuzt die Klingen", oder aber „Stellung", „En Garde" u. s. w., und weiters nach einem kurzen Intervall für den Beginn des Kampfes als Commando: „Los!"

Der leitende Secundant hat weiters darauf aufmerksam zu machen, dass vor dem vorbereitenden Commando, dem Aviso, die Klingen weder erhoben, noch sich berühren dürfen, und vor dem Commando „Los" weder offensiv, noch defensiv vorgegangen, überhaupt keine Bewegung vorgenommen werden darf, weiters, dass beide Gegner mit ihrer Ehre verpflichtet sind, auf das Commando: „Halt" irgend eines der Secundanten sofort das Gefecht einzustellen.

Um jedem Zufalle oder jeder Unzukömmlichkeit vorzubeugen, erscheint es als ein Gebot der Vorsicht, dass alle nothwendigen Mittheilungen an die beiden Gegner, sowie die Aufforderung des

Einnehmens ihrer Plätze stets vor Uebergabe der Waffen zu erfolgen haben.

Art. 15. — Sind alle Mittheilungen, sowie alle Formalitäten
erfolgt, so werden die Waffen nach der vorgeschriebenen, durch
das Los bestimmten Reihenfolge überreicht, falls nicht eigene
Waffen in Gebrauch kommen.

Die beiden Gegner haben nach Uebernahme der Waffen die
Spitzen derselben zu Boden gesenkt zu halten.

Art. 16. — Die Secundanten haben sich gleichfalls mit Säbeln,
die jedoch nicht geschärft sein sollen, oder in Ermangelung solcher
mit starken Stöcken zu bewaffnen, deren Spitzen oder Enden sie
gleichfalls zu Boden gesenkt halten sollen.

Art. 17. — Nachdem die Waffen den beiden Gegnern überreicht wurden und die Secundanten sich gleichfalls bewaffnet haben,
nehmen diese ihre Plätze ein.

Es sei an dieser Stelle nochmals erwähnt, dass vom Eintreffen
der beiden Gegner auf dem Terrain bis zum Beginne des Kampfes
selbst nicht mehr als zehn Minuten vergehen sollen.

Art. 18. — Die beiden ältesten oder den Kampf leitenden
Secundanten nehmen ihre Plätze an der linken Seite ihrer
Clienten ein.

Den Platz an der rechten Seite einzunehmen wäre für den
eigenen Clienten nicht von Vortheil, da man an dessen Rückseite
zu stehen kommen würde.

Die beiden anderen Secundanten stellen sich zur Seite der
Gegensecundanten auf, so dass jeder der beiden Kämpfenden seinen
eigenen und einen Secundanten des Gegners an seiner linken
Seite hat, wobei der eigene Secundant ihm zunächst steht.

In Folge dieser Anordnung können die Secundanten beider
Parteien ihre Clienten von beiden Seiten gut beobachten.

Aus diesem Grunde ist diese Aufstellung jener vorzuziehen,
bei welcher die Secundanten nur zur Seite ihres Clienten stehen.

Art. 19. — Die Secundanten haben ihre Plätze derart seitwärts einzunehmen, dass sie jede Phase des bevorstehenden
Kampfes genau überwachen können; sie dürfen aber durch ihren
eingenommenen Platz die freie Bewegung der Kämpfenden durchaus nicht beeinträchtigen.

Aus diesem Grunde sollen die Secundanten sich nie zu beiden
Seiten der Kämpfenden aufstellen, um diese gewissermassen in
ihre Mitte zu nehmen.

Abgesehen davon, dass es auf manchen der Kämpfenden störend
einwirkt, jemanden an seiner Rückenseite placirt zu wissen, erscheint auch diese Seite, da die meisten Fechter mehr oder weniger
zum Voltiren nach rechts hinneigen, für die Secundanten gefahr-
drohend, wodurch sie sich veranlasst sehen würden, häufiger ihren
Standplatz wechseln zu müssen, im Uebrigen auch den Kämpfenden
in Ausführung der Volten hindern könnten.

Art. 20. — Während des Kampfes haben die Secundanten
volles Schweigen zu beobachten und sich jeder Geberde zu enthalten.
Sie müssen ihre volle Aufmerksamkeit dem Kampfe zuwenden, um
im Stande zu sein, sei es nach einer stattgehabten Verwundung
oder bei Beobachtung der geringsten Unregelmässigkeit, selbst mit
eigener Gefahr den Kampf unterbrechen zu können.

Sie halten sich so nahe als möglich an der Seite der Kämpfenden auf, um alle Phasen des Kampfes genau beobachten zu können,
ohne jedoch in irgend einer Weise die Ausführung ihrer Bewegungen
zu hindern.

Die Secundanten sind während des Kampfes nicht an ihre
Plätze gebunden; sie können, wenn es geboten erscheint, die
Kämpfenden ruhig bei ihren Bewegungen nach vor- oder rückwärts
begleiten, ohne gerade jede derselben mitmachen zu müssen.

Es ist wohl selbstverständlich, dass sich die Secundanten
möglichst ruhig verhalten sollen und in keiner Weise die Aufmerksamkeit der Kämpfenden ablenken dürfen.

Art. 21. — Es ist ferner den Secundanten strengstens untersagt, Hiebe aufzufangen. es sei denn, dass nach Einstellung des
Kampfes — nach einem Haltruf — ein weiterer Hieb von Seite
eines Gegners fallen würde.

Art. 22. — Sind alle Formalitäten beendet und haben alle
Betheiligten die Plätze eingenommen, so erfolgt durch den leitenden Secundanten das Zeichen für den zu beginnenden Kampf.

Es empfiehlt sich, dass der Leiter des Duelles die Betheiligten
auf das für den Beginn des Kampfes zu ertheilende Zeichen durch
beiläufig folgende Worte aufmerksam macht:

„Meine Herren, Achtung auf mein Commando," worauf der getroffenen Vereinbarung gemäss das Aviso „kreuzt die Klingen" und nach einem kurzen Intervall das Commando „Los!" erfolgt.

Auf das erste Aviso wird von Seite der beiden Combattanten die Fechtstellung genommen, wobei sich die Klingen zu kreuzen oder zu berühren haben, beziehungsweise ein festes Engagement zu nehmen ist. (Siehe: Der Kampf.)

Art. 23. — Haben sich vor dem Aviso die Klingen durch Zufall oder durch Willkür eines der Gegner berührt oder gekreuzt, so sind die beiden Gegner zu trennen. Der Schuldtragende ist von Seite des leitenden Secundanten energisch zu verweisen.

Sollte aber vor dem gegebenen Commando einer derselben die Offensive ergriffen haben, dann haben die Secundanten die Verpflichtung, sich nach den bereits gegebenen Vorschriften zu benehmen.

Art. 24. — Sobald das Commando „Los!" erfolgt, dürfen die Gegner sofort den Kampf eröffnen.

Sie können vor- oder rückwärts schreiten, voltiren, d. h. sich seitwärts bewegen, überhaupt nach eigenem Ermessen handeln, wobei sie sich der Waffe nur nach den gegebenen Fechtregeln und den Duellgesetzen bedienen dürfen. (Siehe: Der Kampf.)

Art. 25. — Ein Ueberrennen des Gegners, wobei die Kämpfenden „corps à corps" kommen, ist nicht gestattet.

Da hierbei der Kampf in seinen Phasen nicht verfolgt werden könnte, eine Verwundung auch nicht leicht zu constatiren wäre, so sind die Kämpfenden zu trennen, und der Schuldtragende von Seite der Secundanten zu verweisen.

Ebensowenig ist ein entschieden feiges Benehmen, ein förmliches Zurücklaufen bei der geringsten Bewegung des Gegners, desgleichen ein beständiges Zurückweichen, wobei dem Angreifenden die Möglichkeit der Ausführung der Attaquen benommen wird, nicht zu dulden. (Siehe: An die Wand drängen.)

Art. 26. — Hiebe sollen in schul- und kunstgerechter Art nur gegen den Kopf und Oberkörper bis zum Gurt geführt werden. Doch können tiefer angebrachte Hiebe, namentlich seitens eines ungeübten Gegners nicht beanständet werden, nachdem es in der Macht eines jeden Fechters liegt, derartige Hiebe abwehren oder hintanhalten zu können.

Art. 27. — Von Seite der Secundanten soll nie die Vereinbarung getroffen werden, dass die Führung der Körperhiebe ausgeschlossen erscheint, und nur Hiebe nach der Hand geführt
werden dürfen.

Desgleichen ist dem öfter vorkommenden Gebrauch, den Kopf-
hieb ausnehmen zu wollen, mit aller Entschiedenheit entgegenzu-
treten und unter keinem Umstande derartig gestellten Bedingungen
beizupflichten. (Siehe: Der Kampf.)

Art. 28. — Die Ausführung des Stosses ist strengstens verboten, falls dies nicht vorher vereinbart wurde. Diese Verletzung
der Kampfregeln wäre bei stattgefundener Verwundung als Meuchelmord zu betrachten, nachdem selten ein Gegner, auf die Eventualität
des Stosses gefasst, sich gegen diese Art des Angriffes schützt.

Art. 29. — Jede wie immer geartete Exclamation, jedes Geschrei als Begleitung einer Bewegung — wie in manchen Fecht-
sälen bemerkbar — sowie jeder Zuruf oder Bemerkung der
Kämpfenden, dass sein Gegner getroffen oder verwundet sei, ist
zu vermeiden.

Die Secundanten haben in vorkommenden Fällen auf die
Unzukömmlichkeit dieser Aeusserungen aufmerksam zu machen.

Dagegen ist der „Appell" als Demonstration in Begleitung
einer Finte, um derselben mehr Nachdruck zu verleihen, oder zur
Beunruhigung des Gegners erlaubt.

Doch soll auch in dieser Beziehung Mass gehalten werden.

Art. 30. — Ein Wechseln der Waffen aus der rechten in die
linke Hand — wir setzen hierbei voraus, dass wir es mit einem
„Rechtsfechter" zu thun haben — ist während des Kampfes nie
zulässig.

Aber auch bei Wiederaufnahme des Kampfes, nach einer
momentanen Unterbrechung, wäre die Fortsetzung des Kampfes
mit der anderen Hand nur dann zulässig, wenn bei einem Kampfe,
dessen Bedingungen auf vollständige Kampfesunfähigkeit gelautet
haben, einer der Kämpfenden eine geringfügige Verwundung an
der Hand erhielt, die ihm das Weiterführen der Waffe unmöglich
macht, überdies der Verwundete diesen Wunsch ausspricht.

Keinem der beiden Gegner kann aus was immer für einem
Grunde oder Umstande zugemuthet werden, die Waffe mit

der anderen Hand zu ergreifen. (Siehe: Pflichten der Secundanten, Art. 23.)

Art. 31. — Hiebe mit der freien Hand aufzufangen oder zu pariren, ist nicht gestattet.

Die Secundanten können in einem derartigen Falle fordern, dass die Hand des Gegners in einer Weise befestigt wird, welche eine Wiederholung dieser Unzukömmlichkeit ausschliesst. (Siehe: Parade oder Opposition mit der linken Hand.)

Art. 32. — Sollte jedoch die feindliche Klinge oder die bewaffnete Hand des Gegners mit der freien Hand gefasst werden, so ist dem Kampfe sofort Einhalt zu thun und das Duell abzubrechen; die Secundanten haben über diese Verletzung der Kampfregeln ein Protokoll zu verfassen.

Art. 33. — Gegen einen entwaffneten oder gestürzten Gegner darf weder offensiv vorgegangen, noch dürfen Hiebe gegen denselben geführt werden.

Es ist wohl selbstverständlich, dass ein mit kunstgerechter Desarmirung in Verbindung gebrachter Hieb, der so rasch erfolgt, dass diese beiden Bewegungen beinahe ein Tempo bilden, nicht als eine Ueberschreitung oder Verletzung der Duellgesetze angesehen werden kann. (Siehe: Desarmement.)

Art. 34. — Als entwaffnet ist ein Kämpfer dann anzusehen, wenn der Säbel vollständig der Hand entgleitet und zu Boden fällt, oder wenn die Waffe ersichtlich nicht mehr fest in der Hand gehalten wird, so dass eine Führung derselben, sei es in offensiver oder defensiver Absicht, ausgeschlossen erscheint.

Art. 35. — Würde durch eine erfolgte Desarmirung der Kampf unterbrochen werden, so wird nach dem neuerlichen Ergreifen des Säbels der Kampf nach den eingangs gegebenen Regeln fortgesetzt.

Ist einem der Gegner die Waffe vollständig entfallen, so hat dessen Secundant dieselbe aufzuheben und seinem Clienten zu überreichen.

Art. 36. — Ist einer der beiden Combattanten verwundet worden, oder glauben die Secundanten der berechtigten Meinung zu sein, dass eine Verwundung stattgefunden hat, so ist von Seite derselben der Kampf durch den „Haltruf" sofort einzustellen.

Art. 37. — Wenn nach einer stattgehabten Verwundung und in Folge dessen durch die Secundanten unterbrochenem Kampfe der Verwundete voreilig die Waffe erhebt, oder Miene macht, den Kampf zu erneuern, so ist er durch den leitenden Secundanten sofort an seinem Vorhaben zu hindern und strengstens zu verweisen.

Stürzt sich jedoch der Verwundete auf seinen Gegner, oder sollte der Unverwundete trotz des erfolgten Haltrufes auf seinen Gegner weiter eindringen, so haben die Secundanten die Verpflichtung, mit Hintansetzung des eigenen Lebens, mit aller Entschlossenheit den Kampf einzustellen und das Duell als beendet zu erklären.

Ueber den Vorfall, als eines der schwersten Verletzungen der Duellgesetze, ist ein Protokoll zu verfassen, in welchem genau der Thatbestand aufgenommen werden muss.

Sollte überdies eine Verwundung oder der Tod des Gegners durch dieses Vorgehen herbeigeführt worden sein, so haben die Secundanten die Verpflichtung ohne Verzug die gerichtlichen Schritte einzuleiten.

Art. 38. — Die Secundanten sind zu gleichem Vorgange verpflichtet, wenn einer der beiden Gegner entgegen den getroffenen Vereinbarungen oder gegen die Duellgesetze gehandelt hat, und hierdurch eine Verwundung oder der Tod des Gegners erfolgt wäre.

Art. 39. — Sind die getroffenen Vereinbarungen derart gestellt, dass bis zur vollständigen Kampfesunfähigkeit eines der beiden Gegner gekämpft werden soll, so wird nach einer leichten Verwundung, nachdem der Arzt seines Amtes gewaltet hat, der unterbrochene Kampf fortgesetzt.

Dieser Vorgang wird insolange beobachtet, bis von Seite der Secundanten und des Arztes die Kampfesunfähigkeit constatirt worden ist. (Siehe: Die Verwundung.)

Art. 40. — Wurde der Kampf aus irgend einem Grunde eingestellt, so müssen die Secundanten, sobald der Ruf „Halt" erfolgt, augenblicklich an die Seite der Kämpfenden treten, diese trennen und gleichzeitig veranlassen, dass die Klingen zu Boden gesenkt werden.

128 II. THEIL.

Um jede Uebereilung seitens der beiden Gegner nach Einstellung des Kampfes hintanzuhalten, erscheint es namentlich in jenen Fällen, in denen sich die leitenden Secundanten behufs einer weiteren Verhandlung zurückgezogen haben, zweckmässig, dass sich die beiden zweiten Secundanten vor die Gegner stellen, die beiden Kämpfenden demnach durch die Secundanten getrennt werden.

Art. 41. — In welchen Fällen von Seite der Secundanten der Kampf durch den Ruf „Halt" berechtigterweise eingestellt werden kann oder demselben Einhalt gethan werden muss, ist bereits früher genügend erörtert worden. (Siehe: Unterbrechung des Kampfes — Haltruf.)

Art. 42. — Während der Pausen ist es den Secundanten gestattet, mit ihren Clienten zu sprechen, doch sollen die Gespräche mit leiser Stimme geführt werden.

Die Secundanten haben sich hierbei zu enthalten, Rathschläge zu ertheilen oder Hiebe zu demonstriren.

Art. 43. — Findet nach einer Unterbrechung des Kampfes eine Fortsetzung desselben statt, so sind die beiden Gegner aufzufordern, ihre vor dem Kampfe bezeichneten Plätze einzunehmen, worauf sich die Secundanten gleichzeitig in der ad Art. 18 vorgeschriebenen Art an die Seite der Kämpfenden begeben.

Sind die Plätze eingenommen, so giebt der das Duell leitende Secundant nach den gegebenen Vorschriften neuerdings das Zeichen zum Beginne des Kampfes, worauf derselbe fortgesetzt wird.

Art. 44. — Findet eine Unterbrechung des Duelles statt, und können für den Moment die störenden Ursachen nicht behoben werden, so kann die Wiederaufnahme des Kampfes auf eine spätere Stunde, eventuell für den nächsten Tag verschoben werden.

Art. 45. — Das Duell ist als beendet zu betrachten, sobald eine Verwundung stattgefunden hat, und die gestellten Bedingungen nicht die Fortsetzung des Kampfes bis zur Kampfesunfähigkeit eines der beiden Gegner fordern.

Lauten die Bedingungen „bis zur Kampfesunfähigkeit", so ist erst nach Constatirung derselben der Kampf als beendet zu erklären.

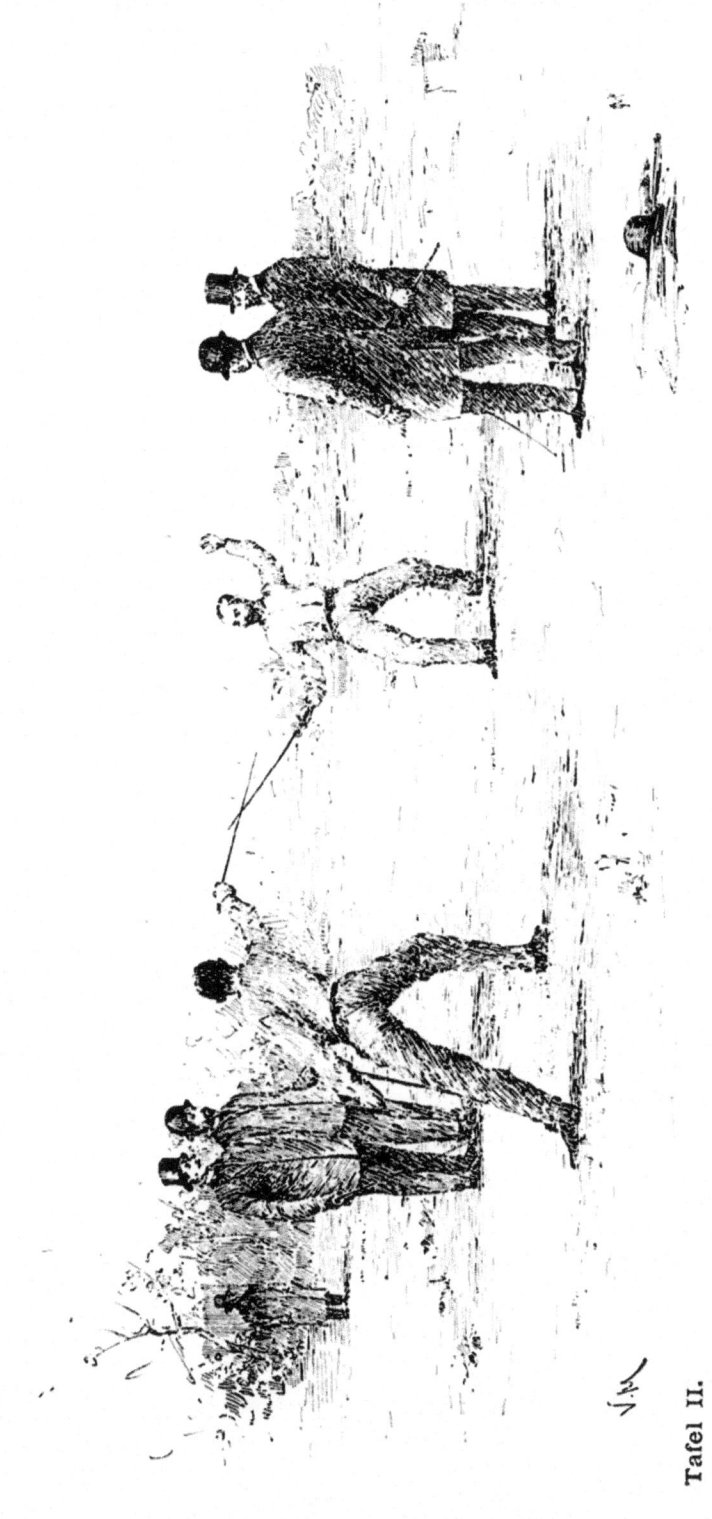

Tafel II.

II. Säbelduell mit Stoss.

Art. 1. — Bei dieser selten in Anwendung gebrachten Art des Säbelduelles ist sowohl der Hieb, als auch der Stoss, mit dem eine Verwundung herbeizuführen getrachtet wird, gestattet.

Art. 2. — Die von den Secundanten angenommene Bedingung der Zulassung des Stosses ist ausdrücklich im Protokolle festzustellen.

Art. 3. — Es wird sich empfehlen, dass die Anwendung des Stosses, weil anormal, vor Beginn des Kampfes nochmals den beiden Gegnern bekannt gegeben wird.

Art. 4. — Das Benehmen der Secundanten, sowie der beiden Gegner, ist dasselbe wie jenes beim Säbelduell ohne Stoss.

Art. 5. — Die bei dem Säbelduell ohne Stoss angeführten Duellgesetze oder Vorschriften haben auch bei dieser Duellart ihre volle Giltigkeit.

Art. 6. — Ist eine Verwundung durch einen Stoss herbeigeführt worden und fordern die gestellten Bedingungen eine eventuelle weitere Fortsetzung des Kampfes, so hat hauptsächlich der Arzt zu entscheiden, ob der Kampf weiter fortgesetzt werden kann, oder ob durch diese Verwundung eine Kampfesunfähigkeit eingetreten ist.

Degenduell.

Beschaffenheit der Waffen.

Die zur Verwendung gelangenden Degen müssen in Form der Klinge, deren Härte, ferner in Form des Gefässes, der Länge, Schwere und Schwerpunktslage vollkommen gleich sein.

Die Klingen sollen zweischneidig sein, dreikantige oder vierkantige Klingen kommen nie in Verwendung.

Die Klingen müssen gleichmässig sehr stark zugespitzt werden, die beiden Kanten dürfen weder scharf, schneidend, noch schartig sein.

Fleurets, die als Schulwaffe ihre Verwendung finden, sind als Duellwaffe ausgeschlossen.

Jedem der Betheiligten steht das Recht zu, diese anormale Waffe zurückzuweisen.

Es braucht wohl nicht Erwähnung gethan zu werden, dass die Klingen vor ihrem Gebrauche auf das Sorgfältigste gereinigt werden müssen.

Das Stichblatt der Duellwaffe ähnelt meist einer Schalen- oder Muschelform, deren Flächen glatt oder ciselirt, nie aber durchbrochen sein sollen, da sich in diesem Falle leicht die Spitze des Degens verfangen könnte.

Das Stichblatt in Brillenform, am wenigsten offene, wie sie an der Schulwaffe angebracht sind, kommen nie in Verwendung.

Was das Gewichtsverhältnis der Klinge zum Gefässe betrifft, so soll die Schwerpunktslage in den Defensivtheil der Klinge nahe dem Gefässe fallen.

Bekleidung.

Art. 1. — Die Oberkleider werden abgelegt, der Oberkörper ist bloss mit einem Leinenhemde bekleidet, dessen Brusttheil jedoch gestärkt sein kann.

Ein Wollhemd oder ein Tricot unter dem Leinenhemde anzuhaben, ist nicht gestattet.

Des Oefteren wird statt des Leinenhemdes ein Seidenhemd vorgezogen. Dies ist gestattet und dem individuellen Geschmacke anheimgestellt.

Das Hemd kann bei den Hüften leicht bauschig heraufgezogen sein, damit die freie Bewegung des Armes nicht gehindert erscheint.

Die Pantalons, die durch einen Leibriemen befestigt sein sollen, müssen leicht und bequem sein und in keiner Weise geniren; den unteren Theil soll man vorsichtshalber aufstülpen.

Es empfiehlt sich, leichte Stiefel mit breiten Absätzen oder Schuhe, deren Gebrauch gestattet ist, anzulegen.

Wird der Kampf in einem geschlossenen Raume ausgetragen, dann sollen die Sohlen, um ein Ausgleiten zu vermeiden, mit Colophonium eingerieben werden.

Art. 2. — Kurzsichtigen ist der Gebrauch des Augenglases gestattet. Brillen, besonders mit grossen Gläsern, eignen sich besser als Zwicker.

Eine Einsprache gegen den Gebrauch der Brille kann nie erhoben werden.

Art. 3. — Die Benützung eines gewöhnlichen nicht gefütterten Promenadehandschuhes, am zweckmässigsten eines Militärdiensthandschuhes, ist gestattet.

Es empfiehlt sich der Gebrauch desselben, da einerseits die Waffe sicherer gehalten werden kann, andererseits ein Ritzen der Hand, wodurch die Sicherheit der Haltung des Degens beeinträchtigt werden könnte, hintangehalten wird.

Glacéhandschuhe eignen sich wegen der grossen Glätte nicht für diesen Gebrauch.

Ist man übereingekommen, sich leicht gefütterter Fechthandschuhe zu bedienen, so kann denselben auch bloss einer der beiden Kämpfenden benützen, wenn sein Gegner denselben nicht anlegen wollte.

Zum Gebrauche des Handschuhes kann man niemanden zwingen, andererseits kann derselbe ohne Zustimmung des Gegners nicht benützt werden.

Es soll auch dieses Detail, um jedem Missverständnisse am Kampfplatze vorzubeugen, im Protokolle aufgenommen erscheinen.

An den Handschuhen sollen entweder gar keine oder nur ganz kurze, nicht abstehende Stulpen angebracht sein.

Die Hand kann auch in Ermanglung eines Handschuhes mit einem Taschentuche verbunden werden, doch ist strengstens darauf zu sehen, dass dessen Enden nicht herabhängen.

Art. 4. — Es ist gestattet, den Degen mit einem Porte-épée zu befestigen oder sich einer Haltschlinge zu bedienen.

Art. 5. — Cravatten, sowie alle anderen Bandagen, sind völlig ausgeschlossen.

Vorgang auf dem Terrain.

Art. 1. — Auf dem Kampfplatze angekommen, hat zwischen den beiden Combattanten kein wie immer gearteter Wortwechsel stattzufinden.

9*

Sie haben sich nach gegenseitiger höflicher Begrüssung vollkommen schweigsam zu verhalten.

Jede zwischen den beiden Gegnern auf dem Terrain getroffene gegenseitige Vereinbarung ist als null und nichtig zu
betrachten.

Mittheilungen, wenn solche von Seite eines der Gegner an
die Gegenpartei zu richten wären, können nur durch Vermittlung
der Secundanten erfolgen.

Art. 2. — Die beiden Gegner haben sich in keiner Weise
in die letzten Anordnungen der Secundanten zu mengen; sie haben
diese abseits und abgesondert zu erwarten.

Art. 3. — Es ist Pflicht der beiden Parteien, womöglich einige
Minuten vor der festgestellten Zeit auf dem Kampfplatze zu erscheinen.

Sollte eine der Parteien zur festgesetzten Zeit nicht erschienen
sein, so haben die Anwesenden nach Verlauf von fünfzehn Minuten
das Recht, das Terrain zu verlassen.

Würde der Anwesende der beiden Gegner sich weigern, den
Kampfplatz zu verlassen, so können die beiden Secundanten selbst
unter Androhung der Niederlegung ihrer Mandate ihren Clienten
dazu zwingen.

Art. 4. — Die am Kampfplatze nothwendigen Anordnungen
hat der älteste der Secundanten, wenn nicht das Los hierüber
anders entschieden hätte, unter Beihilfe der anderen Secundanten
zu treffen.

Die Secundanten sollen nach Uebereinstimmung mit ihren
Clienten nie zögern, die Leitung des Kampfes jenem der Secundanten zu übertragen, bei dem sie voraussetzen, dass er die meisten
Erfahrungen in Ehrenangelegenheiten besitzt, selbst wenn er auch
der jüngste unter ihnen wäre.

Art. 5. — Bevor die weiteren Anordnungen getroffen werden,
ist es Pflicht des leitenden Secundanten, mit wenigen Worten eine
Versöhnung der beiden Gegner herbeizuführen.

Wenn auch die Versöhnungsversuche unmittelbar vor dem
Kampfe nie unterlassen werden sollen, so werden sie meist von
negativem Resultate begleitet sein, da dieser Vorgang nur mehr
eine Formsache ist.

Bei Angelegenheiten, denen schwerwiegende und ernste Motive zu Grunde liegen, dürfte überhaupt eine Versöhnung im Vorhinein ausgeschlossen erscheinen.

Art. 6. — Die Secundanten bestimmen nunmehr den geeignetsten Platz für den bevorstehenden Kampf und bezeichnen die beiden Standplätze.

Diese sollen für beide Gegner die gleichen Vortheile bieten. Es ist besonders im geschlossenen Raume darauf Rücksicht zu nehmen, dass keiner der beiden Gegner einem Fenster gegenüber steht. Das Licht soll möglichst von zwei Seiten einfallen.

Bei Abendbeleuchtung, bei welcher das Licht leicht regulirbar ist, soll keiner der beiden Gegner dem Lichte gegenüber stehen.

Dasselbe soll entweder von oben, in entsprechender den Kampf nicht hindernden Höhe angebracht, oder von zwei gegenüber stehenden Wänden einfallen.

Findet der Kampf im offenen Terrain statt, so ist auf die Bodenbeschaffenheit besonders Rücksicht zu nehmen.

Der Boden soll eben und trocken sein, und sollen die Standplätze derart gewählt werden, dass keiner der beiden Gegner die Sonne im Gesichte hat.

Es empfiehlt sich, dass selbst bei vollkommen gleichartig gewählten Plätzen, die Standplätze der beiden Gegner durch das Los bestimmt werden.

Art. 7. — Die Standplätze der beiden Gegner sollen so weit voneinander entfernt sein, dass sich in der von den Gegnern eingenommenen Fechtstellung — der Garde — die Klingen an den Spitzen kreuzen.

Im Ausfalle soll bei vollkommen gestrecktem Arme der Körper des Gegners mit der Spitze der Klinge nicht berührt werden können.

Art. 8. — Die Secundanten ersuchen hierauf die beiden Gegner Rock und Weste abzulegen, sowie die Brust so weit zu entblössen, um sich überzeugen zu können, ob nicht irgend ein fester Gegenstand die Brust der Kämpfenden vor dem Stosse schützt.

Ein etwa anhabendes Tricot ist abzulegen.

Diese Untersuchung, die unter allen Umständen vorgenommen werden soll, verweigern zu wollen, käme einer Duellverweigerung gleich.

Art. 9. — Hierauf werden die beiden Gegner durch die jüngeren Secundanten aufgefordert, ihre durch das Los vorher bestimmten Plätze einzunehmen.

Art. 10. — Der das Duell leitende Secundant fordert die beiden Gegner auf, die bereits von ihnen sanctionirten und von allen Betheiligten angenommenen Bedingungen und Vereinbarungen auf das Gewissenhafteste einzuhalten.

Es erscheint auch bei einem Degenduelle vollständig überflüssig, alle vereinbarten Bedingungen nochmals auf das Genaueste durch einen jüngeren Secundanten vorlesen zu lassen.

Dieser erst später eingeführten Gepflogenheit ist wenig Geschmack abzugewinnen, umsoweniger als jeder der beiden Combattanten des Augenblickes gewärtig ist, den Kampf beginnen zu können.

Die Bedingung, ob der Kampf bei der ersten Verwundung beendet erscheint oder bis zur Kampfesunfähigkeit eines der beiden Gegner fortgesetzt werden soll, ist die einzige, deren Erwähnung gethan werden muss.

Schwierigkeiten, die bei dieser Gelegenheit von irgend einer Seite erhoben werden sollten, sind sofort an Ort und Stelle zu beheben

Art. 11. — Die Secundanten untersuchen nochmals die ihnen bereits vorher übergebenen Waffen, ob selbe für den bevorstehenden Kampf geeignet sind, und lassen hierauf das Los entscheiden, welcher von den beiden Gegnern unter dem, für den Kampf bestimmten gleichen Paare wählen dürfe.

Art. 12. — Beabsichtigt der Beleidigte sich seiner eigenen Waffen bedienen zu wollen, welches Recht ihm zusteht, sobald er nach dem dritten Grade beleidigt wurde, oder eine Beleidigung vorliegt, die diesem Grade entspricht, so muss er einen Degen desselben Paares durch Vermittlung der Secundanten seinem Gegner zur freien Wahl anbieten.

Dem Gegner steht das Recht zu, dieses Anerbieten anzunehmen oder abzulehnen, in welch letzterem Falle er sich gleichfalls seiner eigenen Waffen bedienen darf.

Die beiderseitigen Waffen müssen aber unter allen Umständen früher den Secundanten übergeben worden sein, damit deren Verwendbarkeit für den Kampf constatirt werden kann.

Art. 13. — Bevor die Waffen den beiden Gegnern überreicht werden, hat der das Duell leitende Secundant das Commando für den Beginn des Kampfes bekannt zu geben.

Dieses lautet gewöhnlich aus dem Aviso:

„En garde!" — Stellung! — und weiters für die Eröffnung des Kampfes „Allez!" oder „Partez!"

Art. 14. — Der leitende Secundant hat ferner über das weitere Verhalten der beiden Gegner beiläufig Folgendes zu bemerken:

„Ich erinnere Sie, meine Herren, dass Sie, sobald ich Ihnen die Degen übergebe, mit Ihrem Ehrenworte verpflichtet sind, sich vollkommen ruhig zu verhalten, und sich vor dem Commando „Allez!" jeder Action zu enthalten haben; weiters sind Sie verpflichtet, auf das Commando „Arretez!" oder „Halt!" augenblicklich jede Bewegung einzustellen."

Art. 15. — Nachdem alle Mittheilungen erfolgt sind, werden die Degen nach der vorgeschriebenen, durch das Los bestimmten Reihenfolge überreicht.

Die beiden Gegner haben nach Uebernahme der Waffen die Spitzen derselben zu Boden zu halten, oder es behält der leitende Secundant die Spitzen der Klinge in seinen Händen, welche Gepflogenheit beiweitem vorzuziehen ist, da hierdurch jede Uebereilung oder Zufälligkeit hintangehalten wird.

Art. 16. — Die Secundanten haben sich gleichfalls mit Degen, die jedoch nicht zugespitzt sein sollen, oder in Ermanglung solcher, mit starken Stöcken zu bewaffnen.

Sie halten die Spitzen oder Enden derselben zu Boden gesenkt. Der Gebrauch von Degenstöcken ist gänzlich verboten.

Entgegen der Degenbewaffnung der Secundanten wird von erfahrener und berufener Seite der Stock als Bewaffnung vorgeschlagen.

Nach ihren Aussprüchen haben die Erfahrungen, das System sich mit Degen zu bewaffnen, absolut verurtheilt.

Wir können dieser Anschauung vollkommen beipflichten.

Bei einer sehr lebhaft geführten Attaque kann es sich leicht ereignen, dass trotz einer bereits erfolgten Verwundung der Kampf mit der gleichen Lebhaftigkeit weiter geführt wird.

Abgesehen davon, dass bei der rasch zu erfolgenden Intervention der Degen nicht fechtkundigen Secundanten bei Ausübung
ihrer Pflicht mehr hinderlich als nützlich wäre, könnte auch leicht
durch unvorsichtige Handhabung desselben eine Verwundung der
Betheiligten stattfinden.

Auch bildet der entblösste Degen in der Hand eines unerfahrenen Secundanten stets eine Gefahr für die Leitung und den
Ausgang des Duelles.

Ein nicht fechtkundiger Secundant dürfte bei einem Haltruf
oder im Momente, wo er durch sein persönliches Einschreiten dem
Kampfe Einhalt gebieten soll, mehr auf die Waffe achten, als
gebotenenfalls mit dieser interveniren.

Art. 17. — Sind die Waffen übergeben, so nehmen, nachdem
die letzten Formalitäten hiermit beendet erscheinen, die Secundanten ihre vorgeschriebenen Plätze ein, worauf unverzüglich das
Commando für den Beginn des Kampfes zu erfolgen hat.

Art. 18. — Vom Eintreffen beider Parteien auf dem Kampfplatze bis zum Beginne des Kampfes selbst, sollen nicht mehr als
zehn Minuten vergehen.

Art. 19. — Die beiden ältesten oder den Kampf leitenden Secundanten nehmen ihre Plätze an der linken Seite ihrer Clienten ein.

Die beiden anderen Secundanten stellen sich zur Seite der
leitenden Gegensecundanten auf, so dass jeder der beiden Kämpfenden seinen eigenen und einen Secundanten des Gegners an seiner
linken Seite hat, wobei der eigene Secundant ihm zunächst steht.
(Siehe Tafel II.)

Es ist durchaus fehlerhaft, wenn sich die Secundanten zu
beiden Seiten der Kämpfenden oder an deren rechter Seite aufstellen.

Abgesehen davon, dass hierdurch die Secundanten an die
Rückseite der Gegner zu stehen kommen, wodurch so mancher
Kämpfende in der freien Ausführung seines Angriffes beeinflusst
wird, erscheint auch die Aufstellung an dieser Seite nicht zweckmässig, da die meisten Fechter mehr oder weniger zum Voltiren
nach rechts hinneigen und hierdurch gehindert wären.

Art. 20. — Die Secundanten haben ihre Plätze derart seitwärts einzunehmen, dass sie jede Phase des bevorstehenden
Kampfes genau überwachen können.

Durch ihre Plätze darf aber die freie Bewegung der Kämpfenden durchaus nicht beeinträchtigt werden.

Art. 21. — Die Secundanten haben während des Kampfes volles Stillschweigen zu beobachten, sich jeder Geberde zu enthalten und müssen ihre volle Aufmerksamkeit dem Kampfe widmen, um im Stande zu sein, sei es nach einer stattgehabten Verwundung oder bei Beobachtung der geringsten Unregelmässigkeit, selbst bei eigener Gefahr den Kampf unterbrechen zu können.

Die Secundanten sind selbstverständlich während des Kampfes nicht an ihre Plätze gebunden, sie können, sobald es die Nothwendigkeit erfordert, die Kämpfenden bei ihren Bewegungen begleiten, ohne jede derselben mitmachen zu müssen.

Die Secundanten haben es zu vermeiden, die Aufmerksamkeit der Kämpfenden in irgend einer Weise abzulenken.

Art. 22. — Es ist ferner den Secundanten strengstens untersagt, irgend welchen Stoss aufzufangen, es sei denn, dass nach Einstellung des Kampfes ein weiterer Stoss von Seite eines Gegners geführt werden würde.

Art. 23. — Sind alle Formalitäten und Vorbereitungen getroffen und beendet, und haben sich die Secundanten auf ihre vorgeschriebenen Plätze begeben, so hat der das Duell leitende Secundant das Zeichen für den Beginn des Kampfes zu ertheilen.

Die Kämpfenden sind stets auf das für den Beginn des Kampfes zu ertheilende Zeichen durch beiläufig folgende Worte aufmerksam zu machen:

„Meine Herren, Achtung auf mein Commando," worauf den getroffenen Vereinbarungen gemäss das Aviso „En garde!" oder „Stellung!" und nach einem kleinen Intervall das Commando „Allez!" oder „Partez!" zu folgen hat.

Art. 24. — Auf das Aviso oder vorbereitende Commando „En garde" ist von Seite der Combattanten die Fechtstellung zu nehmen, wobei sich die Klingen an der Spitze zu berühren oder zu kreuzen haben.

Es empfiehlt sich stets, dass die Stellung — die Garde — nach rückwärts, also mit dem linken Fusse genommen wird, namentlich wenn man bemerkt, dass die Standplätze zu nahe einander bestimmt wurden.

Durch diesen Rückzug, wodurch die weite Mensur eingenommen wird, wird bezweckt, dass man bei der Eventualität
einer rapid geführten Attaque leichter in der Verfassung ist, diese
festen Fusses abwehren zu können.

Die Spitzen der Klingen, die sich bei Einnahme der Garde
immer kreuzen oder berühren müssen, sollen während des festen
Engagements scharf gegen die Brust des Gegners gerichtet werden.

Art. 25. — Haben sich die Klingen vor dem gegebenen Zeichen
durch Zufall oder durch Willkür eines der beiden Gegner gekreuzt, so sind die Kämpfenden durch Zwischentreten der Secundanten sofort zu trennen und ist der Schuldtragende durch den
leitenden Secundanten energisch zu verweisen.

Sollte jedoch einer der Gegner Miene machen, vor dem erfolgten Commando offensiv vorgehen zu wollen, so ist er durch
die Secundanten mit aller Energie in seinem Vorhaben zu hindern
und auf die Folgen dieser Handlungsweise, als eine der schwersten
Verletzung der Duellgesetze, in geeigneter Weise aufmerksam zu
machen.

Die Secundanten haben die Pflicht, das Duell sofort einzustellen und nach den bereits gegebenen Vorschriften vorzugehen,
wenn thatsächlich die Offensive ergriffen worden wäre.

Art. 26. — Sobald durch das vorher bestimmte Commando
das Zeichen für den Beginn des Kampfes gegeben wurde, dürfen
die Gegner sofort den Kampf eröffnen.

Sie dürfen vor- oder rückwärts treten, voltiren, d. h. sich seitwärts bewegen, sich bücken, überhaupt nach eigenem Gutdünken
verfahren, wobei sie sich des Degens aber nur in jener Weise bedienen dürfen, die mit den gegebenen Fechtregeln und den bestehenden Duellgesetzen in Einklang zu bringen ist.

Art. 27. — Ein Anlaufen, ein förmliches Ueberrennen des
Gegners ist nicht statthaft, und ist in diesem Falle der Schuldtragende von Seite der Secundanten zu verweisen.

Aber auch ein beständiges Zurückweichen bei der geringsten
Bewegung des Gegners, wobei dem Angreifenden die Möglichkeit
der Ausführung seiner Attaque benommen wird, desgleichen ein
entschieden feiges Benehmen, ist nicht zu dulden. (Siehe: An die
Wand drängen.)

Art. 28. — Schul- und kunstgerechte Stösse sollen nur gegen den Oberkörper mit Ausnahme des Gesichtes geführt werden, doch können namentlich seitens ungeübter Fechter auch tiefer oder in das Gesicht geführte Stösse nie beanständet werden.

Art. 29. — Hiebe mit dem Degen nach der Hand oder dem Körper des Gegners zu führen, ist strengstens untersagt.

Sollte mit Absicht ein Hieb gegen die Hand oder den Arm geführt und mit diesem ein Stoss in Verbindung gebracht werden, so ist augenblicklich die Unterbrechung des Duelles zu veranlassen; wurde aber hierdurch eine Verwundung oder der Tod des Gegners herbeigeführt, so ist dieser Angriff als Meuchelmord zu betrachten und sind unverzüglich die gerichtlichen Schritte einzuleiten.

Art. 30. — Stösse mit der freien Hand zu pariren oder abzulenken, ist nicht gestattet; am allerwenigsten ist eine derartige Vereinbarung von Seite der Secundanten zu treffen.

Im Falle eines Bruches dieser Vorschrift können die Secundanten der Gegenpartei die Forderung stellen, dass die Hand des Kämpfenden in einer Weise befestigt wird, welche eine Wiederholung dieses Verstosses gegen die Duellgesetze nicht zulässt. (Siehe: Parade oder Opposition mit der linken Hand.)

Desgleichen können die Secundanten auf Befestigung der freien Hand dringen, wenn einer der Kämpfenden die Gewohnheit hat, dieselbe während der Vertheidigung vor die Brust zu bringen.

Art. 31. — Wird bemerkt, dass die Parade mit der linken Hand, beziehungsweise mit der freien Hand in der Absicht erfolgt, um gleichzeitig einen Stoss in Verbindung zu bringen, so ist, nachdem man gegen diese Art geführter Stösse wehrlos ist, sofort dem Kampfe Einhalt zu thun, das Duell abzubrechen, und haben die Secundanten über diese Verletzung der Duellgesetze ein Protokoll zu verfassen.

Ein gleiches Verfahren ist einzuleiten, wenn die feindliche Klinge oder die bewaffnete Hand des Gegners mit der freien Hand gefasst werden sollte.

Art. 32. — Würde durch diese Verletzung der Kampfgesetze eine Verwundung oder der Tod herbeigeführt werden, so sind die gerichtlichen Schritte von Seite der Secundanten einzuleiten.

Art. 33. — Jeder Zuruf, jedes Geschrei als Begleitung einer
Finte oder Bewegung, sowie die Bemerkung: „ich glaube, ich
habe getroffen," ist, selbst wenn letztere berechtigt wäre, zu
unterlassen.

Die Secundanten haben bei vorkommenden Fällen auf die
Unzukömmlichkeit dieser Exclamationen aufmerksam zu machen.

Art. 34. — Hingegen ist der „Appell" bei Ausführung von
Finten oder einzelner Bewegungen in der Absicht, denselben mehr
Nachdruck zu verleihen oder den Gegner zu beunruhigen, gestattet.
Doch soll in dieser Art von Demonstration gleichfalls Mass ge-
halten werden.

Art. 35. — Während des Kampfes ist ein Wechseln der Waffen
aus einer Hand in die andere nicht zulässig.

Selbst bei Wiederaufnahme des Kampfes nach einer Unterbrechung, ist die Fortsetzung des Kampfes mit der anderen Hand
nur dann zulässig, wenn nach einer geringfügigen Verwundung
der Hand die Weiterführung der Waffe ausgeschlossen erscheint,
und die Bedingungen auf vollständige Kampfesunfähigkeit lauten.
Im Uebrigen muss der Verwundete diesen Wunsch selbst geäussert
haben.

Es kann keinem der beiden Gegner aus was immer für einem
Grunde zugemuthet werden, die Waffe mit der anderen Hand zu
ergreifen.

Art. 36. — Gegen einen entwaffneten oder gestürzten Gegner
darf weder offensiv vorgegangen, noch dürfen Stösse gegen denselben geführt werden.

Doch kann selbstverständlich ein nach einer durch ein regel-
rechtes „Battement" oder durch eine scharf genommene Parade,
sowie der Riposte des „tac au tac" erfolgten Desarmirung in Verbindung gebrachter, ohne Zeitverlust rapid geführter Stoss nie beanständet werden, da beide Bewegungen in diesem Falle ein Tempo
bilden. (Siehe: Desarmement.)

Art. 37. — Als entwaffnet ist ein Kämpfer dann anzusehen,
wenn die Hand den Degen fallen liess, oder wenn die Waffe nicht
mehr ersichtlich fest in der Hand gehalten wird, so dass eine
Führung derselben, sei es in offensiver oder defensiver Absicht,
ausgeschlossen erscheint.

Art. 38. — Wurde durch eine erfolgte Desarmirung der Kampf unterbrochen, so wird nach dem Ergreifen der Waffe derselbe nach den eingangs gegebenen Vorschriften neuerdings fortgesetzt.

Art. 39. — Ist die Waffe einem der Gegner vollständig entfallen, so hat dessen Secundant die Verpflichtung, dieselbe aufzuheben und seinem Clienten zu übergeben.

Art. 40. — Zur festen und sicheren Haltung des Degens steht jedem der Gegner das Recht zu, denselben mittelst eines Porte-épée oder einer Schlinge, deren Enden jedoch nicht herabhängen dürfen, zu befestigen.

Art. 41. — Ist einer der Kämpfenden verwundet worden, oder glauben die Secundanten der berechtigten Meinung zu sein, dass eine Verwundung stattgefunden hat, so ist der Kampf von Seite der Secundanten sofort einzustellen.

Art. 42. — Sind die getroffenen Bedingungen derart gestellt, dass bis zur vollständigen Kampfesunfähigkeit eines der beiden Gegner gekämpft werden soll, so wird nach einer leichten Verwundung der Kampf nach den gegebenen Vorschriften wieder fortgesetzt, und dieser Vorgang insolange beobachtet, bis von Seite der Secundanten und des Arztes die Kampfesunfähigkeit constatirt worden ist. (Siehe: Die Verwundung.)

Art. 43. — Wenn nach einer stattgefundenen Verwundung und hierdurch unterbrochenem Kampfe der Verwundete voreilig die Waffe erhebt oder den Kampf erneuern will, so ist er durch die Secundanten sofort an seinem Vorhaben zu hindern und strengstens zu verweisen.

Stürzt sich jedoch der Verwundete auf seinen Gegner, oder sollte der Unverwundete trotz des erfolgten Haltrufes auf seinen Gegner weiter eindringen wollen, so haben die Secundanten die Verpflichtung, bei eigener Lebensgefahr mit aller Entschlossenheit den Kampf einzustellen und das Duell als beendet zu erklären.

Ueber den Vorfall, als eine der schwersten Verletzungen der Duellgesetze, ist ein Protokoll zu verfassen, in welchem auf das Genaueste der Thatbestand aufgenommen werden muss.

Sollte durch diesen Vorgang eine Verwundung oder der Tod des Gegners herbeigeführt worden sein, so haben die Secundanten die Verpflichtung, unverzüglich die gerichtlichen Schritte einzuleiten.

Art. 44. — Die Secundanten sind in allen Fällen verpflichtet gerichtliche Schritte einzuleiten, in welchen einer der Gegner entgegen den getroffenen Vereinbarungen oder gegen die Duellgesetze gehandelt hat, und hierdurch eine Verwundung oder der Tod des Gegners herbeigeführt wurde.

Art. 45. — Ist der Kampf aus irgend einem Grunde unterbrochen worden, so müssen die Secundanten, sobald der Ruf „Arretez!" oder „Halt!" erfolgt, augenblicklich an die Seite der Kämpfenden treten, diese trennen und gleichzeitig veranlassen, dass die Spitzen der Klingen zu Boden gesenkt werden.

Um jede Uebereilung seitens der beiden Gegner hintanzuhalten, haben sich die zweiten Secundanten vor die Gegner zu stellen, so dass die Secundanten zwischen die beiden Kämpfenden zu stehen kommen.

Dieser Vorgang ist besonders dann empfehlenswerth, wenn sich die beiden leitenden Secundanten behufs einer weiteren Verhandlung zurückgezogen haben.

Art. 46. — In welchen Fällen von Seite der Secundanten der Kampf durch den Ruf „Arretez!" berechtigterweise eingestellt werden kann oder Einhalt gethan werden muss, ist bereits in einem besonderen Artikel dargethan worden. (Siehe: Unterbrechung des Kampfes — Haltruf.)

Art. 47. — Ist nach einem längeren Kampfe bei einem der Gegner eine sichtliche Ermüdung oder Erschöpfung, namentlich nach einer vorangegangenen Verwundung, eingetreten, so können die Secundanten in gegenseitiger Uebereinstimmung den Kampf unterbrechen und eine Ruhepause eintreten lassen.

Während der Pausen ist es den Secundanten wohl gestattet, mit ihren Clienten zu sprechen, doch sollen die Gespräche mit leiser Stimme geführt werden und nicht den Charakter von ertheilenden Rathschlägen annehmen.

Am allerwenigsten sollen aber Stösse mit der Waffe in der Hand demonstrirt werden.

Art. 48. — Findet nach einer Unterbrechung des Kampfes eine Fortsetzung desselben statt, so sind die beiden Gegner aufzufordern ihre vor dem Kampfe innegehabten Plätze einzunehmen, wobei sich die Secundanten gleichzeitig an die Seite der Kämpfenden begeben.

Hierauf giebt der das Duell leitende Secundant in der vorgeschriebenen Art und Weise neuerdings das Zeichen für den
Beginn des Kampfes.

Art. 49. — Findet eine Unterbrechung des Duelles statt und
können für den Moment die störenden Ursachen nicht behoben
werden, so kann die Wiederaufnahme des Kampfes auf eine
spätere Stunde, eventuell auch für den nächsten Tag verschoben
werden.

Art. 50. — Das Duell ist als beendet zu betrachten, sobald
eine Verwundung stattgefunden hat und die gestellten Bedingungen
nicht die Fortsetzung des Kampfes bis zur Kampfesunfähigeit
eines der beiden Gegner fordern.

Lauten die Bedingungen „bis zur Kampfesunfähigkeit", dann
hat nach jeder leichteren Verwundung der Kampf so lange fortgesetzt zu werden, bis die Kampfesunfähigkeit eines der beiden
Gegner constatirt wurde.

Pistolenduelle.

Wenn auch bei den vorbeschriebenen Duellarten, dem Degen-
und dem Säbelduelle, das Leben des Einzelnen auf das Spiel gesetzt
wird, so kann doch keineswegs geleugnet werden, dass das Pistolenduell unter den Duellen das gefährlichste bleibt.

Trotzdem darf man nicht die Meinung aufkommen lassen, dass
bestimmte Beleidigungen nur durch den Gebrauch der Pistole
getilgt werden können, welche Eigenschaft der Pistole von Vielen
zugeschrieben werden möchte.

Wir schliessen uns vollständig der Ansicht an, dass man den
blanken Waffen, dem Degen oder dem Säbel, gegenüber geradeso-
gut wie bei der Pistole das Leben einsetzen kann, und dass es
ebensoviel Muthes bedarf, sich der blanken Waffe wie der Pistole
gegenüber zu stellen.

Im Uebrigen wird mit vollem Rechte behauptet, dass man bei
blanken Waffen den Muth in derselben Weise, wenn nicht mehr,
zur Geltung bringen kann.

Mit Berücksichtigung des Umstandes, dass oft ein dreimaliger
Kugelwechsel eines Pistolenduelles resultatlos verläuft, ereignet es

sich nicht selten, dass bei Duellen, denen ernstere Motive zu
Grunde liegen, die blanke Waffe mit der Bedingung bis zur vollständigen Kampfesunfähigkeit der Pistole vorgezogen wird.

Die Wahl der Waffe steht einzig und allein dem Beleidigten
zu; würde die Gegenpartei die Wahl des Säbels oder Degens
nicht annehmen wollen und ihrerseits die Pistole als Duellwaffe
in Vorschlag bringen, so ist die Anmassung des ihr nicht zukommenden Rechtes der Waffenwahl auf das Energischeste zurückzuweisen.

Ist von Seite des Beleidigten die Pistole als Duellwaffe bestimmt worden, so hat vor Feststellung der Bedingungen einer
jeden Art des Pistolenduelles die wichtigste der Fragen, ob die
Waffe gezogen oder glatt sein soll, zur Entscheidung zu gelangen.

Die Gesetze der Pistolenduelle gestatten ohne Unterschied
den Gebrauch gezogener Läufe; es ist eine irrige Ansicht, dass
nur glatte Läufe in Verwendung kommen dürfen, wenn auch thatsächlich meist diese verwendet werden.

Die Secundanten sollen jedesmal, falls von Seite eines der
beiden Gegner gezogene Pistolen verlangt werden, diesem Verlangen, mit Berücksichtigung, dass die Verwundungen durch dieselben ernsterer Natur sind, nach Möglichkeit entgegentreten und
glatte Läufe in Vorschlag bringen, insbesondere dann, wenn dem
Duell weniger schwerwiegende Motive zu Grunde liegen.

Wenn auch der Beleidiger, falls von seiner Seite gezogene
Läufe in Vorschlag gebracht wurden, bei diesem Verlangen nicht
verharren darf, so dürfte immerhin ein Bemühen der Secundanten
in dieser Richtung hin resultatlos bleiben, wenn eine Beleidigung
durch Schlag oder eine diesem Grade gleichgestellte Beleidigung
vorliegt, und der Beleidigte an der Bedingung gezogener Pistolen
festhält.

Die Mücken, die öfter beweglich sind, müssen fest sein; die
Secundanten haben die Verpflichtung, auf diesen Umstand besonders
bei fremden, ihnen nicht bekannten Secundanten und Gegner zu
achten, um jedem Betruge auszuweichen.

Eine der wesentlichsten Vorschriften der Pistolenduelle, von
der nie Umgang genommen werden soll, ist, dass die für den bevorstehenden Kampf bestimmten Waffen von den Secundanten

besorgt werden und den beiden Kämpfenden völlig unbekannt sein müssen.

Sollten den getroffenen Bestimmungen nach, den Kämpfenden die Benützung eigener Pistolen gestattet sein, so müssen auch diese rechtzeitig den Secundanten übergeben werden.

In beiden Fällen liegt den Secundanten die Verpflichtung ob, die Waffen genau zu untersuchen, deren Verwendbarkeit zu constatiren und selbe auf das Terrain zu bringen.

Die Pistolen dürfen erst im letzten Momente vor dem Kampfe, nachdem alle Vorbereitungen getroffen wurden, den beiden Gegnern überreicht werden.

Diese Vorschrift ist, namentlich wenn den Gegnern die Waffen nicht bekannt sind, eine der wichtigsten der Pistolenduelle, die von den Secundanten auf das Gewissenhafteste beobachtet werden soll.

Die Pistolen müssen eine nach der anderen in der bei den einzelnen Duellarten beschriebenen Art und Weise geladen werden.

Das Laden der Pistolen haben die beiden leitenden Secundanten zu besorgen, doch kann dieses auch bloss einem der Secundanten übertragen werden, in welchem Falle alle Secundanten anwesend sein müssen.

Damit die Pistolen gleichmässig geladen werden, der Ladestock auch gleich stark aufgesetzt wird, empfiehlt es sich, dass ein Büchsenmacher oder sonst ein Fachkundiger anwesend ist, der unter Aufsicht der Secundanten sein Amt ausübt.

Eine besondere Sorgfalt ist dem Aufsetzen der Zündhütchen zuzuwenden, um das Versagen des Schusses hintanzuhalten.

Sind die Pistolen geladen, so sollen selbe unter Aufsicht der Secundanten bleiben, oder in einer Cassette verwahrt werden.

Mit welch scrupulöser Vorsicht und minutiöser Genauigkeit vorgegangen wird oder vorgegangen werden soll, beweist, dass nach dem französischen Duellcodex vorgeschrieben wird, die Pistolen nach vollzogener Ladung in eine Cassette zu verschliessen, die noch überdies zu versiegeln ist, und erst vor Uebergabe der Waffen an die beiden Gegner im letzten Momente unter Controle der Secundanten geöffnet werden soll.

Der Schlüssel wird in diesem Falle von den Secundanten der einen Partei, der Siegelabdruck von den Secundanten der anderen Partei in Verwahrung genommen.

Wird von dem Gegner bei Verwendung eigener Waffen das Verlangen gestellt, die Pistolen selbst laden zu wollen, so kann diesem Ersuchen unter folgenden Bedingungen stattgegeben werden:

1. Das Mass der Ladung — Pulverladung — ist durch die Secundanten zu bestimmen.

2. Jeder der beiden Gegner hat in Gegenwart eines Gegensecundanten seine Waffe zu laden.

Die Begünstigung, die Pistolen selbst laden zu dürfen, kann den beiden Gegnern verweigert werden, wenn die Waffen den Secundanten fremd sind.

Die bei jeder Duellart übliche Distanz der beiden Gegner ist bei jedem Pistolenduelle angegeben; sie variirt stets um einige Schritte, die Secundanten haben sich diesbezüglich zu einigen.

Als kürzeste Distanz werden fünfzehn Schritte, als weiteste fünfzig Schritte angenommen, der Schritt zu fünfundsiebenzig Centimeter gerechnet.

Kann unter den Secundanten eine Einigung betreffs der Distanz nicht erzielt werden, so wird die bestrittene Distanz halbirt, oder das Los bestimmt unter den beiden projectirten Distanzen.

Niemals dürfen die Secundanten einer geringeren Entfernung als fünfzehn Schritte zustimmen oder in Vorschlag bringen.

Das Duell würde, des gesetzmässigen Charakters hierdurch benommen, in die Kategorie der Ausnahmsduelle fallen.

Das für den Kampf zu bestimmende Terrain soll sorgfältig gewählt werden.

Keiner der beiden Gegner darf der Sonne gegenüber stehen; desgleichen muss die Windrichtung geprüft und diese bei Feststellung der beiden Standplätze berücksichtigt werden.

Sorgfältig ist es zu vermeiden, dass einer der beiden Gegner vor eine Wand oder einen stärkeren Baum, oder überhaupt vor einen Hintergrund gestellt wird, welcher seine Gestalt abhebt. Hierdurch würde er ein schärferes Zielobject abgeben als jener Gegner, der isolirt steht.

Die Standplätze der beiden Gegner sollen so viel als möglich gleichartig gewählt werden.

Die Secundanten haben die Verpflichtung, alles genau und sorgfältig zu erwägen, sowie alles zu vermeiden trachten, was Schaden oder Nutzen der einen oder der anderen Partei bringen könnte.

Sind die beiden Standplätze gewählt, so hat das Los zu entscheiden, welcher jedem der beiden Gegner zukommt.

Bei dem Pistolenduelle „mit festem Standpunkte" wird einem der Gegner das Recht zugesprochen, den ersten Schuss abgeben zu dürfen, während bei allen anderen Duellarten entweder der erste Schuss dem freien Ermessen der beiden Gegner anheimgestellt wird, oder diese gleichzeitig den Schuss abzugeben haben.

Das Recht, welcher der beiden Gegner zur Abgabe des ersten Schusses berechtigt erscheint, wird nicht selten von Seite der Secundanten einer Discussion unterworfen.

Während die Einen die Behauptung aufstellen, dass selbst in bestimmten Fällen das Recht des Beleidigten, den ersten Schuss abgeben zu dürfen, auch mit Berücksichtigung der gewählten Distanz nicht festzustellen ist, wollen hingegen die Anderen die Meinung aufrecht erhalten, dass unter allen Umständen und bei jeder Distanz — wäre diese die gesetzmässig kürzeste von fünfzehn Schritte oder als Ausnahmsduell selbst unter dieser Entfernung — dem Beleidigten der erste Schuss zugesprochen werden soll.

Dem entgegen wollen die Ersteren dem Beleidigten nur die Wahl der Waffen überlassen, wobei sie, unabhängig von der gewählten Distanz, dem Lose die Sorge der Zuerkennung des ersten Schusses übertragen möchten.

Es erscheint ohne Zweifel am zweckmässigsten, dass man bei Beurtheilung des Rechtes der Abgabe des ersten Schusses vom Standpunkte der gefallenen Beleidigung ausgeht.

Mit Berücksichtigung dieser lassen sich bei einem Pistolenduelle „mit festem Standpunkte", betreffs Abgabe des ersten Schusses folgende Regeln aufstellen:

Dem nach dem ersten Grade Beleidigten steht nur das Recht der Wahl der Waffen zu.

10*

Sind von dem Beleidigten Pistolen als Duellwaffe gewählt
worden, so bestimmen die Secundanten die Distanz.

Um das Recht der Abgabe des ersten Schusses wird bei jeder
Distanz gelost.

In Tavernier's Werke finden wir hingegen die Ansicht aus-
gesprochen, dass es bei einer einfachen Beleidigung viel richtiger
und logischer wäre, jedem der beiden Gegner zu gestatten, von
Abgabe des Signales während der Zeit von einer Minute nach
Belieben zu schiessen. In diesem Falle sollte keinem der beiden
Gegner das Recht des ersten Schusses zugesprochen werden.

Wenn wir auch zugeben, dass es bei den Pistolenduellen
logisch richtig wäre, die Abgabe des Schusses in der gegebenen
Zeit dem freien Ermessen des Einzelnen zu überlassen, so können
wir uns bei vorliegender Duellart dieser Ansicht doch nicht an-
schliessen, da es sich hierbei nicht um den „freien Schuss", sondern
um eine bestimmte, vorher zu fixirende Reihenfolge der Abgabe
des Schusses handelt.

Mit dieser Bestimmung wäre die Ansicht ausgesprochen, dass
bei einer Beleidigung ersten Grades ein Pistolenduell „mit festem
Standpunkte" nie stattfinden sollte und nur jenes „mit festem
Standpunkte und freiem Schusse" in Vorschlag zu bringen wäre.

Dem nach dem zweiten Grade Beleidigten gebührt
nur dann das Recht des ersten Schusses, wenn die gesetzmässig weiteste Distanz von fünfunddreissig Schritten eingehalten wird.

Würde von Seite der Secundanten eine geringere Distanz
gewählt, so entscheidet das Los über die Abgabe des ersten
Schusses.

Dem nach dem dritten Grade Beleidigten gebührt stets
das Recht, den ersten Schuss abgeben zu dürfen, selbst wenn die
gesetzlich kürzeste Distanz von fünfzehn Schritten angenommen
wurde.

Findet ein zwei- oder dreimaliger Kugelwechsel statt, so wird
immer die vor dem Duelle festgestellte Reihenfolge der Abgabe
des Schusses beibehalten.

Bei allen Arten der Pistolenduelle zählt jeder versagte Schuss,
wenn keine andere Bestimmung getroffen wurde, als abgegeben.

Verschieden sind die Ansichten über das Abgeben des Schusses in die Luft.

Es sei aber gleich an dieser Stelle bemerkt, dass die auffällige Absicht, mit dem Schusse nicht treffen zu wollen, gegen die Duellgesetze verstösst.

Wenn einer der beiden Gegner sich auf das Terrain mit der Absicht begiebt, auf seinen Gegner nicht schiessen zu wollen, so darf keiner der Betheiligten weder vorher in Kenntnis dieser Absicht sein, noch diese bei Abgabe des Schusses wahrnehmen.

Sein Schuss muss in der Richtung des Gegners fallen.

Diese Handlungsweise, die von vielen als eine grossmüthige bezeichnet wird, beendet das Duell, wenn nach dem Uebereinkommen bloss ein einziger Kugelwechsel bestimmt wurde, und von jenem Gegner die Antwort, beziehungsweise der zweite Schuss abgegeben werden sollte.

Soll aber das Duell nach den getroffenen Bestimmungen fortgesetzt werden, so wird man wohl schwerlich Secundanten finden, die geneigt wären, einen derartigen Vorgang zu acceptiren oder zu gestatten, welcher vor dem festgesetzten Termine durch Uebertretung der Bedingungen dem Duelle ein Ende bereitet.

Hat einer der Kämpfenden in unverhohlener Absicht den ersten Schuss in die Luft abgegeben, so haben die Secundanten die Verpflichtung, unverzüglich einzuschreiten, bevor noch der Schuss des Gegners fällt.

Der Schuldtragende ist auf die Unzukömmlichkeit dieser Handlungsweise, die gegen die Duellgesetze verstösst, aufmerksam zu machen, worauf er neuerdings zur Abgabe des Schusses verhalten wird, beziehungsweise das Duell in der vorgeschriebenen Art von neuem beginnt.

Wird zum zweitenmale absichtlich in die Luft geschossen, so ist das Duell sofort einzustellen, dasselbe als beendet zu betrachten, und haben die Secundanten hierüber ein Protokoll aufzunehmen.

Fällt der Gegenschuss, bevor noch die Secundanten einschreiten konnten, so ist das Duell gleichfalls als beendet anzusehen, wenn nur ein einmaliger Kugelwechsel vorhergesehen war.

Ueber diesen Verlauf ist gleichfalls ein Protokoll zu verfassen, worin namentlich bei einer stattgehabten Verwundung zum Aus-

druck kommen muss, dass den Betheiligten die Absicht des
Gegners, den Schuss in die Luft abgeben zu wollen, nicht bekannt gewesen ist.

Die Secundanten haben sich, mit Ausnahme bei der Duellart
„auf parallelen Linien", parallel mit der Schussrichtung aufzustellen,
so dass alle vier in einer Linie stehen, wobei jedem Gegner ein
Gegensecundant zunächst steht.

Die Aerzte stehen einige Schritte hinter den Secundanten.

Bei dem Pistolenduelle „auf parallelen Linien" müssen sich die
Secundanten nothwendigerweise rechts und seitwärts der Gegen-
partei stellen, um so viel als möglich gegen das Feuer ihrer
Clienten, sowie gegen ein Kreuzfeuer, gedeckt zu stehen.

Bei dem Pistolenduelle „auf Commando oder Signal" ist die
Verantwortlichkeit der Secundanten eine überaus grosse und
ernste. Das Signal muss genau regulirt sein; es empfiehlt sich,
eine Secundenuhr zu benützen, damit weder Vortheile, noch Nachtheile durch ein zu schnell oder langsam erfolgtes Signal für
die Gegner erwachse.

Die Secundanten haben sich übrigens bei allen Arten von
Pistolenduellen, behufs der Controle der Abgabe des Gegenschusses,
mit einer gut gehenden Secundenuhr zu versehen.

Wir wollen schliesslich an dieser Stelle nochmals in Erinne-
rung bringen, dass es Pflicht der Secundanten ist, stets für die
einfachsten Arten der Pistolenduelle zu plaidiren um hierdurch
die eigene Verantwortlichkeit zu entlasten. Es ist viel leichter,
dieselben auf das Gewissenhafteste zu überwachen und die stricteste
Ausführung der festgestellten Bedingungen einzuhalten.

Beschaffenheit der Waffen.

Art. 1. — Die Pistolen müssen von gleicher Art und Beschaffenheit sein; deren Läufe dürfen in ihrer Länge nicht mehr
als 3 Centimeter differiren.

Art. 2. — Die Mücken müssen vollkommen befestigt, die Visire
entfernt sein.

Art. 3. — Die Pistolen sollen glatte Läufe haben.

Wenn auch gezogene Läufe bei allen Arten der Pistolenduelle nicht ausgeschlossen sind, so sollen diese nur in Ausnahmsfällen zur Anwendung kommen.

Art. 4. — Der Stecher oder Abzug ist nicht gestattet; ein derartiger Antrag darf von keiner Seite gestellt werden.

Arten der Pistolenduelle.

In der That giebt es bloss zwei Arten von gesetzmässigen Pistolenduellen, und zwar:

Pistolenduell mit Ziel und

Pistolenduell auf Commando oder Signal.

Diese zwei Arten können jedoch bezüglich ihrer verschiedenen Ausführung nach noch eingetheilt werden:

1. Pistolenduell mit festem Standpunkte.
2. Pistolenduell mit festem Standpunkte und freiem Schusse.
3. Pistolenduell mit Vorrücken.
4. Pistolenduell mit unterbrochenem Vorrücken.
5. Pistolenduell auf parallelen Linien.
6. Pistolenduell auf Commando oder Signal.

Für alle Pistolenduelle gelten folgende Regeln:

Art. 1. — Die kürzeste Distanz zwischen den beiden Gegnern darf keine geringere als fünfzehn Schritte — zwölf Meter — sein.

Art. 2. — Die Waffen müssen den Kämpfenden unbekannt sein, ausgenommen in jenen Fällen, in denen man sich eigener Pistolen bedienen darf.

Art. 3. — Bei allen Arten des Pistolenduelles muss die Vereinbarung getroffen werden, wie viele Gänge stattzufinden haben.

Wenn mehr als ein einmaliger Kugelwechsel vorgeschlagen wird, muss genau sichergestellt sein, nach dem wie vielten Gange, das Pistolenduell auch ohne Verwundung als beendet angesehen werden muss.

Niemals kann eine Vereinbarung getroffen werden, den Kampf so lange fortzusetzen, bis eine Verwundung stattfindet, wenn auch die Bedingungen bis zur Kampfesunfähigkeit gelautet hätten.

Ein mehr als dreimaliger Kugelwechsel darf nie stattfinden. Das Duell ist ohne Rücksicht darauf, dass eventuell keine Verwundung stattgefunden hat, nach dem dritten Kugelwechsel als beendet anzusehen.

Bei besonders erschwerenden Momenten kann nach dreimaligem, resultatlos gebliebenen Kugelwechsel zur blanken Waffe — den Degen oder den Säbeln — gegriffen werden, um durch diese eine Entscheidung herbeizuführen.

Die Bedingungen eines Pistolenduelles können lauten:

1. Einmaliger Kugelwechsel.

2. Zwei- oder dreimaliger Kugelwechsel.

3. Bis zur Kampfesunfähigkeit bei höchstens dreimaligem Kugelwechsel.

Wenn die Vereinbarungen nicht bis zur Kampfesunfähigkeit eines der beiden Gegner gelautet haben, so ist der Kampf nach dem ersten, beziehungsweise zweiten, unter allen Umständen aber nach dem dritten Kugelwechsel auch ohne stattgehabter Verwundung beendet.

Wurde einer der beiden Gegner verwundet, so ist selbstverständlich mit diesem Gange das Duell beendet, es sei denn, dass die Verwundung eine leichte wäre, und die Bedingung bis zur Kampfesunfähigkeit eine Fortsetzung des Kampfes erfordert.

Der Kampf wird hierauf mit Zustimmung des Verwundeten und der Secundanten bis zur Erfüllung dieser Bedingung wieder begonnen, beziehungsweise bis zur vereinbarten Anzahl der Kugelwechsel fortgesetzt.

Bekleidung.

Es bedarf wohl nicht erst einer Erwähnung, dass man sich zur Austragung von Ehrenangelegenheiten einer gewählten Toilette bedient, und dies bei einem Pistolenduelle umsomehr, als nicht mit abgelegten Oberkleidern, wie dies bei Degen- oder Säbelduellen der Fall ist, gekämpft wird.

Der unbegründeten, so häufig zu begegnenden Ansicht, Frack oder Balltoilette anlegen zu müssen, ist durchaus nicht beizupflichten.

Es empfiehlt sich, stets dunkle Kleidung zu wählen, wenigstens in einem schwarzen längeren Rocke zu erscheinen.

Tafel III.

Um jeden wie immer gearteten Vortheil oder Nachtheil hintanzuhalten, soll strenge darauf geachtet werden, dass nicht einer
der Gegner in hellen, der andere in dunklen Kleidern erscheint.
Oberröcke und Mäntel sind selbstverständlich abzulegen.

Der Kragen des Rockes ist aufzustülpen, damit der weisse
Hemdkragen, der leicht einen besseren Zielpunkt bieten könnte,
gedeckt erscheint.

Die Kopfbedeckung wird gewöhnlich abgelegt, doch verstösst
es weder gegen die Duellgesetze, noch gegen die Regeln des An-
standes, diese aufzubehalten.

Die Taschen sind zu leeren, Uhren, Geld- und Brieftaschen
beiseite zu legen, damit diese nicht Schutz gegen die Kugel
gewähren.

Vorgang auf dem Terrain.

I. Pistolenduell mit festem Standpunkte.

Art. 1. — Auf dem Kampfplatze angekommen, hat zwischen
den beiden Gegnern jede wie immer geartete Wortverhandlung zu
unterbleiben.

Art. 2. — Die Gegner haben sich nach gegenseitiger höflicher
Begrüssung vollkommen ruhig zu verhalten und abseits die Anordnungen der Secundanten zu erwarten.

Jede zwischen den beiden Gegnern auf dem Terrain getroffene
Vereinbarung ist von den Secundanten als null und nichtig zu
betrachten.

Glaubt einer der beiden Gegner irgend eine Mittheilung oder
eine Anfrage an die Gegenpartei richten zu müssen, so kann dies
nur durch die Vermittlung seiner Secundanten erfolgen.

Art. 3. — Desgleichen dürfen sich die Gegner in keiner
Weise in die Anordnungen der Secundanten mengen.

Art. 4. — Die beiden Parteien haben rechtzeitig, womöglich
einige Minuten vor der festgesetzten Frist, auf dem Rendez-vous-
Platze zu erscheinen.

Ist zur festgestellten Zeit die Gegenpartei nicht erschienen, so haben die Anwesenden nach Verlauf von weiteren fünfzehn Minuten den Kampfplatz zu verlassen.

Sollte der rechtzeitig erschienene Gegner noch länger warten und den Kampfplatz nicht verlassen wollen, so sind die Secundanten berechtigt, unter Androhung der Niederlegung ihrer Mandate ihn hierzu zu zwingen.

Ueber den Vorfall ist ein Protokoll aufzunehmen.

Art. 5. — Die am Kampfplatze nothwendigen Vorbereitungen hat, wenn nicht schon vorher ein diesbezügliches Uebereinkommen getroffen worden wäre, der älteste der Secundanten unter Beihilfe des älteren Secundanten der Gegenpartei anzuordnen oder es entscheidet hierüber das Los.

Die Secundanten sollen nie ermangeln, unter ihnen jenem die Leitung des Kampfes zu übertragen, von dem sie die Ueberzeugung haben, dass er die meisten Erfahrungen in Ehrenangelegenheiten hat.

Art. 6. — Bevor die Anordnungen für den bevorstehenden Kampf getroffen worden sind, ist es Pflicht des leitenden Secundanten mit wenigen Worten eine Versöhnung herbeizuführen.

Wir haben bereits bei Besprechung der Pflichten der Secundanten dargethan, dass dieser Versöhnungsversuch, trotzdem er nie unterlassen werden soll, mehr eine Formsache ist.

Art. 7. — Die Secundanten suchen nunmehr für den bevorstehenden Kampf den geeignetsten Platz aus und markiren die beiden Standplätze.

Es ist von Seite der Secundanten auf das Gewissenhafteste darauf zu sehen, dass diese für die beiden Gegner gleiche Vortheile haben.

Sonne, Windrichtung und der Hintergrund müssen einer besonderen Berücksichtigung unterzogen werden.

Art. 8. — Die Entfernung der beiden Standplätze beträgt fünfzehn bis fünfunddreissig Schritte, wobei fünfzehn Schritte als die kürzeste, fünfunddreissig Schritte als die weiteste Distanz angenommen wird. Nur bei dieser Duellart erscheint der Spielraum der Distanz so gross genommen.

Können sich die Secundanten betreffs der Distanz nicht einigen, so hat das Los zwischen den beiden projectirten Distanzen zu entscheiden, oder man nimmt das arithmetische Mittel.

Art. 9. — Die Vertheilung der beiden Plätze wird durch das Los bestimmt.

Art. 10. — Die für den bevorstehenden Kampf bestimmten Waffen müssen von gleicher Beschaffenheit und von demselben Paare sein.

Dieselben müssen, wenn nicht durch gegenseitige vorher getroffene Bestimmung eigene Waffen zugelassen werden, den beiden Gegnern unbekannt sein.

Art. 11. — Liegt eine Beleidigung durch Schlag oder eine diesem Grade gleichkommende Beleidigung vor, so darf sich der Beleidigte seiner eigenen Pistolen bedienen; doch muss er eine desselben Paares seinem Gegner zur freien Wahl anbieten.

Das Anerbieten erfolgt durch seine Secundanten.

Dem Gegner steht es frei, dieses Anerbieten anzunehmen oder abzulehnen, in welch letzterem Falle ihm gleichfalls das Recht zusteht, seine eigenen Pistolen benützen zu dürfen.

Art. 12. — In allen Fällen müssen die Waffen rechtzeitig den Secundanten übergeben werden, diese von denselben geprüft und für den bevorstehenden Kampf als vollständig geeignet anerkannt worden sein.

Den Secundanten liegt die Verpflichtung ob, die Waffen auf den Kampfplatz zu bringen.

Art. 13. — Wenn nicht früher die Bestimmung getroffen wurde, dass sich jeder der beiden Gegner seiner eigenen Pistolen zu bedienen habe, oder aber im Sinne des vorhergehenden Artikels der Beleidigte seine Waffen dem Gegner zur freien Wahl überlässt, so wird durch das Los entschieden, welcher der beiden Gegner unter dem zum Kampfe bestimmten Pistolenpaare zu wählen habe.

Art. 14. — Die Waffen sind in Gegenwart aller Zeugen mit der gewissenhaftesten Aufmerksamkeit und Genauigkeit, eine nach der anderen, ohne jede Hast zu laden.

Bedient man sich desselben Paares der Pistolen, so hat jeder der Secundanten, welche das Laden besorgen, die Verpflichtung der Gegenpartei das Mass der Ladung zu zeigen; überdies wird mit demselben Ladstocke die Ladung der Pistolen verglichen.

Ist das Laden beider Pistolen einem Secundanten überlassen, so müssen doch alle Secundanten anwesend sein.

Sind den getroffenen Bestimmungen nach, Pistolen verschiedener Paare in Verwendung gebracht, so begnüge man sich, dass eine Partei nach der anderen in Gegenwart aller Secundanten die Waffen ladet.

Wird im letzteren Falle seitens der Gegner das Verlangen gestellt, die Pistolen selbst laden zu wollen, so kann diesem Verlangen nur unter der Bedingung stattgegeben werden, wenn das Mass der Pulverladung durch die Secundanten bestimmt wird, überdies jeder der beiden Gegner in Gegenwart eines Gegensecundanten seine Waffe ladet.

Art. 15. — Es empfiehlt sich, dass zum Laden der Waffen ein Büchsenmacher oder sonst ein Fachkundiger am Platze anwesend ist, der in Gegenwart wenigstens eines Secundanten beider Parteien seines Amtes waltet.

Art. 16. — Die für den Kampf vorbereiteten Pistolen sollen nun wieder in die Cassette gelegt werden und derselben erst zur Uebergabe an die Gegner entnommen werden.

Es wird auch die Vorsorge getroffen, dass die Cassette abgesperrt, ja mitunter versiegelt wird. In diesem Falle wird der Schlüssel von den Secundanten der einen, der Siegelabdruck von den Secundanten der anderen Partei in Verwahrung genommen.

Art. 17. — Die Secundanten ersuchen hierauf, bei Beobachtung der gegebenen Vorschriften, die beiden Gegner Rock und Weste abzulegen, sowie die Brust so weit zu entblössen, um sich die Ueberzeugung zu verschaffen, dass nicht irgend ein fester Gegenstand die Brust der Kämpfenden schützt oder im Rocke verborgen erscheint.

Uhren, Geld- und Brieftaschen sind abzulegen, überhaupt die Taschen zu leeren.

Diese Untersuchung, die unter allen Umständen geboten erscheint, verweigern zu wollen, käme einer Duellverweigerung gleich.

Art. 18. — Ist diese Formalität beendet, so werden die beiden Gegner durch die Secundanten eingeladen, sich auf ihre durch das Los bestimmten Plätze zu begeben.

Art. 19. — Der das Duell leitende Secundant hat hierauf in aller Kürze die vereinbarten Bedingungen zu wiederholen; jede Weitläufigkeit beiseite lassend, wendet sich der Leiter des Kampfes an die beiden Gegner mit beiläufig folgenden Worten:

„Meine Herren! Sie haben die Bedingungen, unter welchen der Kampf stattzufinden hat, gehört; Sie haben diese, nachdem sie von den beiderseitigen Secundanten festgestellt wurden, gut geheissen. Ich fordere Sie demnach auf, dieselben ehrenhaft einzuhalten.“

Auf die beiderseits abgegebene bejahende Antwort theilt der leitende Secundant betreffs seines Commandos mit, dass die Gegner auf das vorbereitende Aviso „Spannt!“ die Waffen zu erheben und den Hammer zu spannen haben, weiter dass sie bei ihrer Ehre verpflichtet sind, den Schuss nicht früher abzugeben, sich überhaupt jeder Action zu enthalten haben, bevor nicht das Commando „Feuer!“ erfolgt.

Art. 20. — Sollten noch im letzten Momente von irgend einer Seite Einwendungen erhoben werden, so sind diese sofort an Ort und Stelle zu beheben.

Art. 21. — Um jedem Zufalle oder jeder Unzukömmlichkeit vorzubeugen, erscheint es dringend geboten, dass alle nothwendigen Mittheilungen an die beiden Gegner, sowie die Aufforderung des Einnehmens der Plätze stets vor Uebergabe der Waffen erfolgen.

Art. 22. — Sind alle vorbereitenden Formalitäten beendet, so werden die Pistolen unter Controle der beiderseitigen Secundanten der Cassette entnommen, und im Falle nicht eigene Waffen in Verwendung kommen sollten, in der durch das Los bestimmten Reihenfolge den Gegnern überreicht.

Art. 23. — Die beiden Gegner haben nach Ueberreichung der Pistolen diese mit zu Boden gesenkter Mündung zu halten.

Art. 24. — Hierauf nehmen die Secundanten ihre Plätze ein.

Sie haben sich parallel mit der Schussrichtung aufzustellen, so dass alle vier Secundanten in eine Linie zu stehen kommen, wobei jedem Gegner ein Gegensecundant zunächst steht. (Siehe Tafel III.)

Die Aerzte haben ihren Platz einige Schritte hinter den Secundanten.

Art. 25. — Die Secundanten haben sich, sobald sie ihre Plätze eingenommen haben, ruhig zu verhalten, widmen ihre volle Aufmerksamkeit dem bevorstehenden Kampfe und verfolgen denselben mit einer Secundenuhr in der Hand.

Art. 26. — Der leitende Secundant giebt hierauf das Zeichen für den zu beginnenden Kampf. Er lenkt die Aufmerksamkeit der Kämpfenden durch folgende Worte auf sich:

„Meine Herren, Achtung auf mein Commando!" worauf das vorbereitende Aviso „Spannt!" und nach kurzem Intervalle das Commando „Feuer!" erfolgt.

Die beiden Gegner haben hierauf in der vorher bestimmten Reihenfolge und in der weiters angegebenen Zeit den Schuss abzugeben.

Art. 27. — Die Reihenfolge der Abgabe des Schusses wird am zweckmässigsten durch folgende Regel festgestellt:

Bei einer Beleidigung ersten Grades wird bei jeder Distanz um das Recht des ersten Schusses gelost.

Bei einer Beleidigung zweiten Grades hat der Beleidigte nur dann das Recht des ersten Schusses, wenn die gesetzmässig weiteste Distanz von fünfunddreissig Schritten beibehalten wird. Ist die Entfernung eine kürzere, so hat das Los hierüber zu entscheiden.

Bei einer Beleidigung dritten Grades hat der Beleidigte bei jeder Distanz das Recht der Abgabe des ersten Schusses.

Art. 28. — Jeder versagte Schuss zählt, wenn kein anderes Uebereinkommen getroffen wurde, als abgegeben.

Art. 29. — Auf das vorbereitende Aviso „Spannt!" erheben die beiden Gegner die Pistolen und vollführen das Commando.

Ist das Commando „Feuer!" erfolgt, so eröffnen die beiden Gegner nach dem übereingekommenen Vorrang in folgender Anordnung den Kampf:

a) Jenem Gegner, dem der erste Schuss zukommt, ist, bei Verlust des Schusses vom Commando ab gerechnet, eine Minute Zeit gegeben.

b) Die Abgabe des Gegenschusses hat gleichfalls in einer Minute zu erfolgen, gerechnet vom Momente des abgegebenen ersten Schusses.

c) Sobald diese Frist verstrichen ist, darf der Schuss nicht mehr fallen.

d) Hat der erste Schuss eine Verwundung herbeigeführt, so kann der Verwundete, wenn er noch Kraft hierzu hat, auf seinen Gegner schiessen.

Zur Erholung, beziehungsweise zur Abgabe des Gegenschusses, sind ihm bei jeder Art der Verwundung, selbst wenn er gestürzt wäre, zwei Minuten Zeit gestattet. Nach dieser Zeit verliert er jedes Recht, mit seinem Schusse zu antworten.

Wenn auch durch Graf Chatauvillard die Zeit zur Abgabe des Schusses bei dieser Duellart mit einer, beziehungsweise mit zwei Minuten fixirt wurde, so wollen wir dennoch nicht anstehen, den Secundanten zu bedenken zu geben, ob bei der zulässig kürzesten Distanz von fünfzehn Schritten dieselbe Zeit zum Zielen beibehalten werden soll, oder es in diesem Falle nicht gerathen erscheint, die Zeit auf eine halbe Minute zu reduciren, wobei zur Antwort gleichfalls eine halbe Minute, nach einer Verwundung aber eine Minute gegeben wird.

Bei der geringen Distanz von fünfzehn Schritten dürften bei einer Zielzeit von einer Minute die Chancen für jenen Gegner dem das Recht des ersten Schusses zusteht, gegenüber jenem, der zu antworten hat, ungleich günstiger sein.

Art. 30. — Hat kein Schuss getroffen, und lauten die Bedingungen nur auf einmaligen Kugelwechsel, so ist mit diesem Gange das Duell als beendet anzusehen.

Art. 31. — Soll nach den getroffenen Bedingungen ein mehrmaliger Kugelwechsel stattfinden, so erfolgt dieser nach jedem resultatlosen Gange unter genauer Einhaltung des vorher geschilderten Vorganges.

Art. 32. — Dasselbe ist der Fall, wenn die Bedingungen auf Kampfesunfähigkeit lauten, und der Kampf nach einer unbedeutenden Verwundung von neuem aufgenommen werden soll.

Art. 33. — Ein mehr als dreimaliger Kugelwechsel soll nie zugelassen werden, und hat, selbst wenn keine Verwundung stattgefunden hat, das Pistolenduell mit dem dritten Kugelwechsel seinen Abschluss gefunden.

Art. 34. — Ist von Seite der Gegner eine Unregelmässigkeit vorgekommen, so haben die Secundanten das Duell abzubrechen und hierüber ein Protokoll aufzunehmen.

Hat jedoch entgegen den Duellregeln eine Verwundung statt-gefunden, oder ist hierdurch der Gegner erschossen worden, so haben die Secundanten die Verpflichtung, sofort die nöthigen gerichtlichen Schritte einzuleiten.

Art. 35. — Findet durch irgend welchen unvorhergesehenen Zwischenfall eine Unterbrechung oder eine Störung des Duelles statt, und können voraussichtlich die Ursachen derselben für den Moment nicht behoben werden, so kann das Duell für eine spätere Stunde, oder auch für den nächsten Tag verschoben werden.

II. Pistolenduell mit festem Standpunkte und freiem Schusse.

Im Allgemeinen hat man sich bei dieser Duellart an die ge-gebenen Vorschriften des Pistolenduelles „mit festem Standpunkte" zu halten.

Art. 1. — Die in den Artikeln 1 bis 6 des vorangegangenen Pistolenduelles „mit festem Standpunkte" aufgestellten Vorschriften betreffs des Verhaltens der beiden Gegner und der Secundanten haben auch hier ihre volle Giltigkeit.

Art. 2. — Haben die Secundanten das für den bevorstehenden Kampf geeignete Terrain ermittelt, so bezeichnen sie die Stand-punkte der beiden Gegner, die möglichst gleichartig gegen Sonne und Wind gewählt werden müssen.

Art. 3. — Die Entfernung der beiden Standplätze beträgt sofern dieses Duell als ein gesetzmässiges betrachtet werden soll, unter allen Umständen fünfundzwanzig Schritte.

Es giebt bei dieser Duellart weder eine minimale noch eine maximale Distanz.

Wird eine kleinere Distanz angenommen, so verliert das Duell seine Gesetzmässigkeit und zählt zu den Ausnahmsduellen.

Unter den gesetzmässigen Pistolenduellen ist dieses das ein-zige, welches auch als „Ausnahmsduell" seine Verwendung finden kann.

Tafel IV.

Art. 4. — Die Vertheilung der Plätze an die beiden Gegner erfolgt durch das Los.

Art. 5. — Die Waffen, die rechtzeitig in den Besitz der Secundanten gelangt sein müssen, haben von gleicher Beschaffenheit und von demselben Paare zu sein.

Dieselben dürfen den Kämpfenden nicht bekannt sein. Nur nach gegenseitig vorher getroffener Uebereinstimmung und in bestimmten Fällen können die Secundanten eigene Waffen zulassen.

Art. 6. — Der durch Schlag Beleidigte oder durch eine diesem gleichkommende Beleidigung Angegriffene, kann das Recht beanspruchen, sich seiner eigenen Pistolen bedienen zu wollen, doch muss er in diesem Falle eine hiervon seinem Gegner zur freien Wahl anbieten.

Dieses Anerbieten erfolgt durch seine Secundanten.

Art. 7. — Dem Gegner steht es frei, dieses Anerbieten anzunehmen oder abzulehnen.

Im letzteren Falle steht ihm gleichfalls das Recht zu, sich seiner eigenen Pistole zu bedienen.

Art. 8. — Sobald im Sinne der vorstehenden beiden Artikel nicht eigene Pistolen in Verwendung kommen, so hat stets das Los zu entscheiden, welcher der beiden Gegner zuerst unter dem für den Kampf bestimmten Pistolenpaare zu wählen habe.

Art. 9. — In allen Fällen haben nach den allgemeinen Bestimmungen die Secundanten bereits vorher die Pistolen in Verwahrung zu nehmen; diese müssen von ihnen geprüft und für den bevorstehenden Kampf vollkommen tauglich anerkannt worden sein.

Die Secundanten haben die Verpflichtung, die Waffen auf den Kampfplatz zu bringen.

Art. 10. — Die Waffen sind in Gegenwart sämmtlicher Secundanten nach den im Artikel 13 des Pistolenduelles „mit festem Standpunkte" gegebenen Vorschriften zu laden.

Art. 11. — Ist ein Büchsenmacher oder sonst ein Fachkundiger am Platze anwesend, welche Gepflogenheit stets zu empfehlen ist, so übt er sein Amt in Gegenwart wenigstens eines der Secundanten beider Parteien aus.

Art. 12. — Die für den Kampf vorbereiteten Pistolen werden
hierauf wieder in die Cassette gelegt, versperrt und derselben
erst zur Uebergabe an die Gegner entnommen.

Art. 13. — Die Secundanten ersuchen hierauf nach den gegebenen Vorschriften die beiden Gegner, Rock und Weste abzulegen, sowie die Brust so weit zu entblössen, um sich die Ueberzeugung zu verschaffen, dass nicht irgend ein fester Gegenstand
die Brust der Kämpfenden deckt, oder im Rocke verborgen ist. Die
Untersuchung zu verweigern käme einer Duellverweigerung gleich.

Art. 14. — Nach Beendigung dieser unter allen Umständen
gebotenen Formalität werden die beiden Gegner durch die Secundanten auf ihre durch das Los bestimmten Plätze geführt und mit
dem Rücken gegeneinander gestellt.

Art. 15. — Der das Duell leitende Secundant giebt in aller
Kürze die vereinbarten Bedingungen bekannt, und fordert beide
Gegner auf, die soeben gehörten, von den beiderseitigen Secundanten festgestellten und von ihnen angenommenen Vereinbarungen
auf das Gewissenhafteste einzuhalten.

Art. 16. — Auf die beiderseits abgegebene bejahende Antwort
hat der leitende Secundant das Commando zur Eröffnung des
Kampfes bekannt zu geben, welches nur aus dem einzigen Worte
„Schiessen!" besteht.

Er hat die beiden Gegner aufmerksam zu machen, dass sie
mit ihrer Ehre verpflichtet sind, vor diesem Commando weder die
Waffen zu spannen noch sich umzudrehen; überhaupt haben sie
sich jeder Action vorher zu enthalten.

Art. 17. — Alle Mittheilungen müssen vor Uebergabe der
Waffen erfolgen. Sollte von irgend einer Seite noch eine Einsprache erhoben werden, so ist diese sofort an Ort und Stelle zu
beheben.

Art. 18. — Sind nun alle vorbereitenden Formalitäten beendet,
so werden die Pistolen unter Controle der beiderseitigen Secundanten der Cassette entnommen und, falls nicht eigene Pistolen in
Verwendung kommen, den Gegnern nach der durch das Los bestimmten Reihenfolge überreicht.

Art. 19. — Nach Ueberreichung der Pistolen haben die Gegner
diese mit zu Boden gesenkter Mündung zu halten.

Art. 20. — Hierauf nehmen die Secundanten ihre Plätze ein.
Sie haben sich Alle in eine Linie parallel mit der Schiess-
richtung in der Weise aufzustellen, dass zunächst eines jeden
Gegners ein Gegensecundant steht. (Siehe Tafel IV.)
Die Aerzte stehen einige Schritte hinter den Secundanten.

Art. 21. — Die Secundanten haben volles Stillschweigen zu
beobachten und ihre ganze Aufmerksamkeit dem bevorstehenden
Kampfe zu widmen.

Der leitende Secundant und zum mindesten ein Gegensecundant
haben den Kampf mit einer Secundenuhr in der Hand zu verfolgen.

Art. 22. — Hierauf giebt der das Duell leitende Secundant
das Zeichen für den Beginn des Kampfes:

„Meine Herren, Achtung auf das Commando!" und nach einem
kurzen Intervall commandirt er „Schiessen!"

Art. 23. — Auf dieses Commando haben sich die beiden
Gegner umzudrehen, die Pistolen zu spannen und zu zielen.

Jedem der Gegner steht das Recht zu, den Schuss nach Belieben abzugeben, da ein weiteres Commando nicht erfolgt.

Art. 24. — Ist ein Schuss gefallen, so muss die Antwort des
Gegners — der Gegenschuss — binnen einer Minute, gerechnet
von Abgabe des ersten Schusses, erfolgen.

Hat der Gegner diese Frist vorbeigehen lassen, ohne zu
schiessen, so hat er das Recht zur Abgabe des Schusses verloren.

Art. 25. — Hat der erste Schuss eine Verwundung herbeigeführt, so kann der Verwundete, sofern er noch Kraft hierzu
findet, auf seinen Gegner den Schuss abgeben.

In diesem Falle sind ihm zwei Minuten zur Erholung, beziehungsweise zur Abgabe des Gegenschusses gestattet.

Nach Ablauf dieser Frist verliert er das Recht zu schiessen.

Art. 26. — Hat keiner der beiden Gegner getroffen und lauten
die Bedingungen nur auf einmaligen Kugelwechsel, so ist mit
diesem Gange das Duell beendet.

Art. 27. — Soll jedoch das Duell nach den vereinbarten Bedingungen fortgesetzt werden, so erfolgt der weitere Kugelwechsel
unter genauester Einhaltung des in den bevorstehenden Artikeln
geschilderten Vorganges.

11*

Art. 28. — Dasselbe ist der Fall, wenn der Kampf nach einer
unbedeutenden Verwundung, den gestellten Bedingungen entsprechend, von neuem aufgenommen werden soll.

Art. 29. — Ein mehr als dreimaliger Kugelwechsel soll unter
keinem Umstande zugelassen werden. Selbst wenn keine Verwundung erfolgte, hat das Pistolenduell seinen Abschluss gefunden.

Art. 30. — Ist von Seite der Gegner eine Unregelmässigkeit
vorgekommen oder hat eine Verletzung der Duellregeln stattgefunden, so haben die Secundanten das Duell abzubrechen und
den Vorgang zu Protokoll zu nehmen.

Hat jedoch entgegen den Duellregeln eine Verwundung stattgefunden, oder ist einer der beiden Gegner hierdurch erschossen
worden, so haben die Secundanten die Verpflichtung, ohne Verzug
die nöthigen gerichtlichen Schritte einzuleiten.

Art. 31. — Findet durch irgend einen unvorhergesehenen
Zwischenfall eine Unterbrechung oder durch Hinzutreten fremder
Personen eine Störung des Duelles statt, und können voraussichtlich die Ursachen derselben für den Moment nicht behoben werden,
so kann das Duell für eine spätere Stunde, oder auch für den
nächsten Tag verschoben werden.

Die vorbeschriebene Duellart kann auch in der Weise eine
Aenderung erleiden, dass beide Gegner in einer bestimmten Zeit,
beispielsweise in fünfzehn bis dreissig Secunden nach erfolgtem
Commando den Schuss abzugeben haben.

Von Seite des leitenden Secundanten wird in diesem Falle
nach der Uhr die vorher bestimmte Secundenzahl laut vorgezählt.

Auf das Commando „Spannt!" wenden sich die Gegner um,
spannen und halten die Pistole mit der Mündung nach oben, auf
das weitere Commando „Schiessen!" und mit Beginn der Vorzählung
„Eins" ist die Pistole zum Zielen zu senken, worauf von beiden
Gegnern der Schuss selbst nach einer stattgefundenen Verwundung in der vereinbarten Zeit erfolgen muss.

Jeder der beiden Gegner hat das Recht, in dieser Frist nach
Belieben zu schiessen, wobei auch beide Schüsse gleichzeitig fallen
können.

Wer nach der gegebenen Zeit Feuer giebt, ist als ehrlos zu
betrachten.

Tafel V.

Es dürfte wohl ersichtlich sein, dass diese Art des Pistolenduelles in sehr gemilderter Form erfolgt.

Bei derartig gestellten Bedingungen kann es sich logischerweise nur um einen Kugelwechsel handeln.

III. Pistolenduell mit Vorrücken.

Barrièren.

Pistolenduelle mit Avanciren oder Vorrücken führen auch den Namen mit „Barrièren".

Art. 1. — Das Benehmen oder Verhalten der beiden Gegner, sowie der Secundanten hat sich nach den in den Artikeln 1 bis 6 gegebenen Vorschriften des Pistolenduelles „mit festem Standpunkte" zu richten.

Die hierbei aufgestellten Regeln haben auch bei dieser Duellart volle Giltigkeit.

Art. 2. — Haben die Secundanten das für den bevorstehenden Kampf geeignete Terrain ermittelt, so hat der leitende Secundant die Standplätze der beiden Gegner nach den bestehenden Vorschriften festzustellen.

Art. 3. — Die Entfernung der beiden Standplätze beträgt bei dieser Duellart fünfunddreissig bis vierzig Schritte.

In dieser die beiden Plätze verbindenden Linie werden von beiden Endpunkten zehn Schritte abgeschritten und diese Punkte durch Taschentücher oder Stöcke — als Barrière — bezeichnet.

Jeder der beiden Gegner ist demnach von diesen markirten Stellen — den Barrièren — zehn Schritte entfernt, während der Abstand der beiden Barrièren fünfzehn bis zwanzig Schritte beträgt.

Art. 4. — Die am zweckmässigsten durch weisse Taschentücher markirten Distanzen von zehn Schritten dienen den Gegnern als Spielraum zum Vorrücken.

Art. 5. — Die so gleichartig als möglich gegen Sonne, Wind, sowie mit Berücksichtigung des Hintergrundes gewählten Standplätze der beiden Gegner werden durch das Los vertheilt.

Art. 6. — Die Waffen, die bereits vorher in den Besitz der Secundanten gelangt sein müssen, haben von gleichem Paare und von gleicher Beschaffenheit zu sein.

Dieselben müssen mit Ausnahme in jenem Falle, in welchem der Gebrauch von eigenen Pistolen gestattet wurde, den Gegnern vollkommen unbekannt sein.

Art. 7. — Wenn eine Beleidigung dritten Grades vorliegt, so kann der Beleidigte das Recht beanspruchen, sich seiner eigenen Pistolen bedienen zu wollen.

In diesem Falle muss eine der Pistolen desselben Paares dem Gegner zur freien Wahl überlassen werden. Das Anerbieten erfolgt durch Vermittlung der Secundanten.

Art. 8. — Dem Gegner steht es frei, die angebotene Pistole anzunehmen oder dieselbe zurückzuweisen, in welch letzterem Falle ihm gleichfalls das Recht zusteht, sich seiner eigenen Pistolen bedienen zu dürfen.

Art. 9. — Sobald nicht eigene Pistolen in Verwendung kommen, so entscheidet das Los, welchem der beiden Gegner das Recht zusteht, unter dem für den Kampf bestimmten Paare zuerst wählen zu dürfen.

Art. 10. — Nach den allgemeinen Bestimmungen haben in allen Fällen die Secundanten bereits vorher die Waffen in Verwahrung zu nehmen; dieselben müssen von ihnen geprüft und für den bevorstehenden Kampf als geeignet anerkannt worden sein.

Die Secundanten haben die Verpflichtung, die Waffen auf den Kampfplatz zu bringen.

Art. 11. — Die Waffen werden in der vorgeschriebenen, bei dem Pistolenduelle „mit festem Standpunkte" angeführten Art (siehe diese) entweder durch die Secundanten oder einen Büchsenmacher oder durch sonst eine fachkundige Person geladen, und sind dann in einer versperrbaren Cassette zu verwahren.

Art. 12. — Hierauf haben sich die Secundanten nach den gegebenen Vorschriften zu überzeugen, ob kein fester Gegenstand die Brust der Kämpfenden deckt oder im Rocke verborgen ist. Zu dieser Untersuchung haben die beiden Gegner die Röcke und Westen abzulegen und die Brust zu entblössen.

Die Untersuchung soll unter allen Umständen vorgenommen werden; dieselbe verweigern zu wollen, käme einer Duellverweigerung gleich.

Art. 13. — Nach Beendigung dieser Formalität werden die beiden Gegner durch die Secundanten eingeladen, ihre durch das Los bestimmten Plätze einzunehmen.

Art. 14. — In aller Kürze giebt der das Duell leitende Secundant die vereinbarten Bedingungen bekannt und fordert beide Gegner auf, diese von ihnen angenommenen Vereinbarungen auf das Gewissenhafteste einzuhalten.

Art. 15. — Hierauf theilt der Leiter des Duelles das Commando für den Beginn des Kampfes mit, welches aus dem einzigen Worte „Vorwärts!" besteht.

Gleichzeitig werden die Gegner aufmerksam gemacht, dass sie mit ihrer Ehre verpflichtet sind, vor diesem Commando weder die Waffen zu spannen, noch dieselben zu heben; sie haben sich überhaupt jeder Action zu enthalten.

Art. 16. — Sind alle Formalitäten beendet, so werden die Pistolen unter Controle der beiderseitigen Secundanten der Cassette entnommen und den Gegnern nach der durch das Los bestimmten Reihenfolge überreicht, falls nicht eigene Waffen in Verwendung kommen sollten.

Art. 17. — Nach Ueberreichung der Pistolen haben die Gegner diese mit zu Boden gesenkter Mündung zu halten.

Art. 18. — Hierauf nehmen die Secundanten und die Aerzte ihre vorgeschriebenen Plätze ein, die auch bei dieser Duellart für die Secundanten in einer Linie parallel zur Schussrichtung sind. (Siehe Tafel V.)

Die Aerzte stehen einige Schritte hinter den Secundanten.

Art. 19. — Die Secundanten haben sich nunmehr vollkommen ruhig zu verhalten und widmen ihre volle Aufmerksamkeit dem bevorstehenden Kampfe.

Haben die Secundanten und Aerzte ihre Plätze eingenommen, so giebt der das Duell leitende Secundant das Zeichen für den Beginn des Kampfes:

„Achtung, meine Herren, auf das Commando!" und nach einem kurzen Intervall commandirt er „Vorwärts!"

Art. 20. — Auf dieses Commando spannen die beiden Gegner ihre Waffen und halten dieselben nunmehr mit der Mündung nach aufwärts.

Die beiden Gegner dürfen nun in gerade Richtung gegeneinander vorrücken, sie können stehen bleiben, wann es ihnen beliebt, sie dürfen zielen, ohne zu schiessen, dann wieder vorwärts gehen, dürfen aber nur bis zu der bezeichneten Stelle — der Barrière — vorrücken.

Die Barrière darf von keinem der beiden Gegner unter keiner Bedingung überschritten werden.

Art. 21. — Das Tempo zum Vorrücken kann jeder der beiden Gegner nach Belieben ergreifen.

Art. 22. — Jedem der beiden Gegner steht das Recht zu, nach seinem Gutdünken zu schiessen, entweder vom Standplatze, ohne dass er vorgerückt wäre, oder er rückt vor und schiesst von irgend einem Punkte der Linie aus, oder er rückt bis zur Barrière vor, um von dieser aus Feuer zu geben.

Art. 23. — Während des Vorrückens ist die Mündung der Pistole nach aufwärts zu halten.

Zum Zielen, sowie zur Abgabe des Schusses, muss stehen geblieben werden.

Während der Bewegung darf nicht gezielt, noch geschossen werden.

Art. 24. — Ist einer der Gegner bis zur Barrière vorgetreten, um von diesem Punkte aus Feuer zu geben, so kann der andere Gegner, falls er seinen Standplatz nicht verlassen hat, ruhig auf demselben verharren; er kann niemals zum Vorrücken gezwungen werden.

Art. 25. — Wer geschossen hat, muss an diesem Punkte in vollkommenster Unbeweglichkeit das Feuer oder die Antwort des Gegners erwarten.

Letzterem ist, vom ersten Schusse an gerechnet, zum Vorrücken und Schiessen nur eine Minute Zeit gelassen.

Es ist ihm in dieser Zeit gestattet, selbst bis zur Barrière vorzutreten, um von dieser den Schuss abzugeben.

Ist die Frist von einer Minute abgelaufen, so verliert der Gegner jedes Recht, Feuer zu geben; die Secundanten haben zu veranlassen, dass die Waffe sofort gesenkt wird.

Art. 26. — Wurde keiner der beiden Gegner getroffen und findet nach den festgestellten Bedingungen ein erneuerter Kugelwechsel statt, so treten die Duellanten wieder auf ihre Standplätze zurück, worauf das Duell nach den vorbeschriebenen Regeln seine Fortsetzung findet.

Art. 27. — Hat nach dem ersten Schusse eine Verwundung stattgefunden, so ist dem Verwundeten zum Vorrücken und Erwidern des Schusses gleichfalls nur eine Minute, vom ersten Schusse an gerechnet, Zeit gegeben.

Wäre aber die Verwundung eine derartige, dass er stürzt, so sind demselben, wenn er im Stande ist, den Schuss abgeben zu können, zur Erholung, beziehungsweise zur Abgabe des Schusses zwei Minuten Frist gestattet.

Nach Verlauf dieser Frist haben die Secundanten den Verwundeten an der Abgabe des Schusses zu hindern und das Senken der Pistole zu veranlassen.

Art. 28. — Soll der Kampf nach einer stattgefundenen Verwundung den getroffenen Bestimmungen gemäss erneuert werden, so kann die Zulässigkeit einer Wiederholung, selbst auf Verlangen des Verwundeten, nur dann willfahrt werden, wenn die Secundanten und die Aerzte den Verwundeten für kampffähig halten.

Art. 29. — Ist eine Unregelmässigkeit während des Kampfes vorgekommen, so ist von Seite der Secundanten der Kampf sofort zu unterbrechen und der Thatbestand zu Protokoll zu nehmen.

Hat jedoch, entgegen den Duellregeln, eine Verwundung stattgefunden, oder ist hierbei der Gegner erschossen worden, so sind die Secundanten verpflichtet, sofort die nöthigen gerichtlichen Schritte einzuleiten. —

Vorstehende Duellart kann auch in der Weise eine Aenderung erleiden, dass den Gegnern unter nachstehenden Bedingungen zwei Pistolen gleichzeitig überreicht werden.

Art. 1. — Liegt eine Beleidigung dritten Grades oder eine diesem Grade gleichgestellte Beleidigung vor, so können auf ausdrückliches Verlangen des Beleidigten jedem der beiden Gegner zwei Pistolen überreicht werden.

In jedem anderen Falle ist eine derart gestellte Bedingung auf das Entschiedenste zurückzuweisen.

Art. 2. — Wurde beschlossen, diesem Verlangen zu entsprechen, so muss jeder der Kämpfenden je eine Pistole desselben Paares erhalten.

Nur auf ausdrücklichen Wunsch des Beleidigten und nach allseitiger Uebereinstimmung seitens der Gegner und der Secundanten kann zugegeben werden, dass sich jeder der Duellanten seiner eigenen Pistolen bediene.

Art. 3. — Die Secundanten dürfen bei dieser Duellart den Kampf nicht früher unterbrechen, bevor nicht alle vier Schüsse abgegeben wurden, ausgenommen, wenn eine Verwundung stattgefunden hätte.

Art. 4. — Hat eine Verwundung stattgefunden, so darf der Verwundete, im Falle er nicht im Augenblicke der Verwundung geschossen hat, nicht mehr Feuer geben, denn sein Gegner würde, falls er das Feuer des Verwundeten ausgehalten und noch den zweiten Schuss nicht abgegeben hätte, einen allzu grossen Vortheil über diesen haben.

Die Secundanten haben im Falle einer stattgehabten Verwundung sofort den Kampf einzustellen.

Art. 5. — Ist der erste Schuss gefallen, so ist die Antwort des unverwundeten Gegners in vollster Unbeweglichkeit zu erwarten.

Letzterem ist vom ersten Schusse an gerechnet zum Vorrücken und Schiessen nur eine Minute Zeit gelassen.

Art. 6. — Haben die beiden ersten Schüsse keine Verwundung herbeigeführt, so erfolgt der dritte und vierte Schuss in der früher angegebenen Art; die Gegner können, sofern sie die Barrière nicht erreicht haben, sich vorwärts bewegen und nach den gegebenen Regeln Feuer geben.

In Anbetracht dessen, dass es dem Verwundeten nur im Augenblicke der Verwundung gestattet ist, Feuer zu geben, im Uebrigen diese Duellart zu unzähligen Streitigkeiten Anlass geben kann, erscheint es gerathen, diese Bedingung nicht anzunehmen.

Soll eine Verschärfung des Duelles stattfinden, so erscheint es viel zweckmässiger, nach beiderseitig abgegebenem, resultatlos gebliebenem Feuer die Kämpfenden ihre ursprünglichen Plätze einnehmen und den Kampf neuerdings beginnen zu lassen.

Tafel VI.

Auf diese Art kann selbst eine Verschärfung mit dreimaligem Kugelwechsel stattfinden.

IV. Pistolenduell mit unterbrochenem Vorrücken.

Art. 1. — Die bei dem Pistolenduelle mit „festem Standpunkte" gegebenen allgemeinen Vorschriften — Artikel 1 bis 6 — über das Benehmen der Secundanten und der beiden Gegner haben auch bei dieser Duellart ihre volle Giltigkeit.

Art. 2. — Nachdem die Secundanten das für den Kampf günstige Terrain ermittelt haben, bestimmt der das Duell leitende Secundant nach den gegebenen Vorschriften die Standplätze der beiden Gegner.

Art. 3. — Die Entfernung der beiden Standplätze beträgt fünfundvierzig bis fünfzig Schritte.

Es ist dies die einzige Duellart der gesetzmässigen Pistolenduelle, bei welcher die weiteste Entfernung von fünfzig Schritten zulässig ist.

Art. 4. — In diesen, die beiden Plätze verbindenden Linien werden von beiden Endpunkten fünfzehn Schritte abgeschritten, und diese Punkte durch Taschentücher oder Stöcke als Barrièren bezeichnet.

Jeder der beiden Gegner ist demnach von diesen markirten Stellen — den Barrièren — fünfzehn Schritte entfernt.

Der Abstand der beiden Barrièren beträgt demzufolge fünfzehn bis zwanzig Schritte.

Art. 5. — Die am zweckmässigsten durch weisse Taschentücher markirten Distanzen von fünfzehn Schritten dienen den Gegnern als Spielraum zum Vorrücken.

Art. 6. — Die beiden so gleichartig als möglich gegen Sonne, Wind, sowie mit Berücksichtigung des Hintergrundes gewählten Standplätze der beiden Gegner werden durch das Los vertheilt.

Art. 7. — Die Waffen, die rechtzeitig in den Besitz der Secundanten gelangt sein müssen, haben vom gleichen Paare und von gleicher Beschaffenheit zu sein.

Dieselben müssen den Gegnern vollkommen unbekannt sein; selbst bei gegenseitiger Uebereinkunft kann von dieser Bedingung nicht abgegangen werden.

Die Benützung eigener Waffen ist demnach bei dieser Art des Pistolenduelles ausgeschlossen.

Art. 8. — Die Waffen werden in der vorgeschriebenen, bei dem Pistolenduelle „mit festem Standpunkte" angeführten Art, entweder durch die Secundanten oder einen Büchsenmacher oder durch sonst eine fachkundige Person geladen, und hierauf in einer zu versperrenden Cassette aufbewahrt.

Art. 9. — Das Los hat zu entscheiden, welchem der beiden Gegner das Recht zusteht, unter den für den bevorstehenden Kampf bestimmten Pistolen zuerst wählen zu dürfen.

Art. 10. — Sind die Waffen geladen, so haben sich die Secundanten nach den gegebenen Vorschriften zu überzeugen, ob kein fester Gegenstand die Brust der Kämpfenden deckt oder im Rocke verborgen ist.

Die beiden Gegner haben die Verpflichtung, die Röcke und Westen abzulegen und die Brust so weit zu entblössen, um diese Untersuchung ermöglichen zu können.

Diese Untersuchung verweigern zu wollen, käme einer Duellverweigerung gleich.

Art. 11. — Ist diese unter allen Umständen gebotene Formalität beendet, so werden die beiden Gegner durch die Secundanten aufgefordert, ihre durch das Los bestimmten Plätze einzunehmen.

Art. 12. — Hierauf giebt in aller Kürze der das Duell leitende Secundant die vereinbarten Bedingungen bekannt und fordert beide Gegner auf, diese von ihnen angenommenen Vereinbarungen auf das Gewissenhafteste einzuhalten.

Art. 13. — Ferner theilt der Leiter des Duelles das Commando für den Beginn des Kampfes mit, welches für diese Duellart aus dem einzigen Worte „Vorwärts!" besteht.

Gleichzeitig hat dieser die Gegner aufmerksam zu machen, dass sie mit ihrer Ehre verpflichtet sind, vor diesem Commando weder die Waffe zu erheben, noch zu spannen, sich überhaupt jeder Action zu enthalten haben.

Art. 14. — Sind alle Formalitäten beendet, alle nöthigen Mittheilungen erfolgt, und wurden von keiner Seite irgend welche Einwendungen erhoben, so werden die Pistolen unter Controle der beiderseitigen Secundanten der Cassette entnommen und jenem der beiden Gegner zur Wahl zuerst überreicht, der durch das Los hierzu berechtigt erscheint.

Art. 15. — Die Gegner haben nach Ueberreichung der Pistolen diese mit zu Boden gesenkter Mündung zu halten.

Art. 16. — Hierauf nehmen die Secundanten und Aerzte ihre vorgeschriebenen Plätze ein. Diese sind für die Secundanten in einer Linie parallel zur Schussrichtung. (Siehe Tafel VI.)

Um nicht in die Schussrichtung zu kommen, ist es zweckmässig, dass sich, entgegen den vorbeschriebenen Arten der Pistolenduelle, die Secundanten in die Mitte der Barrière zusammenstellen.

Die Aerzte stehen einige Schritte hinter den Secundanten.

Art. 17. — Sind von allen Betheiligten die Plätze eingenommen. so giebt der leitende Secundant das Aviso zur Eröffnung des Kampfes.

„Achtung, meine Herren, auf das Commando!" und nach einem kurzen Intervall commandirt er „Vorwärts!"

Art. 18. — Auf dieses Commando spannen die beiden Gegner ihre Waffen und halten dieselben mit der Mündung nach aufwärts.

Art. 19. — Die beiden Gegner dürfen nunmehr den Kampf eröffnen.

Sie dürfen sich vorwärts bewegen in gerader oder in Schlangenlinie, d. h. in Zickzack, doch darf keiner der beiden Gegner mehr als zwei Schritte nach einer oder der anderen Seite der geraden Linie ablenken.

Art. 20. — Die beiden Gegner können stehen bleiben, ohne zu zielen, sie können, wenn sie es für vortheilhafter erachten, zielen ohne zu schiessen, dann wieder vorwärts gehen, sie können selbst in der Bewegung zielen, überhaupt nach ihrem Gutdünken verfahren, dürfen aber nur bis zu der bezeichneten Stelle der Barrière vorrücken.

Die Barrière darf unter keiner Bedingung von einem der beiden Gegner überschritten werden.

Art. 21. — Das Tempo zum Vorrücken kann jeder der beiden Gegner nach seinem Belieben wählen.

Art. 22. — Jedem der beiden Gegner steht das Recht zu, nach seinem Gutdünken zu schiessen; entweder vom Standplatze, ohne dass er vorgerückt wäre, oder er rückt vor und schiesst von irgend einem Punkte der Linie, oder endlich er rückt vor bis zur Barrière, um von dieser aus Feuer zu geben.

Art. 23. — Keiner der Kämpfenden kann, falls er seinen Standpunkt nicht verlassen hat, zum Vorrücken gezwungen werden, selbst dann nicht, wenn sein Gegner bis zur Barrière vorgedrungen wäre.

Art. 24. — Ist ein Schuss gefallen, so haben beide Gegner sofort stehen zu bleiben.

Art. 25. — Wer geschossen hat, muss in vollkommenster Unbeweglichkeit die Antwort des Gegners abwarten.

Art. 26. — Letzterer darf nicht mehr vorrücken; zum Gegenschuss oder Antwort ist ihm nur eine halbe Minute, vom ersten Schusse an gerechnet, Zeit gegeben.

Ist diese Frist verstrichen, so verliert er das Recht zu schiessen; die Secundanten haben zu veranlassen, dass die Waffe sofort gesenkt wird.

Art. 27. — Wurde keiner der beiden Gegner getroffen und hat nach den festgestellten Bedingungen ein mehrmaliger Kugelwechsel stattzufinden, so treten die Kämpfenden wieder auf ihre vorher eingenommenen Standplätze zurück, worauf das Duell nach den vorbeschriebenen Regeln seine Fortsetzung findet.

Art. 28. — Hat nach dem ersten Schusse eine Verwundung stattgefunden, so ist dem Verwundeten, selbst wenn er gestürzt wäre, vom Augenblicke der Verwundung an gerechnet, nur eine Minute Zeit zur Erwiderung des Schusses gegeben.

Nach dieser Frist haben die Secundanten den Verwundeten an der Abgabe des Schusses zu hindern.

Art. 29. — Soll der Kampf nach einer stattgefundenen Verwundung den getroffenen Bestimmungen gemäss fortgesetzt werden, so kann selbst auf Verlangen des Verwundeten diesem Wunsche nur dann nachgegeben werden, wenn die Secundanten und die Aerzte den Verwundeten für kampffähig halten.

Tafel VII.

Art. 30. — Sollte während des Kampfes eine Unregelmässigkeit platzgreifen, so haben die Secundanten den Kampf sofort einzustellen und den Thatbestand protokollarisch aufzunehmen.

Hat jedoch, entgegen den vereinbarten Bedingungen oder des
Duellgesetzes, eine Verwundung stattgefunden, oder ist hierbei
der Gegner erschossen worden, so haben die Secundanten unverzüglich nach den bereits gegebenen Vorschriften zu handeln.

V. Pistolenduell auf parallelen Linien.

Unter den gesetzmässigen Pistolenduellen findet diese Duellart, gleichzeitig eine der schärfsten, aus Rücksicht für die Secundanten, die einer steten Gefahr hierbei ausgesetzt sind, selten
eine Anwendung.

Art. 1. — Die allgemeinen Vorschriften über das Benehmen der
beiden Gegner und der Secundanten auf dem Kampfplatze haben
auch bei dieser Duellart volle Geltung. (Siehe: Pistolenduell mit
festem Standpunkte, Artikel 1 bis 6.)

Art. 2. — Ist von Seite der Secundanten das für den bevorstehenden Kampf geeignete Terrain ermittelt worden, so bestimmen
sie nach den bestehenden Vorschriften mit Berücksichtigung der
Sonne, der Windrichtung, sowie des Hintergrundes die Standplätze
für die beiden Gegner, beziehungsweise die Richtung, in welcher
dieselben gegeneinander aufzustellen sind.

Art. 3. — In dieser Richtung werden zwei parallele Linien
gezogen, die voneinander fünfzehn Schritte entfernt sind.

Die Länge der beiden Linien beträgt fünfundzwanzig bis
fünfunddreissig Schritte.

Art. 4. — Das Los hat die Standplätze der beiden Gegner
zu entscheiden.

Art. 5. — Die Waffen, die rechtzeitig in den Besitz der Secundanten gelangt sein müssen, haben vom gleichen Paare und
von gleicher Beschaffenheit zu sein.

Mit Ausnahme jener Fälle, in welchen den getroffenen Bestimmungen nach eigene Waffen zur Verwendung kommen, dürfen
dieselben den Gegnern nicht bekannt sein.

Art. 6. — Liegt eine Beleidigung dritten Grades vor, oder eine Beleidigung, die diesem Grade gleichgestellt ist, so steht dem Beleidigten das Recht zu, sich seiner eigenen Pistolen bedienen zu dürfen.

In diesem Falle muss eine der Pistolen desselben Paares dem Gegner zur freien Wahl überlassen werden.

Art. 7. — Dem Gegner ist das Recht eingeräumt, von diesem Anerbieten Gebrauch zu machen oder mit Hinweis, sich seiner eigenen Pistolen bedienen zu wollen, dasselbe abzulehnen.

Art. 8. — Wenn nicht eigene Pistolen in Verwendung kommen, so hat das Los zu entscheiden, welchem der beiden Gegner das Recht zusteht, unter dem für den Kampf bestimmten Paare zuerst wählen zu dürfen.

Art. 9. — In allen Fällen müssen die für den Kampf bestimmten Waffen rechtzeitig in den Besitz der Secundanten gelangen; sie sind durch dieselben zu prüfen und muss deren Brauchbarkeit anerkannt worden sein.

Die Secundanten haben die Verpflichtung, die Waffen auf den Kampfplatz zu bringen.

Art. 10. — Sind die Waffen nach den gegebenen Vorschriften (siehe Artikel 13 des Pistolenduelles mit festem Standpunkte) geladen, so sollen sie hierauf in einer versperrbaren Cassette aufbewahrt werden.

Art. 11. — Die Secundanten haben die Verpflichtung, sich nach den gegebenen Vorschriften zu überzeugen, ob kein fester Gegenstand die Brust der Kämpfenden deckt oder im Rocke verborgen ist.

Zu dieser unter allen Umständen vorzunehmenden Untersuchung haben die beiden Gegner die Röcke und Westen abzulegen, sowie die Brust zu entblössen.

Die Untersuchung verweigern zu wollen, käme einer Duellverweigerung gleich.

Art. 12. — Hierauf werden die beiden Gegner eingeladen, ihre durch das Los vorher bestimmten Plätze einzunehmen.

Art. 13. — Die Plätze der beiden Gegner befinden sich an den entgegengesetzten Endpunkten der parallelen Linien, so dass sich die Kämpfenden schräg gegenüber stehen, und jeder derselben die Linie seines Gegners zur rechten Seite hat.

Art. 14. — Der das Duell leitende Secundant hat in aller Kürze die vereinbarten Bedingungen bekanntzugeben, und fordert beide Gegner auf, diese von ihnen angenommenen Vereinbarungen auf das Gewissenhafteste einzuhalten.

Art. 15. — Hierauf theilt der Leiter des Duelles das Commando für den Beginn des Kampfes mit, welches für diese Duellart „Vorwärts!" lautet.

Gleichzeitig hat er die Gegner aufmerksam zu machen, dass sie mit ihrer Ehre verpflichtet sind, vor diesem Commando weder die Waffen zu spannen, noch diese zu erheben, sich überhaupt vollkommen ruhig zu verhalten haben.

Art. 16. — Sind alle Mittheilungen erfolgt, sowie die vorbereitenden Formalitäten beendet, so werden die Pistolen unter Controle der beiderseitigen Secundanten der Cassette entnommen, und den Gegnern nach der durch das Los bestimmten Reihenfolge übergeben, im Falle, den getroffenen Bestimmungen nach, nicht eigene Waffen in Verwendung kommen.

Art. 17. — Die Gegner haben die Waffen nach Ueberreichung mit zu Boden gesenkter Mündung zu halten.

Art. 18. — Nach Ueberreichung der Waffen nehmen die Secundanten ihre Plätze ein. (Siehe Tafel VII.)

Um gegen das Feuer der beiden Duellanten geschützt zu sein, stellen sich die Secundanten, entgegen den anderen Duellarten, paarweise hinter den Gegner ihres Clienten, also in verkehrter Ordnung auf.

Sie müssen, um in keine Gefahr zu kommen, sich etwas rechts abseits halten, doch nur so weit, dass sie stets den Kampf in allen seinen Phasen auf das Genaueste überwachen, um gegebenenfalls rasch einschreiten zu können.

Art. 19. — Sind die Plätze von allen Betheiligten eingenommen, so giebt der das Duell leitende Secundant das Aviso zur Eröffnung des Kampfes:

„Meine Herren, Achtung auf das Commando!" und nach einem kurzen Intervall commandirt er: „Vorwärts!"

Art. 20. — Ist dieses Commando erfolgt, so spannen die beiden Gegner ihre Waffen und halten dieselben nunmehr mit der Mündung nach aufwärts.

Die beiden Gegner dürfen sich vorwärts bewegen, indem sie der vorgezeichneten Linie folgen.

Gegeneinander in gerader Linie vorzugehen oder von derselben abzuweichen, ist nicht gestattet.

Die beiden Gegner können sich bis auf die kürzeste Distanz einander nähern; diese kann auch dann erreicht werden, wenn einer derselben auf seinem Standpunkte verharrt und nicht vorgerückt wäre.

Art. 21. — Die Vorwärtsbewegung kann unterbrochen werden, ohne dass gezielt oder geschossen wird, die Gegner können zielen ohne zu schiessen, dürfen dann wieder vorwärts gehen, wenn es für sie vortheilhafter erscheint.

Art. 22. — Das Tempo zum Vorrücken ist jedem der Gegner nach Belieben überlassen.

Art. 23. — Den beiden Gegnern steht das Recht zu, nach ihrem Gutdünken den Schuss abzugeben.

Sie schiessen entweder vom Standplatze oder rücken vor, um von irgend einem Punkte der Linie aus Feuer zu geben.

Art. 24. Im Vorrücken ist die Mündung der Pistole nach aufwärts zu halten.

Während der Bewegung darf weder gezielt noch geschossen werden.

Wer zielen und schiessen will, muss stehen bleiben.

Art. 25. — Wer Feuer gegeben hat, muss an diesem Punkte stehen bleiben, und in vollkommenster Unbeweglichkeit die Antwort des Gegners erwarten.

Art. 26. — Letzterem ist vom ersten Schusse an gerechnet zum Vorrücken und zur Erwiderung des Schusses nur eine halbe Minute Zeit gegeben.

Während dieser Zeit ist es diesem Gegner gestattet, wenn es in seinem Vortheile liegen sollte, weiter vorzurücken, um eventuell die kürzeste Distanz von fünfzehn Schritten gegenüber seinem Gegner zu erreichen.

Ist die gegebene Frist von einer halben Minute abgelaufen, so verliert der Gegner jedes Recht Feuer zu geben, und haben die Secundanten das Senken der Waffe zu veranlassen.

Art. 27. — Wurde keiner der beiden Gegner verwundet, und soll nach den festgestellten Bedingungen ein erneuter Kugelwechsel stattfinden, so werden die Duellanten aufgefordert, sich neuerdings auf die früheren Standplätze zu begeben, worauf das Duell in der vorbeschriebenen Weise seine Fortsetzung findet.

Art. 28. — Hat jedoch nach dem ersten Schusse eine Verwundung stattgefunden, so hat der Verwundete das Recht in der Zeit von „zwei Minuten", vom Momente der Verwundung an gerechnet, Feuer zu geben.

Diese Frist bleibt dieselbe, ob die Verwundung eine leichte gewesen oder der Verwundete gestürzt wäre.

Nach Verlauf dieser Frist erlischt das Recht zur Abgabe der Antwort.

Der Gegner, der zum Vorrücken nicht genöthigt werden kann, hat in vollkommenster Ruhe den Gegenschuss abzuwarten.

Art. 29. — Soll der Kampf nach einer stattgehabten Verwundung erneuert werden, so kann selbst auf Verlangen des Verwundeten diesem Wunsche nur dann willfahrt werden, wenn die Secundanten und die Aerzte den Verwundeten für kampffähig halten.

Art. 30. — Hat eine Unregelmässigkeit oder Verletzung der Bedingungen oder der Duellgesetze stattgefunden, oder ist hierdurch eine Verwundung erfolgt, so haben die Secundanten die Verpflichtung, sich nach den bereits bei den anderen Duellarten gegebenen Vorschriften zu verhalten.

VI. Pistolenduell auf Commando oder Signal.

Von allen gesetzmässigen Pistolenduellen ist jenes auf Commando oder besser gesagt auf „Signal" — da nur ein solches für den Beginn des Kampfes statt eines Commandos erfolgt — das gefährlichste.

Es erfordert von allen Seiten die grösste Aufmerksamkeit, weil leicht ein Versehen stattfinden kann, welches dem Duelle eine unerwartete Wendung geben könnte.

Es ist bereits bei Besprechung der Ablehnung einer bestimmten Duellart darauf hingewiesen worden, dass diese Art des

12*

Pistolenduelles von Seite der Secundanten abgelehnt werden kann,
falls nicht eine Beleidigung dritten Grades vorliegt.

Diese Ablehnung ist umsomehr berechtigt, als bei jeder der
vorher beschriebenen fünf gesetzmässigen Duellarten durch Einhaltung der gestatteten kürzesten Distanz und mehrmaligem Kugelwechsel eine Verschärfung ohnehin zulässig erscheint.

Das Pistolenduell „auf Commando oder Signal", bei welchem
leicht beide Duellanten bleiben können, wäre nur dann zu empfehlen,
wenn es sich bei ungleichen Gegnern in besonders erschwerenden
Fällen darum handeln sollte, die Gegensätze der Geschicklichkeit
in der Handhabung der Waffen auszugleichen, um den Unerfahrenen
jene Chancen zu bieten, die der Erfahrene und Geschickte besitzt.

Art. 1. — Das Benehmen und Verhalten der beiden Gegner,
sowie der Secundanten ist conform jenen, welches in den Artikeln
1 bis 4 des Pistolenduelles „mit festem Standpunkte" gegeben
wurde.

Die hierbei aufgestellten Vorschriften haben auch bei dieser
Duellart ihre volle Giltigkeit.

Art. 2. — Die Leitung, beziehungsweise die am Kampfplatze
zu treffenden Vorbereitungen hat, wenn nicht schon vorher ein
diesbezügliches Uebereinkommen getroffen wurde, der älteste der
Secundanten unter Beihilfe des älteren Secundanten der Gegenpartei zu übernehmen, oder es entscheidet hierüber das Los.

Liegt jedoch eine Beleidigung dritten Grades vor, so hat bei
dieser Duellart stets ein Secundant des Beleidigten die Leitung
zu übernehmen, und das „Signal" zu geben.

Art. 3. — Wenn es auch Pflicht des leitenden Secundanten
ist, bei jedem Duelle durch wenige Worte zu trachten eine Versöhnung der beiden Gegner herbeizuführen, so ist bereits des
Oefteren darauf hingewiesen worden, dass dieser Versöhnungsversuch in den meisten Fällen mehr eine Formsache ist.

Wird die vorliegende Duellart „auf Signal", wie wir annehmen
wollen, nur in jenem Falle vorgeschlagen, wo schwerwiegende
Motive dem Duelle zu Grunde liegen, so dürfte sich der leitende
Secundant unter Hinweis auf die Motive nur auf die Mittheilung
beschränken, dass bei dieser Sachlage eine Versöhnung wohl ausgeschlossen erscheint.

Art. 4. — Nachdem die Secundanten das geeigneteste Terrain für den Kampf ermittelt haben, bestimmen und markiren sie die beiden Standplätze, die hinsichtlich der Sonne, der Windrichtung und des Hintergrundes so gleichartig als möglich gewählt werden müssen.

Art. 5. — Die Entfernung der beiden Standplätze beträgt fünfundzwanzig bis fünfunddreissig Schritte.

Können sich die Secundanten betreffs der Distanz nicht einigen, so entscheidet das Los zwischen den beiden projectirten Distanzen oder man nimmt das arithmetische Mittel.

Art. 6. — Die Standplätze der beiden Gegner werden durch das Los entschieden.

Art. 7. — Die für den Kampf bestimmten Waffen müssen von gleicher Beschaffenheit und von demselben Paare sein.

Sie müssen, wenn nicht durch vorhergetroffene Bestimmungen eigene Waffen zugelassen werden, den beiden Gegnern unbekannt sein.

Art. 8. — Der nach dem dritten Grade, durch Schlag, Beleidigte kann das Verlangen stellen, sich seiner eigenen Pistolen bedienen zu wollen, doch muss er in diesem Falle eine desselben Paares seinem Gegner zur freien Wahl anbieten.

Dem Gegner steht es frei, das durch die Secundanten erfolgte Anerbieten anzunehmen oder abzulehnen, in welch letzterem Falle ihm gleichfalls das Recht zusteht, sich seiner eigenen Waffen bedienen zu dürfen.

Art. 9. — Wenn nicht die Bestimmung getroffen wurde, dass sich jeder Gegner seiner eigenen Pistolen bedient, oder im Sinne des vorstehenden Artikels der Beleidigte seine Waffen dem Gegner zur freien Wahl überlässt, so wird durch das Los entschieden, welchem der beiden Gegner das Recht zusteht, unter dem für den bevorstehenden Kampf bestimmten Pistolenpaare wählen zu dürfen.

Art. 10. — In allen Fällen müssen bereits im Vorhinein den Secundanten die Waffen übergeben, diese von denselben geprüft und für den bevorstehenden Kampf als vollständig geeignet anerkannt worden sein.

Die Secundanten haben die Verpflichtung, die Waffen auf das Terrain zu bringen.

Art. 11. — Die Waffen sind in Gegenwart sämmtlicher Secundanten mit der gewissenhaftesten Aufmerksamkeit nach den in
dem Artikel 13 des Pistolenduelles „mit festem Standpunkte" gegebenen Vorschriften zu laden.

Art. 12. — Ist ein Büchsenmacher oder sonst ein Fachkundiger
anwesend, der das Laden der Waffen zu besorgen hat, so übt derselbe unter Controle der beiderseitigen Secundanten sein Amt aus.

Art. 13. — Die für den Kampf vorbereiteten Waffen sind in
eine versperrbare Cassette zu bringen und derselben erst im letzten
Momente zur Uebergabe zu entnehmen.

Art. 14. — Die beiden Gegner sind hierauf durch die Secundanten bei Beobachtung der gegebenen Vorschriften zu ersuchen,
Rock und Weste abzulegen, sowie die Brust so weit zu entblössen,
um sich die Ueberzeugung zu verschaffen, dass kein fester Gegenstand die Brust der Kämpfenden schützt oder im Rocke verborgen
erscheint.

Diese Untersuchung verweigern zu wollen, käme einer Duellverweigerung gleich.

Art. 15. — Ist diese Formalität beendet, so führen die Secundanten die beiden Gegner auf ihre durch das Los bestimmten
Plätze.

Art. 16. — Der das Duell leitende Secundant wiederholt, jede
Weitläufigkeit beiseite lassend, die vereinbarten Bedingungen, unter
welchen das Duell stattfindet, und fordert die beiden Gegner auf,
dieselben auf das Gewissenhafteste einzuhalten.

Art. 17. — Weiters theilt der leitende Secundant mit, dass
das „Signal" für das bevorstehende Duell „durch drei Handschläge" erfolgt.

Er erinnert die beiden Gegner, dass sie vor dem ersten
Schlage die Waffen nicht erheben dürfen, vor dem dritten Schlage
nicht schiessen dürfen, und auf diesen gleichzeitig, beziehungsweise augenblicklich Feuer geben müssen.

Art. 18. — Das Recht, das Signal zu geben, wird durch das
Los entschieden.

Art. 19. — Liegt jedoch eine Beleidigung dritten Grades vor,
so hat, wie bereits erwähnt, ein Secundant des Beleidigten die
Leitung zu übernehmen und das Signal zu geben.

Art. 20. — Das Signal, die drei Schläge in die Hand. muss in gleichmässigen Zeiträumen erfolgen.

Art. 21. — Diese Zeiträume können auf zwei verschiedene Arten festgestellt werden.

Das Signal kann erfolgen:

1. In der Zeit von drei bis neun Secunden, oder

2. in der Zeit von zwei bis sechs Secunden, vom Momente des abgegebenen Avisos für den Beginn des Kampfes an gerechnet.

Im ersten Falle ist zwischen jedem Schlage ein Zeitraum von drei Secunden, im zweiten Falle von zwei Secunden.

Art. 22. — Die Wahl zwischen diesen Zeiträumen ist den hierzu Berechtigten oder dem leitenden Secundanten überlassen, ohne dass er die Verpflichtung hätte, die Gegensecundanten oder die Gegner hiervon zu verständigen.

Art. 23. — Sind alle vorbereitenden Formalitäten, sowie alle nothwendigen Mittheilungen erfolgt, so werden die Pistolen unter Controle der beiderseitigen Secundanten der Cassette entnommen, und wenn den getroffenen Bestimmungen nach nicht eigene Waffen in Gebrauch kommen, in jener durch das Los bestimmten Reihenfolge den Gegnern überreicht.

Art. 24. — Nach Entgegennahme der Pistolen haben beide Gegner dieselben sofort zu spannen, sie mit zu Boden gesenkter Mündung zu halten und in vollkommener Unbeweglichkeit das Signal zu erwarten.

Art. 25. — Sind die Waffen überreicht, so nehmen die Secundanten ihre Plätze ein.

Sie haben sich in einer Linie parallel zur Schussrichtung aufzustellen, so dass jedem Gegner ein Gegensecundant zunächst steht.

Die Aerzte stellen sich einige Schritte hinter die Secundanten.

Art. 26. — Haben alle Betheiligten die Plätze eingenommen, so ruft hierauf der hierzu berechtigte Secundant mit lauter Stimme: „Meine Herren, Achtung auf das Signal!" worauf die drei Handschläge nach dem gewählten Zeitraume erfolgen.

Art. 27. — Beim ersten Schlage erheben die beiden Gegner die Waffen, zielen während des zweiten Schlages, worauf sie beim dritten Schlage augenblicklich und gleichzeitig Feuer zu geben haben, ob sie in der Schusslinie sind oder nicht.

Art. 28. — Wer vor dem dritten Schlage oder nur eine
halbe Secunde nach dem dritten Schlage schiesst, ist als
ehrlos zu betrachten.

Ist durch diese Verletzung des Duellgesetzes eine Verwundung
oder der Tod herbeigeführt worden, so ist der Schuldtragende als
Meuchelmörder gerichtlich zu belangen.

Wenn man in Berücksichtigung zieht, wie leicht eine Pistole
bei Verschiedenheit der Drücker und besonders bei voller Unkenntnis der Waffen vor dem dritten Schlage losgehen oder nachbrennen
kann, so wird man leicht ermessen können, dass diese Art von
Pistolenduell mehr oder weniger zu verwerfen ist.

Art. 29. — Wäre vor dem dritten Schlage ein Schuss gefallen,
so hat jener Gegner, auf den geschossen wurde, das Recht, sich
beliebig Zeit zum Zielen zu lassen und ohne jedes Bedenken den
Schuss abzugeben.

Art. 30. — Erfolgt beim dritten Schlage nur ein Schuss
regelrecht, während der andere Gegner im Zielen fortfährt, so
haben die Secundanten, selbst bei Gefahr ihres Lebens, sofort
einzuschreiten, um die Abgabe des verzögerten Schusses zu verhindern.

Art. 31. — In diesem Falle können die Secundanten jenes
Gegners, welcher regelrecht verfahren hat, die Fortsetzung des
Duelles nach dieser Duellart verweigern, und von der Gegenpartei jedes andere Duell verlangen, dessen Annahme diese beizupflichten haben.

Im Uebrigen steht auch jenem Gegner, der regelrecht den
Schuss abgegeben hat, das Recht zu, sich zurückzuziehen und
jeden weiteren Gang abzulehnen.

Art. 32. — Die Secundanten jenes Gegners, der mit der Abgabe des Schusses gezögert hat, haben diesen strenge zu verweisen, und setzen sich, falls von der Gegenpartei die Fortsetzung
des Duelles nach einer anderen Art verlangt wird, mit dem Gegensecundanten ins Einvernehmen.

Art. 33. — Sollte jedoch angenommen werden, dass das längere
Zielen mit Absicht erfolgt ist, so haben sich die Secundanten jenes
Gegners, der regelrecht verfahren hat, mit diesem zurückzuziehen
und jedes weitere Duell zu verweigern, vorausgesetzt, dass die

Gegensecundanten sich nicht bereits veranlasst gesehen haben sollten, ihren Clienten zu bedeuten, dass sie ihr Mandat als beendet erachten.

Art. 34. — Hat nach einem resultatlos gebliebenen Kugelwechsel das Duell fortgesetzt zu werden, so bleibt der in den vorstehenden Artikeln geschilderte Vorgang derselbe.

Art. 35. — Hat eine Verletzung der Duellgesetze stattgefunden, so benehmen sich die Secundanten in analoger, bei den anderen Duellarten geschilderten Art und Weise.

Art. 36. — Wurde jedoch einer der Kämpfenden gegen die Duellregeln verwundet oder erschossen, so haben die Secundanten die Verpflichtung, sofort die gerichtlichen Schritte einzuleiten.

Seit einigen Jahren ist in Frankreich eine Aenderung einiger Punkte des vorgeschriebenen Pistolenduelles vorgenommen und hierdurch eine neue Duellart „auf Commando oder Signal" eingeführt worden.

Der Vorgang ist folgender:

Art. 1. — Die Distanz ist die gleiche, fünfundzwanzig bis fünfunddreissig Schritte.

Die beiden Gegner werden in analoger Weise, wie bei der vorbeschriebenen Art aufgestellt.

Art. 2. — Bevor die Pistolen den beiden Gegnern überreicht werden, giebt der das Duell leitende Secundant das Commando und das Signal bekannt.

Art. 3. — Das vorbereitende Commando oder Aviso lautet: „Spannt!"

Das Signal selbst besteht aus dem Commando „Feuer!" und „dreimaligem Schlagen in die Hand", wobei mit lauter Stimme: „Eins, zwei, drei," vorgezählt wird.

Art. 4. — Wie bei dem vorbeschriebenen Duelle, müssen die Schläge in gleichen Zeiträumen abgegeben werden, die in diesem Falle im Vorhinein zwischen den beiderseitigen Secundanten genau bestimmt werden.

Art. 5. — Die Zeiträume zwischen den einzelnen Schlägen sind nur auf eine halbe oder ein und eine halbe Secunde beschränkt, wobei der Ernst der Angelegenheit massgebend erscheint.

Art. 6. — Nach Uebergabe der Waffen haben die beiden Gegner diese mit nach abwärts gerichteter Mündung zu halten.

Art. 7. — Sind von allen Betheiligten die Plätze eingenommen, so giebt der hierzu berechtigte Secundant das Zeichen zum Beginne des Kampfes.

Art. 8. — Auf das vorbereitende Commando oder Aviso „Spannt!" erheben die beiden Gegner die Waffen, führen dieses Commando aus und halten die Mündungen der Waffen nach aufwärts.

Ist dieses Commando ausgeführt, so frägt der Secundant mit lauter Stimme:

„Meine Herren, sind Sie bereit?"

Die beiden Gegner, die in vollster Unbeweglichkeit zu verharren haben, beantworten diese Frage nur mit „Ja" oder „Nein".

Auf die bejahende Antwort der beiden Gegner giebt der Leiter des Duelles das Commando „Feuer!" und schlägt dreimal in die Hand, wobei er mit lauter, vernehmbarer Stimme die Schläge mit dem Vorzählen: Eins, zwei, drei, begleitet.

Art. 9. — Sobald das Commando „Feuer!" erfolgt, senken beide Gegner die Waffen, zielen und haben den Schuss während der drei Handschläge, also zwischen dem Commando „Feuer!" und dem dritten Schlage, abzugeben.

Art. 10. — Wer vor dem Commando „Feuer!" oder nach dem dritten Schlage schiesst, begeht eine Verletzung der Duellgesetze und ist als ehrlos in dem aufzunehmenden Protokolle zu bezeichnen.

Hat jedoch eine Verwundung stattgefunden oder ist hierdurch der Tod des Gegners herbeigeführt worden, so haben sich die Secundanten nach den bereits gegebenen Vorschriften zu benehmen.

Revolver.

Wenn es auch im ersten Augenblicke den Anschein hat, dass die Austragung eines Duelles mit Revolvern zu den Ausnahmsduellen gerechnet werden soll, so kann diese Duellart unter Umständen dennoch als eine gesetzmässige betrachtet werden; wir wollen daher derselben an dieser Stelle einen Platz einräumen, gleichzeitig betonend, dass wir dieser Duellart eine Legalität nur bedingt zusprechen können.

Ohne Zweifel kann ein Duell mit Revolver — wir verstehen darunter keineswegs ein amerikanisches — nur dann als ein legales betrachtet werden, wenn es eine absolute Unmöglichkeit ist, für das Duell geeignete Pistolen oder blanke Waffen — Degen oder Säbel — zu verschaffen, und das Duell eine längere Aufschiebung nicht erleiden kann.

Können jedoch Degen oder Säbel herbeigeschafft werden, oder liegt es in der Möglichkeit, das Duell bis zum Erhalt der Pistolen zu verschieben, so sind wir der Ansicht, dass der Kampf mit den Revolvern auf das Entschiedenste zu verwerfen ist.

Nur von diesem Gesichtspunkte aus betrachtet, wollen wir in folgenden Artikeln jene Punkte anführen, die eine Aenderung der bestehenden Vorschriften für Pistolenduelle hierdurch erleiden.

Art. 1. — Die Secundanten haben den Kampf in analoger Weise nach den gegebenen Regeln und Vorschriften der gesetzmässigen Pistolenduelle zu leiten.

Art. 2. — Der Revolver ist nur mit einer einzigen Patrone zu laden, welche nach jeder Abgabe des Schusses, falls die Bedingungen auf mehrmaligen Kugelwechsel lauten, neuerdings ersetzt wird.

Art. 3. — Ein mehr als dreimaliger Kugelwechsel darf unter keiner Bedingung stattfinden.

Art. 4. — Eine Ausnahme des Artikels 2 könnte nur dann stattfinden, wenn es sich um ein Duell mit Vorrücken handelt, bei dem beiderseits ohne Unterbrechung zwei Schüsse gewechselt werden können. (Siehe: Anhang zum „Pistolenduell mit Vorrücken".)

In diesem Falle ist der Revolver mit zwei Patronen zu adjustiren; es empfiehlt sich jedoch, einen mehrmaligen Kugelwechsel mit steter Erneuerung der Patrone, letzterer Duellart vorzuziehen.

Art. 5. — Würde der Revolver bei Voraussetzung der Eventualität, dass ein mehrmaliger Kugelwechsel stattfinden soll, mit dieser Anzahl von Patronen versehen sein, dann wäre man hierdurch in die Kategorie der Ausnahmsduelle verfallen.

Art. 6. — Dass bei bem eventuellen Gebrauche des Revolvers diese von gleicher Beschaffenheit und von annähernd gleichem Caliber sein müssen, braucht wohl nicht erst näher erörtert zu werden.

Ausnahms-Duelle.

———

Arten des Ausnahmsduelles.

Ausnahmsduelle können zu Fuss und zu Pferd mit allen Waffen und auf alle Arten stattfinden.

Wie wir bereits genügend erörtert haben, ist hierbei das Uebereinkommen die Hauptsache.

Die Bedingungen müssen vollinhaltlich bis in das kleinste Detail aufgesetzt, von den Gegnern unterzeichnet, von den Secundanten gegengezeichnet, und in zwei Exemplaren angefertigt sein.

Wir wiederholen es nochmals:

„Niemand ist verpflichtet, ein Ausnahmsduell anzunehmen; die Secundanten müssen demselben nicht beipflichten; sie haben das Recht, jederzeit ihr Ehrenamt niederlegen zu dürfen. Desgleichen können die gegebenen Unterschriften noch im letzten Momente auf dem Terrain zu Gunsten eines nach gesetzmässigen Regeln stattzufindenden Duelles zurückgezogen werden."

Bei einem Ausnahmsduelle herrscht vollkommene Freiheit.

Es ist wohl selbstverständlich, dass auch bei einem Ausnahmsduelle den Secundanten die Verpflichtung obliegt, bei jeder Unregelmässigkeit den Schuldtragenden auf das Energischeste zu verweisen, und bei etwa vorkommender Verletzung der aufgestellten Bedingungen sich nach den diesfalls gegebenen Normen der gesetzmässigen Duelle zu richten.

Die gebräuchlichsten Arten von Ausnahmsduellen sind:

Ausnahmsduell mit Pistolen:

1. Mit festem Standpunkte bei geringerer als der gesetzmässig kürzesten Entfernung.
2. Mit Vorrücken.

Enge oder nahe Barrière.

Mit einer Barrière.

3. Mit einer geladenen Pistole.
4. Auf parallelen Linien mit ununterbrochener Bewegung.
Kampf mit Gewehr.
Kampf mit Carabiner.
Kampf zu Pferde.
Amerikanisches Duell.

Ausnahmsduell mit Pistolen.

Bei jeder Art der gesetzmässigen Pistolenduelle können durch einen schriftlichen Vertrag die beiden Standplätze näher gerückt werden, als die bei denselben üblichen Minimaldistanzen betragen, wodurch das Duell, seines gesetzmässigen Charakters benommen, in die Kategorie der Ausnahmsduelle einzureihen ist.

Wie über jedes Detail, so hat auch hierüber das Protokoll zu bestimmen, wobei bei dem Duelle „mit Vorrücken" selbst die Bedingung einer einzigen Barrière aufgenommen werden kann, so dass es im Bereiche der Möglichkeit liegt, beim Erreichen der Barrière die Mündung der Pistole an die Brust des Gegners zu setzen und den Schuss nach Gutdünken abzugeben.

Wenn schon auf geringe Distanzen geschossen werden soll, so sollen die Secundanten aus Humanitätsrücksichten Alles aufbieten, die Entfernung der beiden Gegner nicht näher als zehn Schritte betragen zu lassen; jedes Duell mit geringerer Distanz würde den Charakter eines Mordes an sich tragen.

Man kann den Secundanten aus rein menschlichen Gefühlen diesen Rath ertheilen und warm empfehlen, denn bei den Ausnahmsduellen giebt einzig und allein das Uebereinkommen den Ausschlag, wobei es nicht selten in der Macht der Secundanten liegen dürfte, den Kampfeifer der beiden Gegner zu mässigen.

I. Pistolenduell mit festem Standpunkte bei geringerer als der gesetzmässig kürzesten Entfernung.

Im Allgemeinen sind diesem Ausnahmsduelle die Vorschriften des gesetzmässigen Pistolenduelles mit „festem Standpunkte und

freiem Schusse" zu Grunde gelegt, bei welcher Duellart es jedem
der beiden Gegner überlassen bleibt, in der gegebenen Zeit seinen
Schuss abzugeben.

Es ist wohl einleuchtend, dass man die Bedingung, einem der
beiden Gegner das Recht des ersten Schusses zuzusprechen, nicht
aufnehmen kann.

Bei einer Distanz, die vielleicht nur mit zehn Schritten angenommen wurde, wären die Chancen bei einer Zielzeit von einer
halben Minute ungleich günstiger für jenen Gegner, dem der erste
Schuss zufällt; das Duell würde mehr einem Morde gleichen.

Der Vorgang auf dem Terrain ist folgender:

Art. 1. — Nachdem von Seite des leitenden Secundanten das
geeignetste Terrain für den zu beginnenden Kampf ermittelt wurde,
werden die Standplätze der beiden Gegner bezeichnet, die auch
bei dieser Art des Ausnahmsduelles so gleichartig als möglich
gewählt werden müssen, um keinen der Gegner gegenüber dem
anderen im Vortheile erscheinen zu lassen.

Art. 2. — Die Bestimmung der Entfernung der beiden Standpunkte bleibt dem Uebereinkommen überlassen; diese kann selbst
zehn Schritte betragen.

Unter dieser Distanz — wir wiederholen es nochmals — sollen
die Secundanten jede Vereinbarung vereiteln.

Nachdem die Entfernung des gesetzmässigen Duelles mit
„festem Standpunkte und freiem Schusse" fünfundzwanzig Schritte
beträgt, so bleibt dieses Duell insolange ein Ausnahmsduell, als
diese Schrittzahl nicht eingehalten wird.

Art. 3. — Die Standplätze der beiden Gegner werden durch
das Los bestimmt.

Art. 4. — Die Waffen sollen den beiden Gegnern nicht bekannt und von demselben Paare sein.

Den Gebrauch von eigenen Waffen schliesst diese Art des
Duelles aus.

Art. 5. — Das Recht, unter den für das Duell bestimmten
Waffen zuerst wählen zu dürfen, wird durch das Los bestimmt.

Art. 6. — Die Pistolen werden nach den bei den gesetzmässigen Duellen gegebenen Vorschriften vor allen Zeugen
geladen.

Art. 7. — Das Los bestimmt, welcher der Secundanten das Duell zu leiten und das Zeichen zum Beginne des Kampfes zu geben hat.

Art. 8. — Der das Duell leitende Secundant liest den für dieses Duell vereinbarten Vertrag vollinhaltlich vor.

Art. 9. — Nachdem die Secundanten die Gegner untersucht, ob kein fester Gegenstand ihre Brust deckt, nehmen die Kämpfenden ihre durch das Los bestimmten Standplätze ein; sie werden derart aufgestellt, dass sie sich den Rücken zukehren.

Hierauf werden die Waffen den beiden Gegnern nach der durch das Los bestimmten Reihenfolge überreicht.

Art. 10. — Die Secundanten nehmen ihre Plätze parallel zur Schusslinie ein; jedem der Gegner steht zunächst ein Gegensecundant.

Die Aerzte nehmen ihre Aufstellung einige Schritte hinter den Secundanten.

Art. 11. — Sind alle Vorbereitungen getroffen, so ruft der das Duell leitende Secundant mit vernehmbarer Stimme beiläufig folgende Worte:

„Meine Herren, ich bitte auf das Commando Acht zu geben, wenden Sie sich nicht früher um, und enthalten Sie sich jeder Action."

Art. 12. — Hierauf erfolgt das Aviso: „Achtung!" und nach einem kurzen Intervalle das Commando: „Feuer!"

Art. 13. — Auf dieses Commando drehen sich beide Gegner um, spannen, und schiessen nach Belieben.

Keiner der beiden Gegner hat den Anspruch auf den ersten Schuss.

In welchem Zeitraume die Antwort auf den ersten Schuss zu erfolgen habe, hängt von den getroffenen Bestimmungen ab.

Art. 14. — Findet ein weiterer Kugelwechsel statt, so wird bei Beobachtung des Vertrages der oben geschilderte Vorgang wiederholt.

Art. 15. — Ist eine Unregelmässigkeit vorgekommen, oder hat eine Verletzung des Kampfvertrages stattgefunden, so haben sich die Secundanten nach den gegebenen Vorschriften der gesetzmässigen Duelle zu benehmen, falls sie sich durch das Betragen ihres Clienten nicht veranlasst sehen sollten, eine weitere Vertretung abzulehnen.

Art. 16. — Hat jedoch durch die Nichteinhaltung des Vertrages eine Verwundung stattgefunden, oder ist einer der beiden Gegner hierdurch erschossen worden, so haben die Secundanten auch bei dieser Art von Duellen die Verpflichtung, die gerichtlichen Schritte einzuleiten.

Alle hier nicht angeführten Punkte sind dem jeweiligen Vertrage anheimgestellt.

II. Pistolenduell mit Vorrücken.

Mit enger oder naher Barrière.

Wird bei dem gesetzmässigen Pistolenduelle „mit Vorrücken oder Barrière" die vorgeschriebene Distanz herabgesetzt, so verliert das Duell den Charakter der Gesetzmässigkeit.

Im Allgemeinen finden auch bei diesem Ausnahmsduelle die für die gesetzmässige Art aufgestellten Regeln ihre Anwendung.

Die diesbezüglichen Ausnahmen sind in folgenden Artikeln gegeben:

Art. 1. — Die Entfernung der beiden Standpunkte wird unter der für die gesetzmässige Art dieses Pistolenduelles üblichen Distanz von fünfunddreissig Schritte gewählt.

Die Fixirung der Entfernung bleibt dem aufzustellenden gegenseitigen Vertrage überlassen.

Art. 2. — In dieser, die beiden Endpunkte verbindenden Linie werden die Barrièren gezogen, deren Abstand voneinander nur zehn Schritte beträgt; es kann aber auch nach Uebereinkommen unter dieses Mass geschritten werden.

Bei der gesetzmässigen Duellart sind die Barrièren fünfzehn bis zwanzig Schritte voneinander entfernt, so dass die beiden Gegner von ihrem Standpunkte zehn Schritte Raum zum Vorrücken haben.

Art. 3. — Die Verwendung eigener Pistolen erscheint ausgeschlossen.

Art. 4. — Ist das Commando für die Eröffnung des Kampfes erfolgt, so können die beiden Gegner, wie bei dem gesetzmässigen

13*

Duelle mit Vorrücken, in gerader Linie vorgehen, können nach Gutdünken stehen bleiben und schiessen, oder aber vom Standplatze
aus ihren Schuss abgeben.

Die Barrièren dürfen nicht überschritten werden.

Art. 5. — Wer geschossen hat, muss in vollkommener Ruhe
den Schuss des Gegners abwarten, auch wenn dieser bis zur
Barrière vordringen würde.

Art. 6. — Die zur Abgabe des Gegenschusses und zum Vorrücken erforderliche Zeit ist dem gegenseitigen Uebereinkommen
überlassen und muss im Vertrage genau festgestellt sein.

Mit einer Barrière.

Nachdem einzig und allein der Vertrag die Entfernung der
Barrièren zu bestimmen hat, so kann auch nur eine einzige
Barrière in der Mitte der Entfernung der beiden Standplätze ge-
zogen werden.

Es ist einleuchtend, dass, falls einer der beiden Gegner bis
zur Barrière vorgedrungen und seinen Schuss abgegeben hat, dem
anderen Gegner das Recht zusteht, in der im Vertrage festgestellten
Zeit gleichfalls bis zur Barrière vorzutreten, um von dieser aus
den Gegenschuss abzugeben, so dass er in diesem Falle die
Mündung seiner Pistole dem Gegner an die Brust setzen kann!

III. Duell mit einer geladenen Pistole.

Ohne Widerspruch ist dieses Duell, das auch den Namen
„übers Sacktuch schiessen" führt, eines der grausamsten und ge-
fährlichsten der Ausnahmsduelle; es ist am allerwenigsten annehmbar, so dass es nur in ganz aussergewöhnlichen Fällen in
Vorschlag gebracht werden sollte.

Ist schon bei jeder Art der Ausnahmsduelle die Verantwortlichkeit, welche die Secundanten auf sich nehmen, eine überaus
grosse, so belastet diese Art des Duelles die Verantwortlichkeit
in einer solchen Weise, dass sich beinahe niemand findet, der als
Secundant die Einwilligung zu demselben geben mag.

Graf Chatauvillard schreibt in seinem Werke:

„Wir geben Erläuterungen über dieses Duell nur, weil man traurige, bedauerungswürdige Beispiele davon gesehen hat, aber wir erklären gleichzeitig, dass keiner von uns dasselbe annehmen oder als Zeuge hierbei fungiren würde."

Von denselben Intentionen geleitet, wollen wir in nachstehenden Artikeln die besonderen Dispositionen zum Ausdruck bringen.

Die allgemeinen Vorschriften der gesetzmässigen Pistolenduelle finden auch bei diesem Ausnahmsduell ihre volle Anwendbarkeit.

Art. 1. — Es dürfen Pistolen nur mit glatten Läufen in Verwendung kommen.

Art. 2. — Das Laden der Pistole besorgen zwei Secundanten, je einer eines jeden Gegners.

Damit der Vorgang des Ladens von Seite der übrigen Betheiligten nicht beobachtet werden kann, entfernen sich diese beiden Secundanten auf wenigstens vierzig bis fünfzig Schritte vom Kampfplatze, falls sie nicht näher ein Gegenstand vor den Blicken der Kämpfenden und der zurückgebliebenen Secundanten decken könnte.

Art. 3. — Die Secundanten laden mit aller Vorsicht bloss eine der beiden Pistolen, während auf die andere Pistole nur das Zündhütchen aufgesetzt wird, so dass beide Pistolen dem äusseren Anscheine nach geladen sind.

Art. 4. — Einer der beiden zurückgebliebenen Secundanten hat die Verpflichtung, auf ein vorher besprochenes Zeichen die beiden Pistolen zu holen, während der andere diese den beiden Gegnern zu überreichen hat.

Das Los hat hierüber zu entscheiden.

Art. 5. — Sind die beiden Pistolen in der oben geschilderten Weise adjustirt, so wird das Zeichen zum Abholen gegeben.

Der hiefür bestimmte Secundant holt die Waffen ab und überbringt diese, ohne Kenntnis zu haben, welche der beiden Pistolen geladen ist, dem zweiten Secundanten, der weiters berufen ist, den Kampf zu leiten.

Alles dies geschieht stillschweigend.

Art. 6. — Das Los hat zu entscheiden, welchem der beiden Gegner das Recht zusteht, unter den zwei Pistolen wählen zu dürfen.

Art. 7. — Der die Waffen überreichende Secundant hält diese
hinter seinen Rücken und nähert sich jenem Gegner, dem durch
das Los das Recht der Wahl zugefallen ist, mit den Worten:
„Rechte oder linke Hand," worauf er diesem die in der gewählten Hand befindliche Pistole übergiebt.

Art. 8. — Vor Uebergabe der Waffen hat der das Duell
leitende Secundant die Verpflichtung, die Gegner zu untersuchen,
ob nicht ein fester Gegenstand die Brust derselben deckt.

Nach Vornahme dieser unter allen Umständen dringend gebotenen Untersuchung, liest der Leiter des Duelles den auf den
Kampf Bezug habenden Vertrag vor.

Art. 9. — Die beiden Secundanten, denen die Waffen übergeben wurden, haben den weiteren Verlauf des Duelles allein zu
leiten.

Sie sind gleichfalls bewaffnet und halten sich nur drei Schritte
von den Kämpfenden entfernt.

Jene beiden Secundanten, welche das Laden der Waffen besorgt haben, stehen mindestens zwanzig Schritte abseits von den
Gegnern, doch haben sie ihre Plätze derart einzunehmen, dass sie
im Stande sind, den Vorgang genau zu beobachten, um nöthigen-
falls schnell einschreiten zu können.

Art. 10. — Sind die Waffen übergeben, so reicht man den
Gegnern ein Sacktuch, welches diese an zwei diagonal gegenüber-
liegenden Enden zu erfassen haben.

Art. 11. — Hierauf fordert der leitende Secundant die Gegner
auf, genau auf das Signal zu achten, und bemerkt, dass die Gegner
mit ihrer Ehre verpflichtet sind, auf das Signal augenblicklich
und gleichzeitig Feuer zu geben.

Art. 12. — Das Signal wird durch einen kräftigen Schlag
in die Hand gegeben, welches auf das vorbereitende Aviso:
„Achtung, meine Herren!" nach einem kurzen Intervall erfolgt.

Art. 13. — Hat einer der beiden Kämpfenden vor dem gegebenen Signal den Schuss abgegeben, so darf sein Gegner, falls
er im Besitze der „geladenen" Pistole ist, mit gutem Gewissen
jenem die Pistole an die Stirne setzen und abdrücken.

Art. 14. — Ist jedoch durch den vorzeitig abgegebenen Schuss
der Gegner getödtet worden, so haben die Secundanten des Ge-

tödteten die Verpflichtung, den Schuldtragenden mit allen gebotenen Rechtsmitteln vor dem Gerichte als Meuchelmörder zu belangen.

Die in den vorstehenden Artikeln 2 bis 5 — betreffend das Laden der Pistole — sowie des Artikels 7 — betreffend der Uebergabe der Waffen — gegebenen, genau detaillirten und streng einzuhaltenden Vorsichtsmassregeln sind zu dem Zwecke aufgestellt, um jedem Verrathe möglichst vorzubeugen und gleichzeitig die positive Gewissheit zu erlangen, dass kein einziges Zeichen den Kämpfenden andeuten könnte, welches die geladene Waffe sei.

Die in dem Artikel 11 gegebene Vorschrift der gleichzeitigen Abgabe des beiderseitigen Schusses ist überaus wichtig, und bei Nichteinhaltung derselben die Strenge des Artikels 13 vollkommen zu billigen.

Trotzdem hatte man die Wichtigkeit, die dem Momente der gleichzeitigen Abgabe des Schusses beigelegt wird, vielfach mit der Motivirung bestritten, dass es völlig gleichgiltig erscheint, welcher der beiden Gegner zuerst schiesst, da ja ohnehin nur eine Pistole geladen ist.

Wir glauben der Ansicht beipflichten zu müssen, dass die Wichtigkeit der gleichmässigen Abgabe des beiderseitigen Schusses nicht genug hervorgehoben werden kann, da die vorzeitige Abgabe des Schusses auf Berechnung beruhen und derselben ein unlauteres Motiv zu Grunde liegen könnte.

Zur Bekräftigung dieser Behauptung sagt Graf Chatauvillard in seinem Werke hierüber Folgendes:

„Mancher ehrlose Mensch, der sich mit einer geladenen Pistole schlägt, kann folgendermassen denken:

Ich werde trachten den Schuss zuerst abzugeben. Bin ich im Besitze der geladenen Pistole, so bin ich desto sicherer meines Gegners los und brauche mir darüber keine Gewissensbisse zu machen, denn ich hätte meinen Gegner doch im nächsten Momente erschossen.

Wenn jedoch die falsche Wahl auf meiner Seite wäre, und ich die ungeladene Waffe in der Hand habe, so wird mein Leben allerdings in der Macht des Gegners liegen; ist dieser jedoch muthig und gleichzeitig grossmüthig, was ich voraussetze, so habe ich die grosse Aussicht, dass er aus Edelmuth mein Leben schonen dürfte."

In der That wird sich der Feige hierin nicht irren!

Sein Gegner, der die Gewissheit erlangt hat, dass sein Leben ausser Gefahr ist, empfindet wahrscheinlich ohne es zu wollen in diesem Momente jenen Grad von Grossmuth, der ihn davon abhalten dürfte, einen Menschen, der jetzt ohne Vertheidigung dasteht, einen Menschen, der ihm nicht mehr Schaden zufügen kann und dessen Leben in seiner Hand ist, erbarmungslos niederzuschiessen; das Alles ist hinreichend genug, er schiesst in die Luft und übergiebt die Waffe den Secundanten mit dem Bewusstsein, eine gute Handlung gethan zu haben; er entfernt sich leichten Herzens.

Seine Beleidigung ist getilgt, wenn er eine Beleidigung erhalten hat; getilgt desgleichen, wenn er sie selbst gethan hat, denn er hat Rechenschaft gegeben und der Gegner schuldet ihm überdies noch Erkenntlichkeit.

In der That hat aber dieser Gegner nichts Anderes gethan, als einem erbärmlichen Schurken, der alle Chancen des Kampfes für sich hatte, und der für seine erbärmliche feige That gezüchtigt werden sollte, das Leben geschenkt.

Ein solcher Mensch hätte durch die vorzeitige Abgabe des Schusses gewissenlos einen Meuchelmord begangen; dieses rechtfertigt die Worte vollständig: „darf ihm mit gutem Gewissen das Hirn zerschmettern", um einem weiteren Verrathe einen Damm zu setzen.

Die Secundanten werden wohl nicht zögern, jenen Duellanten, der nur durch Zufall die geladene Pistole in die Hand bekommen, und seinen Gegner durch ein derartig schmachvolles Benehmen getödtet hat, vor dem Gerichte als Meuchelmörder zu belangen.

IV. Pistolenduell auf parallelen Linien mit ununterbrochenem Vorrücken.

Der ersten Beurtheilung nach erscheint diese Duellart unter den Pistolenduellen die am wenigsten gefährliche zu sein, und kann sogar das Befremden hervorrufen, dass dasselbe nicht unter die Classe der legalen oder gesetzmässigen Duellarten aufgenommen erscheint.

Prüft man dasselbe aber genauer, so dürfte man sich bald die Ueberzeugung verschaffen, dass unter den gegebenen Umständen diese Duellart für einen der beiden Combattanten so ungünstig werden kann, dass das Einverständnis sämmtlicher Zeugen nothwendig erscheint, um dasselbe stattfinden zu lassen.

Aus diesem Grunde ist die vorstehende Duellart, als ausser dem Gesetze stehend, unter die Ausnahmsduelle eingereiht worden; sie erfordert alle Förmlichkeiten eines solchen, und kann auch deshalb von den Betheiligten verweigert werden.

Im Allgemeinen sind diesem Ausnahmsduelle die Vorschriften des gesetzmässigen Pistolenduelles auf „parallelen Linien" zu Grunde gelegt.

Art. 1. — Nachdem die Secundanten alle Vorbereitungen für den bevorstehenden Kampf getroffen und das hiefür geeigneteste Terrain ermittelt haben, werden die Standplätze der beiden Gegner bezeichnet.

Art. 2. — Auf dem Kampfplatze werden zwei parallele Linien gezogen, die von einander fünfundzwanzig Schritte entfernt sind. Die Länge der Linien beträgt fünfunddreissig Schritte.

Art. 3. — Die Standplätze der beiden Gegner werden durch das Los bestimmt.

Art. 4. — Die Waffen dürfen den Gegnern nicht bekannt sein; der Gebrauch von eigenen Pistolen ist bei jeder Art von Beleidigung ausgeschlossen.

Das Los entscheidet, welchem der beiden Gegner unter dem für den Kampf bestimmten Pistolenpaare das Recht der Wahl zusteht.

Art. 5. — Die Pistolen werden vor allen Secundanten nach den, bei den gesetzmässigen Pistolenduellen gegebenen Grundsätzen und Vorschriften geladen.

Art. 6. — Sind alle Vorbereitungen getroffen, so werden die beiden Gegner von den Secundanten an ihre durch das Los bestimmten Plätze geführt.

Die Plätze sind am Ende jeder Parallellinie, so dass sich die beiden Kämpfenden schräg gegenüber stehen.

Jeder derselben hat die Linie seines Gegners zur rechten Seite.

Art. 7. — Die Secundanten müssen sich nach den gegebenen Vorschriften versichern, ob die Gegner keinen schützenden Gegenstand an der Brust tragen.

Die Verweigerung der Untersuchung käme einer Duellverweigerung gleich.

Art. 8. — Der durch das Los zur Leitung des Duelles bestimmte Secundant liest den Duellvertrag nochmals vor und fordert die Gegner auf, denselben auf das Gewissenhafteste einzuhalten.

Art. 9. — Hierauf werden die Pistolen jenem Gegner zur freien Wahl überreicht, der durch das Los hierzu berechtigt erscheint.

Art. 10. — Nachdem alle Vorbereitungen getroffen wurden, nehmen die Secundanten paarweise hinter dem Gegner ihres Clienten, demzufolge in verkehrter Ordnung, ihre Plätze ein.

Um gegen das Feuer ihres Clienten geschützt zu sein, stehen die Secundanten etwas rechts abseits, aber immer derart, dass sie den Kampf in allen seinen Phasen auf das Genaueste überwachen und gegebenenfalls rasch einschreiten können.

Art. 11. — Die beiden Gegner halten nach Ueberreichung der Waffen diese mit zu Boden gesenkter Mündung.

Art. 12. — Der das Duell leitende Secundant fordert die Gegner auf, sich vor dem Commando jeder Action mit der Waffe zu enthalten.

Das Commando lautet „Vorwärts!"

Art. 13. — Ist nach dem Aviso: „Meine Herren, Achtung auf das Commando!" dieses erfolgt, so spannen die beiden Gegner ihre Waffen und beginnen sofort auf ihren Linien vorzurücken.

Gegeneinander in gerader Linie vorzugehen, ist nicht gestattet.

Die kürzeste Distanz, in der sich die Gegner nähern können, wird fünfundzwanzig Schritte betragen.

Die beiden Gegner dürfen den Marsch nie unterbrechen, sie müssen gehend zielen und schiessen und nach Abgabe des Schusses in gleichem Schritte gegen das Ende ihrer Linie den Marsch fortsetzen, demnach auch gehend den Gegenschuss aushalten.

Art. 14. — Hat der erste Schuss nicht getroffen, so darf jener Gegner, auf den geschossen wurde, den Marsch nicht unterbrechen, da die Antwort gleichfalls gehend zu erfolgen hat.

Art. 15. — Für die Antwort ist so lange Zeit gegeben, bis jener Gegner, der sein Feuer abgegeben, den Endpunkt seiner Linie erreicht hat.

Ist dieser erreicht, so verliert man das Recht der Abgabe der Antwort.

Desgleichen ist das Recht „der Antwort" verwirkt, wenn vor Abgabe des Gegenschusses das Ende der Linie erreicht wird, da es sich trotz des zu regulirenden Schrittes leicht ereignet, dass man, wenn auch nur einen Moment, vor seinem Gegner am Endpunkte anlangen kann.

Stehend von diesem Punkte aus, darf nicht geschossen werden.

Art. 16. — Der Kampf ist demnach als beendet anzusehen, wenn einer der beiden Gegner den Endpunkt der Linie erreicht hat.

Art. 17. — Hat durch den ersten Schuss eine Verwundung stattgefunden, so ist dem Verwundeten die gleiche Zeit wie oben angeführt zur Antwort gegeben.

Art. 18. — Der Marsch hat in jedem Falle ohne jede Hast, auch nach Abgabe des Schusses, in regelmässigem, gleichem Tempo zu erfolgen.

Die Vorschrift betreffs der Schnelligkeit des Marsches ist nicht so leicht in Ausführung zu bringen, denn es kann eine verschiedenartige Auffassung sowohl der Schrittlänge als auch der Schnelligkeit platzgreifen.

Hat man bei Berechnung der Distanz das militärische Mass des Schrittes mit fünfundsiebenzig Centimeter im Auge behalten, so sollen sich die Zeugen betreffs der Schnelligkeit der Schritte gleichfalls an die diesbezügliche Militärvorschrift halten, welcher Vorschlag auch in dem französischen Duellcodex empfohlen wird.

Zur Regulirung des Schrittes wird es zweckmässig erscheinen, sich einer Secundenuhr zu bedienen.

Art. 19. — Wenn nach einem resultatlos gebliebenen Gange auch bei dieser Duellart eine Fortsetzung des Kampfes zulässig erscheint, so findet gewöhnlich nur ein einziger Kugelwechsel statt.

Jedenfalls entscheiden hierüber die getroffenen Vereinbarungen.

Art. 20. — Bei einer Fortsetzung des Duelles wird der oben geschilderte Vorgang genau eingehalten.

Art. 21. — Bei jeder Uebertretung des Vertrages oder bei einer entgegen des Duellvertrages vorkommenden Verwundung oder Tödtung des Gegners haben die Secundanten die Verpflichtung, sich nach den bei den gesetzmässigen Duellen gegebenen Weisungen zu verhalten.

Kampf mit Gewehr.

Wenn auch dieses Ausnahmsduell, sowie die beiden folgenden mit dem Carabiner und zu Pferde ihrer exotischen Natur wegen bei uns nicht gebräuchlich sind, füglich auch weggelassen werden könnten, so sehen wir uns dennoch veranlasst diese anzuführen, da des Oefteren derselben Erwähnung gethan wird.

Der Kampf mit dem Gewehr kann mit festem Standpunkte oder mit Vorrücken — Barrièren — erfolgen.

Im ersteren Falle wird nach Chatauvillard die Entfernung der beiden Standplätze mit sechzig, im letzteren Falle mit hundert Schritten angenommen.

Die Entfernung der Barrièren ist dem gegenseitigen Uebereinkommen überlassen.

Es ist wohl selbstverständlich, dass die Gewehre von demselben System sein müssen.

Das Signal zur Eröffnung des Kampfes erfolgt durch das Commando: „Feuer!" — worauf jeder der beiden Gegner nach Belieben den Schuss abgeben und, falls das Vorrücken vereinbart wurde, sich nach Gutdünken in Bewegung setzen darf.

Bei dieser Duellart kann auch ein mehrmaliger Kugelwechsel stattfinden, doch muss im Vorhinein die genaue Uebereinkunft getroffen worden sein, ob die beiden Gegner selbst laden dürfen, um weiter schiessen zu können.

Alle weiteren Details sind dem jeweiligen Uebereinkommen anheimgestellt.

Kampf mit Carabiner.

Auch bei diesem exotischen Ausnahmsduelle hat die allgemeine Regel, dass sich beide Gegner in einer unter allen Umständen und Beziehungen vollkommen gleichen Situation befinden müssen, Geltung.

Desgleichen sind die allgemeinen Vorschriften der gesetzmässigen Pistolenduelle in voller Giltigkeit, wenn auch alle Details des Kampfes dem festzustellenden Vertrage anheimgestellt werden.

Die Entfernung der Standplätze der beiden Gegner beträgt sechzig Schritte.

Die Carabiner müssen von derselben Beschaffenheit und von selbem Caliber sein.

Um das Recht des ersten Schusses wird gelost.

Wurde diese Vereinbarung nicht getroffen, so wird das Zeichen für den Beginn des Kampfes durch dreimaligen kräftigen Schlag in die Hand gegeben.

Nach dem dritten Schlage steht jedem Gegner das Recht zu, nach seinem Gutdünken den Schuss abzugeben.

Kampf zu Pferde.

Das Terrain wird so eben als möglich ausgesucht, es soll dem einer grossen offenen Reitschule ähneln.

Die Waffen können Pistolen oder Carabiner sein, auch kann die Bestimmung getroffen werden, dass den Gegnern zwei Pistolen gleichzeitig übergeben werden.

Die Gegner werden bei jeder Art von Waffe auf die Entfernung von fünfundzwanzig Schritte einander gegenüber gestellt, und rücken auf das gegebene Zeichen aufeinander los, um nach Belieben den Schuss abgeben zu können.

Keiner hat hierbei das Recht des ersten Schusses.

Das Zeichen oder Signal besteht aus dem Commando: „Vorwärts!"

Die Secundanten, die bei dieser Duellart in eine ernste Situation gerathen können, müssen gleichfalls beritten sein.

Amerikanisches Duell.

Im engeren Sinne versteht man unter dieser Bezeichnung das Uebereinkommen der beiden Gegner, durch das Los (weisse oder schwarze Kugel) zu bestimmen, wem von ihnen die Verpflichtung zufällt, sich binnen einer Frist — gewöhnlich lautet die Bestimmung binnen Jahr und Tag — selbst todt zu schiessen.

Nachdem diesem Uebereinkommen alle Merkmale eines Duelles abgehen, so gehört es streng genommen nicht unter die Duelle.

Es ist dies eine Losung ums Leben.

Das amerikanische Duell ist ein ehrloser Act der erbärmlichsten Feigheit; als solches wird es von jedem Ehrenmanne, der eine andere Anschauung der ritterlichen Austragung einer Ehrenangelegenheit hat, angesehen.

Das Duell verlangt, dass man sich mit der Waffe in der Hand persönlich in die Gefahr begiebt; wer dies thut, der setzt zur Vertheidigung seiner Ehre sein Leben, seine Freiheit und mitunter die Existenz ein; sein Betragen ist ein ritterliches.

Wer es aber nur dem Zufall überlässt, seine Ehre zu vertheidigen, hoffend, sich gefahrlos aus der Affaire zurückziehen zu können, der handelt feige. Wer garantirt dafür, dass jener Gegner, der die schwarze Kugel gezogen, sich in der That in der festgesetzten Frist erschiesst; ist das Gegentheil nicht möglich?

Mit vollem Rechte wird jeder, der eine derartige Forderung stellt oder annimmt, als ehrlos und als nicht satisfactionsfähig betrachtet.

Aber auch jener, der diese Forderung überbringt, handelt gegen die ritterlichen Gesetze und soll als satisfactionsunfähig gebrandmarkt werden.

Eine derartige Forderung ist nicht nur zurückzuweisen, der Geforderte soll überdies, ohne dass im Geringsten seiner Ehre wegen Nichtannahme des Duelles nahe getreten werden könnte, einem competenten Ehrenrathe Anzeige hiervon erstatten.

In Amerika schlägt man sich auf die unglaublichsten Arten mit den verschiedensten Waffen; ein excentrisches Wesen kommt bei jedem dieser Duelle zur Geltung.

Der Kampf folgt gewöhnlich der Beleidigung; Secundanten werden in diesem Falle nicht gewählt, die zufällig Anwesenden, die gleichzeitig Partei für den einen oder den anderen der beiden Gegner nehmen, bilden die Zuseher.

Es wird mit Messern und Revolvern im offenen und geschlossenen Raume und selbst im Dunkeln gekämpft.

Nicht selten wird bei Messerkämpfen einer der beiden Gegner an einen Pfahl in der Weise befestigt, dass er sich nur im Umkreise von drei bis vier Schritten bewegen kann, während der andere Gegner frei angreift.

Auch an grausamen Kämpfen fehlt es nicht.

So lesen wir von einem Lassoduell, bei welchem der Besiegte von der Schlinge festgehalten, aus dem Sattel gerissen und von dem davonsprengenden Pferde des Siegers über den Boden geschleift wird, so dass er bald nur noch eine formlose Masse bildet.

Des Oefteren ähnelt ein Duell auch einer Jagd.

Die beiden Gegner, mit Carabiner oder Flinten bewaffnet, werden von den Vertrauensmännern zur festgesetzten Stunde an bestimmte Punkte am Saume eines Waldes aufgestellt und hierauf ihrem Schicksale überlassen.

Die mit Proviant versehenen Gegner suchen sich oft tagelang und wenden jede mögliche List an, durch Anwendung von Feuer, selbst durch Exponirung einer ausgestopften Puppe, ihren Gegner zu täuschen, um desselben, sei es aus einem Hinterhalte oder von einem Baume aus, habhaft zu werden.

Wir glauben genügend über diese exotischen Kämpfe gesprochen zu haben und wollen es daher bei diesen wenigen Proben der sogenannten „amerikanischen Duelle" bewenden lassen.

Anhang.

Muster für die Abfassung von Protokollen.

I.

Schriftliche Vereinbarung der Secundanten.

(Ort) . . . . am . . . .

In Folge entstandener Differenzen zwischen den Herren:

1. . . . . . . ⎫
   und ⎬ Vor- und Zuname, sowie Charakter
2. . . . . . . ⎭

treten die Unterzeichneten als deren Secundanten und Bevollmächtigten, und zwar

für Herrn . . . .

1. . . . . . . ⎫
   ⎬ Vor- und Zuname, sowie Charakter
2. . . . . . . ⎭

sowie für Herrn . . . .

1. . . . . . . ⎫
   ⎬ Vor- und Zuname, sowie Charakter
2. . . . . . . ⎭

zur gemeinsamen Feststellung und Klärung der Angelegenheit am heutigen Tage um . . . Uhr . . . Minuten . . . mittags zusammen, und bringen folgende auf die schwebende Ehrensache bezüglichen Daten, sowie die darüber gefassten Beschlüsse und Vereinbarungen zu Protokoll.

1. Die Feststellung des Thatbestandes und der hierdurch erfolgten Beleidigung. (So genau als möglich anzuführen.)

2. Feststellung, wer als Beleidigter anzusehen, oder wem die Rechte des Beleidigten zugesprochen werden.

a) Nach sorgfältiger Prüfung des ad 1 geschilderten Thatbestandes erscheint zweifellos Herr . . . . als der Beleidigte;

oder:

b) Da nach dem vorliegenden Sachverhalte beide Herren sich
für beleidigt erklären und thatsächlich von den Gefertigten keinem
der beiden Gegner die Rechte des Beleidigten zugesprochen werden
können, so wird die Entscheidung dem Lose anheimgestellt. (Siehe:
Rechte des Beleidigten und deren Zuerkennung, Art. 6.)

Durch das Los fiel dem Herrn . . . . die
Stellung des Beleidigten zu;

oder:

c) Da nach sorgfältiger Prüfung der Angelegenheit, sowie der
abgegebenen Erklärungen seitens der Secundanten jenes Herrn, von
dem Genugthuung verlangt wird, in den gefallenen Aeusserungen
oder Benehmen etc. kein wie immer gearteter beleidigender Sinn
gefunden werden kann, demnach keine Beleidigung vorliegt, so
entfällt auch jede Veranlassung zur weiteren Verfolgung dieser
Angelegenheit. Dieselbe ist hiermit beigelegt;

oder:

d) Nach sorgfältiger Prüfung der persönlichen Verhältnisse
erscheint die Satisfactionsfähigkeit des Herrn . . . .
zweifelhaft und wird die Angelegenheit einem Ehrenrathe vorgelegt;

oder:

e) Da die Satisfactionsfähigkeit des Herrn . . . . . durch
folgende Thatsachen . . . . abgesprochen
wird, so entfällt für den Gegner Herrn . . . . die
Nothwendigkeit, diese Angelegenheit in ritterlicher Art und
Weise auszutragen;

eventuell:

f) Nachdem die Secundanten über . . . .
eine Einigung nicht erzielen konnten, so unterwerfen sie sich
einem Schiedsgericht.

Als Schiedsrichter wurde Herr . . . . . gewählt.

3. Feststellung der Art und des (ersten, zweiten oder
dritten) Grades der Beleidigung.

4. Eventuelle Beilegung des Duelles.

A. Bei Beleidigung ersten Grades (einfache Beleidigung).

I. Wenn die Initiative hierzu von Seite des Beleidigten erfolgt:

a) Nachdem die Secundanten des Beleidigten die Erklärung abgegeben haben, dass ihr Client bereit ist, die Angelegenheit auf friedlichem Wege beizulegen, wenn der Beleidiger seine beleidigenden Aeusserungen etc. . . . zurückzieht und diese Entschuldigung in nachstehender Form (siehe: Beilegung des Duelles) . . . . . .

. . . .

erfolgt, nachdem endlich die Zeugen des Beleidigers sich mit dieser Form der Entschuldigung einverstanden erklären, so erscheint die Angelegenheit als für beide Theile ehrenhaft beigelegt;

oder:

b) die Secundanten des Beleidigers erklären sich mit dieser Form der abzugebenden Entschuldigung nicht einverstanden;

oder:

c) nachdem die Secundanten des Beleidigers erklärt haben, bezüglich der zu erfolgenden Entschuldigung sich bei ihren Clienten Instructionen einholen zu müssen, so wird die Sitzung um . . . Uhr . . . Minuten . . . mittags unterbrochen.

Wiedereröffnung der Sitzung um . . . . . .

(Erfolgt die Erklärung der Secundanten);

oder:

d) die Secundanten des Beleidigers geben die Erklärung ab, dass sie sich auf eine Entschuldigung oder Zurücknahme der Beleidigung nicht einlassen können.

II. Wenn die Initiative der Beilegung des Duelles von Seite des Beleidigers ausgeht:

a) Nachdem die Secundanten des Beleidigers die Erklärung abgegeben haben, dass ihr Client bereit sei, durch Zurücknahme der erfolgten beleidigenden Aeusserungen etc. die Angelegenheit auf friedlichem Wege beizulegen, und diese Entschuldigung in nachstehender Form . . . .

zum Ausdruck bringen, nachdem sich weiters die Secundanten des Beleidigten mit dieser Form der Entschuldigung einverstanden erklären, so erscheint diese Angelegenheit als für beide Theile ehrenhaft beigelegt;

oder:

b) die Secundanten des Beleidigten erklären sich mit dieser Form der Entschuldigung nicht einverstanden;

oder:

c) die Secundanten des Beleidigten erklären, diesbezüglich neue Instructionen einholen zu müssen.

Unterbrechung der Sitzung um . . . Uhr . . . Minuten . . . mittags.

Wiederaufnahme der Sitzung um . . . . . .

(Erfolgt die Erklärung der Secundanten);

oder:

d) nachdem von Seite des Beleidigten die Entschuldigung des Beleidigers nicht angenommen wurde und derselbe auf Austragung des Duelles beharrt, so verliert er die ihm zugesprochenen Rechte des Beleidigten, um die nunmehr gelost wird. (Siehe: Beilegung des Duelles.) Diese Rechte fielen durch das Los dem Herrn . . . . . . zu.

B. **Beilegung des Duelles nach einer Beschimpfung.**

Nachdem durch die erfolgte Entschuldigung die Beleidigung für vollkommen gesühnt erachtet wird, und die Secundanten des Beleidigten erklären, **dass sie in einem ähnlichen Falle die abgegebene Erklärung als Genugthuung angenommen hätten,** so entfällt jede weitere Intervention in dieser Angelegenheit und erscheint dieselbe als für beide Theile ehrenhaft beigelegt. (Siehe: Beilegung des Duelles.)

Wenn das Duell nicht beigelegt wird, dann hat Punkt 4 zu lauten:

Nachdem die Bemühungen der Secundanten, die Angelegenheit auf friedlichem Wege zu applaniren, erfolglos geblieben sind,

oder:

Da bei der Art der Beleidigung eine Beilegung der Angelegenheit auf friedlichem Wege ausgeschlossen erscheint, so werden für den bevorstehenden Kampf folgende Bedingungen gemeinsam festgestellt.

5. Die vereinbarten Bedingungen:

a) Der Zweikampf findet morgen um . . . Uhr . . . Minuten . . . mittags statt. (Siehe: Kampf.)

b) Die Parteien treffen sich (genaue Angabe des Platze oder Ortes).

c) Als Leiter des Duelles wird der Secundant Herr . . . . . .
oder:
wurde durch das Los bestimmt.

d) Aerzte werden beigestellt durch . . . .
oder:
es verpflichten sich beide Parteien, einen Arzt mitzubringen.

e) Als Waffen für den bevorstehenden Zweikampf wurden gewählt (Säbel, Degen, Pistolen).

f) Die näheren Bestimmungen (so genau als möglich anzuführen).
Bei Säbel:
mit oder ohne Stoss,
bei Pistolen:
welche Art des Pistolenduelles,
die Distanz,
wie oftmaliger Kugelwechsel etc.
Für Herbeischaffung der Waffen sorgen die Secundanten
Herren . . . .
oder:
es verpflichten sich beide Theile, geeignete Waffen herbeizuschaffen.

Bei allen Duellarten ist festzustellen, ob das Duell bei der
ersten Verwundung als beendet anzusehen ist, oder bis zur
Kampfesunfähigkeit eines der beiden Gegner fortgesetzt wird.

Die Wahl der Waffen, sowie die näheren Bestimmungen erfolgen mit Wahrung der Rechte des Beleidigten.

6. Wurde die Annahme des Duelles aus einem oder dem anderen
Grunde verweigert oder muss durch das Verhalten des Geforderten
die Ablehnung des Duelles angenommen werden, oder treten sonst
andere Ursachen ein, durch die das Duell nicht stattfinden kann,
so ist dies möglichst genau im Protokolle anzuführen.

Die im vorstehenden Protokolle angeführten Punkte werden
nochmals vorgelesen und allseitig genehmigt.

(Folgen die Unterschriften.)

1. . . . . ⎫
2. . . . . ⎭ als Secundanten des Beleidigten.

1. . . . . ⎫
2. . . . . ⎭ als Secundanten des Beleidigers.

II.

Protokoll über den stattgefundenen Zweikampf.

(Ort) . . . . am . . . .

In Gegenwart der unterzeichneten Secundanten fand heute um . . . Uhr . . . Minuten . . . mittags in . . . . (Ortsangabe) zwischen den Herren

1. . . . . }
und   } Vor- und Zuname, Charakter
2. . . . . }

ein Zweikampf mit . . . . . (Waffenart) nach den vorher vereinbarten und von beiden Parteien genehmigten Bedingungen statt nachdem auch die am Kampfplatze erfolgten Versöhnungsversuche resultatlos geblieben sind.

Die Leitung des Duelles übernahm nach der getroffenen Vereinbarung Herr . . . .

Der Verlauf des Duelles war wie folgt: . . . .

. . . . (Der Verlauf ist, wenn keine besonderen Vorfallenheiten zu berichten, ganz kurz anzuführen. Letztere jedoch möglichst genau, besonders wenn Unregelmässigkeiten, Uebergriffe oder Verletzungen der Duellgesetze stattgefunden haben, wodurch entweder der Verlust der Satisfactionsfähigkeit eines der beiden Gegner verbunden ist, oder die Gerichte in Anspruch genommen werden sollten etc.)

War der Verlauf nach den Duellgesetzen ein normaler, dann hat der Schluss zu lauten:

Hiermit erscheint die Ehrensache der beiden oben bezeichneten Herren in ritterlicher oder officiersmässiger Weise ausgetragen.

Vorstehendes Protokoll wurde nochmals vorgelesen und allseitig genehmigt.

(Folgen die Unterschriften.)

1. . . . . }
          } als Secundanten des Beleidigten.
2. . . . . }

1. . . . . }
          } als Secundanten des Beleidigers.
2. . . . . }